功筑百年　世纪传承

传承·土木楼

哈尔滨工业大学建筑学科创建100周年
MEMOIR OF CENTURIAL ARCHITECTURE,
HARBIN INSTITUTE OF TECHNOLOGY

——哈工大建筑百年忆述

《传承·土木楼——哈工大建筑百年忆述》编委会 编

哈尔滨工业大学出版社
HARBIN INSTITUTE OF TECHNOLOGY PRESS

图书在版编目（CIP）数据

传承·土木楼：哈工大建筑百年忆述/《传承·土木楼——哈工大建筑百年忆述》编委会编. —哈尔滨：哈尔滨工业大学出版社，2020.12
ISBN 978-7-5603-9221-9

Ⅰ.①传… Ⅱ.①传… Ⅲ.①哈尔滨工业大学建筑学院—纪念文集 Ⅳ.①G649.283.51-53

中国版本图书馆CIP数据核字（2020）第249353号

传承·土木楼：哈工大建筑百年忆述

CHUANCHENG·TUMULOU：HAGONGDA JIANZHU BAINIAN YI SHU

策划编辑	李艳文　范业婷
责任编辑	王晓丹　孙　迪
出版发行	哈尔滨工业大学出版社
社　　址	哈尔滨市南岗区复华四道街10号　邮编150006
传　　真	0451-86414749
网　　址	http://hitpress.hit.edu.cn
印　　刷	哈尔滨市石桥印务有限公司
开　　本	889mm×1194mm　1/12　印张 33　字数 616千字
版　　次	2020年12月第1版　2020年12月第1次印刷
书　　号	ISBN 978-7-5603-9221-9
定　　价	192.00元

（如因印刷质量问题影响阅读，我社负责调换）

编委会

主　　编 孙　澄　张国宏

副 主 编 邵　郁　刘　京　董　慰　赵来旭

编　　委（按姓氏笔画排列）

　　　　　　王砚玲　吕德生　朱　莹　刘　杰

　　　　　　刘　滢　衣霄翔　苏万庆　李同予

　　　　　　李松林　吴松涛　邱志勇　姜益强

　　　　　　董　宇　薛名辉

序

2020年仲夏，哈尔滨工业大学建筑学科迎来了百岁华诞，相伴哈尔滨这座迷人的东西方文化交融的城市，哈工大建筑学院土木楼建筑群也走过了百年芳华，轻掸岁月的尘土，绽露出熠熠的光辉。

翻开《传承·土木楼——哈工大建筑百年忆述》，穿越历史，梦里青春如风，卷起多少令人心潮澎湃的往事与记忆；世代名师往来，凝结了多少孜孜育人的抱负和理想。这三卷娓娓而谈的回忆录，由几十篇忆述的文章组成。学生缅怀老师的谆谆教诲，同窗追忆求学时的真挚友谊，把我们带回奋斗奉献的激情岁月，也让人流连于纯真淡泊、静心致学的建院图景。多少令人敬仰的身影，多少似曾相识的面庞，勾起无数人对大学时代的美好回忆。彼时情景，恍如昨日。

土木楼的礼堂、教室里曾有我们的欢声笑语；宽阔通达的走廊，树影摇曳的深窗，我们曾留下往来的脚步和驻足的凝望。在历代师生的不懈努力下，从这座见证历史沧桑的建筑中，走出一批批建设国家的栋梁英才和领军建筑学科的知名专家学者。

泱泱松花江水，岁月流转，世代建院人恒以睿智、笃实、诚信，积淀出百年名校的卓越成就与辉煌荣耀；浩浩世纪之业，初心未泯，薪火相传者依凭创新、超越、融合，打造出融贯东西的杰出人才，建设美丽中国。

功筑百年，有你有我。

2020年12月

目录

第一篇　师者说

哈尔滨工业大学建筑学院春秋录——常怀生教授回忆　/ 3
白首丹心　梅香傲雪——访谈梅季魁教授　/ 13
侯幼彬教授与李婉贞教授——老一辈建筑人的回忆　/ 27
　　侯幼彬教授与李婉贞教授口述采访实录　/ 29
　　我的"写史三级跳"——侯幼彬教授百年校庆追忆　/ 49
峥嵘岁月　筑梦规划——访谈郭士元教授　/ 55
开学科先河　追初心所向——访谈郭恩章教授　/ 67
爱国　奉献　求真　创新——访谈唐恢一教授　/ 79
室内设计教育的开拓者——访谈史春珊教授　/ 89
环艺树英才　匠心铸经典——访谈杨世昌教授　/ 97
雄心壮志展宏图　峥嵘岁月铸辉煌——访谈何钟怡教授　/ 105

第二篇　忆师者

怀念窗友张之凡　汪国瑜 / 117
深切缅怀常怀生先生　邹广天 / 127
忆恩师黄佳老师　/ 149
　　我记忆中的黄佳老师　张路峰 / 151
　　教师的严与爱　张伶伶 / 157
忆恩师黄居祯先生　刘德明 / 161
回忆恩师宿百昌先生　陆伟　张姗姗　孙清军　卜德清 / 167
忆恩师斯慎依先生　/ 173
　　我的硕士导师斯慎依　金广君 / 175
　　补记斯老师　张伶伶 / 181
怀念恩师李行先生　邵龙 / 185
忆恩师史春珊先生　/ 191

缅怀史春珊先生	施 樑	/ 193
史春珊老师——执着的探索者	张伶伶	/ 197
回忆恩师孙萃云教授	娄仲恒	/ 201
怀念郑忱先生	金 虹	/ 207
忆恩师邓林翰先生		/ 213
深切悼念恩师邓林翰先生	梅洪元	/ 215
恩师如父——追忆邓林翰教授	吴爱民	/ 217
桃李无言 下自成蹊——追忆恩师邓林翰先生二三事	李啸冰	/ 219
笃实治学 志存高远的一代名师——缅怀恩师邓林翰先生	薛滨夏	/ 221
哈雄文和他的建筑人生路——纪念哈雄文先生诞辰110周年	邹广天	/ 229
梅花香自苦寒来——记学者张家骥	胡绳玉	/ 253

第三篇　土木楼

土木楼：我的"超稳定时空"	侯幼彬	/ 263
回眸与展望	吴英凡	/ 269
大学时的某一天	金广君	/ 275
进了这扇大门就再也没有离开	徐苏宁	/ 279
我的土木楼"后遗症"	张路峰	/ 283
我和土木楼	唐克铮	/ 289
土木楼的旧时光　土木楼的周老师——回忆我的大学	陈 列	/ 291
三进土木楼	田 健	/ 297
晨与夜　七月——写在哈工大建筑学院校友书画作品集付梓之际	王长刚	/ 305
专教：我的地盘我做主	张险峰	/ 311
我和土木楼	郑小刚	/ 323
我与土木楼	李 伦	/ 331
情忆土木楼	张雪飞	/ 339
土木楼——梦中神秘的圣殿	刘培善	/ 345
母校回忆	黎毅艺	/ 351
我和土木楼——我曾是土木楼的"叛徒"	李 锦	/ 357
那一天，那座楼	马 箐	/ 363
我与土木楼——记录2000-2008在土木楼的八年时光	刘瑞刚	/ 369
我与土木楼	康碧琦	/ 377

后　记

/ 383

摄影｜衣霄翔

第一篇
师者说

哈尔滨工业大学土木楼

哈尔滨工业大学建筑学院春秋录
——常怀生教授回忆

常怀生 男，1929年生于辽宁省辽阳县，1950年考入哈尔滨工业大学，读一年预科后，到本科土木系工业与民用建筑专业就读，1956年毕业后留校，在建筑教研室任教。1959年哈尔滨建筑工程学院成立，1960年他任学院图书馆副主任，1965年回到建筑系任系党总支书记。1972年任系副主任，并教学。1989年任系主任，到1992年他主动脱离行政岗位，从事科研和教学工作。1995年离休后返聘教课，并任系里的教学指导组顾问。他所教授的课程有建筑学、建筑构造、房屋建筑学、环境心理学等。他所研究的课题有环境心理学和老年建筑学。曾任省土建学会理事、省建筑师学会副会长、省暨哈尔滨市城市规划研究会常务理事，现任中国建设文化艺术协会环境艺术委员会建筑环境心理学专业委员会主任委员。

哈尔滨工业大学原校舍（建于1906年），现为哈尔滨工业大学校史馆

哈尔滨工业大学创办于1920年,当时称哈尔滨中俄工业学校。兴办伊始就是一所"国际"性的、开放性的学校。

1920年8月间,以中东铁路工程师为主,以及哈尔滨政界、工商界的知名人士,组织发起成立了"哈尔滨中俄工业学校筹建会"。选举中东铁路理事会主席宋小濂将军为名誉主席,中东铁路局局长Д.Л.霍尔瓦特将军为主席,在中东铁路支持下,经过两个半月的筹备,于1920年10月17日开学。聘请交通工程师A.A.摄罗阔夫为校长,学校经费由中东铁路资助,为中东铁路培养工程技术人才,属于典型的企业办学。

哈尔滨中俄工业学校设有铁路建筑系和电机系两个学科,学制四年。铁路建筑系,即今日哈尔滨工业大学建筑学院的前身,它是在中国大地上出现最早的建筑学科之一,仅次于1911年日本人在大连创办的伏见宫专科学校(含日本式的建筑学)。

学校初建时招收相当于初中水平的毕业生,为中国学生设有一年制预科学习俄语,毕业后升入本科。学校成立后,引起中东铁路和社会各界的广泛关注,对学校的要求不断提高。1922年2月4日学校改名为"哈尔滨中俄工业大学校",仍保留原来开设的铁路建筑系和电机系。学制改为五年,为中国学生设的预科改为二年制。铁路建筑系为中东铁路培养铁路工程与站舍房屋建筑设计技术人才。本科毕业生经考试委员会答辩,考试合格者授予建筑工程师资格。

1927年铁路建筑系改为建筑工程系。

1928年初,根据东省特区总司令张寰湘的命令,哈尔滨中俄工业大学校由中国东省特区政府管理,学校改名为"东省特区工业大学校"。同年10月东省特区政府与中东铁路局达成协议,学校由东省特区政府与中东铁路局共管,双方按对等原则组成理事会,张学良将军被选为理事会主席,学校改名为"哈尔滨工业大学"。1930年后,学校又改为四年制。此间学校主权在中国,但教师皆由苏侨教授和中东铁路的兼职工程师担任,教学计划与体制则参照苏联高等学校相应学科教学计划,教材则引用苏联教科书。

著名的建筑工程师、建筑师П.С.斯维利道夫副教授,一直主持铁路建筑系的工作。斯维利道夫早年毕业于圣彼得堡民用工程师学院,参加过第一次世界大战,在德国战场服役,后来服务于铁路工程部门。1920年他被派往符拉迪沃斯托克,当时以列车长的特殊使命随列车来到哈尔滨。次年1月31日无产阶级夺取了符拉迪沃斯托克政权,哈尔滨车站主管解除了斯维利道夫的工作,令其无限期休假。他从1920年开始在中东铁路工务段工作,担任技术部门的建筑师,同时在哈尔滨工业大学铁路建筑系兼职,从事教学和科学研究活动直到1935年。斯维利道夫是一位才华横溢而卓越的建筑师,他设计的双城火车站、哈尔滨霁虹桥、哈工大学生宿舍(现哈工大人文社科与法学学院)、新哈尔滨旅馆(现国际饭店)已成为著名的保护建筑;他善于治学,在铁路建筑研究和人才培养方面,做出了不可磨灭的贡献。

"九一八"事变之后,东北沦陷。1935年3月学校被日本人接管,除少数行政事务人员外,学校所有人员都被解雇离职,由日本人取代了原来的苏联人。部分苏侨教授留用为顾问,其中也包括斯维利道夫副教授。此时停办预科,改用日语授课。

日本投降后,苏联接管了中东铁路,改称中长铁路。1945年11月24日,中长铁路管理局发布命令,接办哈尔滨工业大学,中长铁路局副局长奥哲夫少将兼任校长。1945年12月6日开学,学制五年,恢复俄语授课。恢复为中

哈尔滨工业大学原学生宿舍（建于1929年），现为哈尔滨工业大学人文社科与法学学院和马克思主义学院所在地

国学生开设的两年制预科，招收中学毕业生学习俄语，并用俄语学习数理化课程。预科的老师全部是文化水平较高的苏联人。被日本人解雇离职的工作人员绝大部分恢复了工作，学校的上上下下基本上都由苏侨主持和担任工作，甚至门卫和勤杂人员也大都是苏侨。从1947年起，开始按苏联高等运输学校的教学计划和大纲进行教学。

1948年东北全境解放。1949年3月，中共中央东北局派原松江省主席冯仲云兼任哈尔滨工业大学校长。1950年10月哈尔滨工业大学正式由中长铁路移交我国政府直接管理。1952年哈尔滨工业大学院系调整为土木、电机、机械三个系。

1945—1952年土木系主任与建筑教研室主任仍由苏侨斯维利道夫副教授担任。

中央政府接管以后，为了适应新中国国民经济发展的需要，哈尔滨工业大学步入了大发展的新历史阶段。1951—1952年先后新建土木楼的西翼和主体，构成了今日哈尔滨工业大学建筑学院的院址。该楼是在斯维利道夫主持下由苏籍犹太五年级学生茹珂以及一批研究生和本科生共同设计完成的，气势雄伟，庄严大方，是又一栋优秀的建筑作品，现为哈尔滨市一类保护建筑。斯维利道夫在哈尔滨设计建造了不下50栋二层以上的建筑物，是一位出类拔萃的建筑师。

为了适应国家和学校的发展，培养新中国自己的师资，学校采取果断措施，从全国招聘优秀的有志青年（即哈工大"八百壮士"）来校任职。通过研究班的形式把他们培养成为师资，日后成为学校师资骨干，从而解决了原有师资严重不足的困难。

1950年对于哈尔滨工业大学来说是个大发展的年头，当年招生量几乎是此前年平均值的10倍，而且是面向全国招生，生源来自全国各地以及海外，苏侨子弟相对减少。

教学活动也开始了一个新的局面，中国的年轻师资首次登上了讲台和教学领导岗位，改变长期由苏侨主持工作的历史。

富延寿（1924—1967年）先生1950年由上海应聘来哈工大。原毕业于上海大同大学，后入杭州艺术专科学校，先后在两个学校毕业，所以在建筑学和艺术领域造诣都很深。来校后边工作边在研究班学习，1952年出任建筑教研室主任。在教研室初创和组织教学活动中做出了历史性的贡献。建筑教研室直接负责建筑学课程的设计，直接影响毕业生的质量。富延寿先生向来兢兢业业，在外国建筑史教学过程中得心应手，效果极佳。"哈尔滨工业大学"的校名、校徽是富延寿先生的手迹。

1952年8月到1954年春，陆续有7位苏联专家来土木系任教。其中建筑学家、建筑学副博士、副教授П.И.普里霍基克在建筑教研室任顾问，指导青年教师和培养研究生。同时帮助筹建建筑物理实验室，在全国来说这是较早建立的建筑专业实验室。在此期间各兄弟院校建筑系相继派出青年教师到哈工大进修或在苏联专家指导下攻读研究生，哈工大成为向苏联学者学习的时代窗口。

哈工大将外校派来学习的一批研究生长期留下来，充实师资力量。张之凡（1922—2001年）先生就是其中的一位。他由重庆大学派来攻读研究生后留校，又于1956年被派往苏联学习，1958年回国，是建筑教研室第一位晋升为副教授，也是第一位晋升为教授的年轻教师。张之凡先生历任教研室副主任，系副主任、主任等职，是建筑教研室

哈尔滨工业大学建筑学院（建于1953年）

骨干教师之一。张之凡先生治学严谨，勤学敬业，基本功扎实，专业造诣极深。在苏联专家普里霍基克指导下由张之凡先生主持带领青年教师和研究生于1953年完成了哈工大机械楼、电机楼的设计和主楼的建筑方案设计，为学校建设做出了积极的贡献。主楼建设稍晚，后来由邓林翰教授完成建筑施工图设计，直到1965年完成施工。

1958年哈工大为了强化建筑学教育，决定在土木系成立新的建筑学专业，将原工民建专业教育做相应的调整。原来土木系工业与民用建筑专业，按苏联五年制教学计划，其培养目标实质上体现为"三条腿"并重，学生毕业后可从事建筑设计、结构设计，也可从事施工技术与组织管理工作。比较注重工程技术的培养，基础知识面比较宽，工作适应面比较广，动手能力比较强，毕业生授予建筑工程师资格，比较容易或较快地胜任工程师工作，受到用人单位的好评。

为了强化学生的建筑学素质的培养，新建筑学专业学制改为六年制，1958年招生。此前为了有个过渡，在原工民建专业从55级、56级、57级分别各抽调一个班实行五年半学制，相应加强建筑学教学内容。学完六年制的学生仅有58级、59级、60级三个班级，其后各年级均按五年制毕业离校。

为强化建筑学教育，在决定成立新建筑学专业的同时，哈工大校系领导采取一项重要措施，聘请上海同济大学建筑系哈雄文教授北上哈尔滨，主持筹建分立的建筑学专业。哈雄文(1907—1982年)教授早年毕业于美国宾夕法尼亚大学建筑系，是国内著名的老一代建筑师之一，曾在复旦大学、交通大学、同济大学先后任教；1937—1948年曾任国民政府内政部地政司技正、营建司司长，不论学术造诣还是阅历都十分深厚，享有很高的社会声誉。哈雄文先生毅然放弃上海优越的生活条件，欣然接受北调，满怀激情投身于哈工大的建筑教育事业。到任后被委以建筑教研室主任和建筑学专业委员会主任(系主任)等职，对专业的筹建与指导做出了积极的贡献。特别是他的社会声望，对于扩大和提高哈工大建筑系的知名度和影响发挥着不可替代的作用。他因严谨治学、精于耕耘、勤于敬业、为人师表的宗师风范而深受广大师生的尊崇与爱戴。

1959年4月30日土木系从哈工大分离出来单独成立哈尔滨建筑工程学院，建筑学专业成立专业委员会(小系)独立运作，哈雄文先生出任专业委员会主任，直到1966年。

1974年，学校恢复招生，哈尔滨建筑工程学院的建筑学专业又合并到建筑工程系，这时学制为三年，招收工农兵学员。自1977年恢复高考，招收四年制本科大学生，并开始实行学位制，毕业生授予工学学士学位。1978年恢复培养研究生，建筑学专业招收三年制硕士研究生，设有建筑设计与理论、建筑历史与理论、建筑技术和城市规划等研究方向。

1978年在建筑学专业发展上迈入了一个新阶段，建筑学又独立建系，张之凡先生出任系主任直到1980年离任去西安任新职。其后续工作分别由常怀生、梅季魁、智益春几位中年教师接任。

1986年建筑系获得博士生培养资格，建筑设计与理论学科开始招收博士生。

1989年建筑学专业为适应国际化要求又将学制改为五年。1994年建筑学专业经教育评估通过后毕业生授予建筑学学士学位。

1994年哈尔滨建筑工程学院改名为哈尔滨建筑大学，2000年6月哈尔滨建筑大学与哈工大合并，回归成为哈

哈尔滨工业大学主楼（建于1965年），左翼为机械楼（建于1953年），右翼为电机楼（建于1954年）

尔滨工业大学的一部分,建筑系则成为哈尔滨工业大学建筑学院。

1999年国家正式批准在原哈尔滨建筑大学建筑系设建筑学科博士后流动站,2001年批准哈工大建筑学院建筑技术学科博士生培养资格。哈尔滨工业大学建筑学院正在年轻一代(院长张伶伶教授等)主持下,在传统特色的基础上,与时俱进,稳步地向前发展,迎接新世纪面临的新挑战。

选自:《建筑百家回忆录续编》第163—166页

陪同卢济威教授考察黑龙江省速滑馆

白首丹心　梅香傲雪
——访谈梅季魁教授

梅季魁　男，全国著名建筑教育家、体育建筑专家，1930年生，辽宁盖县人。1950—1956年就读于哈尔滨工业大学土木系工民建专业，1956—1958年就读于同济大学建筑系研究生班。毕业后任教于哈尔滨工业大学土木系和哈尔滨建筑工程学院建筑系，曾任两届建筑系主任。1986年建立建筑设计及其理论博士点，20世纪90年代设立博士后流动站，1990年创立建筑研究所并任所长。2001年退休。

从事建筑教育和体育场馆等大空间公共建筑设计研究50多年，培养博、硕士研究生50多名，获中国建筑学会"建筑教育特别奖"。发表论文50多篇，出版专著5部、参编3部。主持设计大中型工程项目40多项，建成近30项，获中国建筑学会建筑创作奖和多项省部级优秀设计奖。参与北京奥运会等大型重点体育设施设计项目评审工作数十项。为我国体育建筑理论研究与设计实践，以及建筑教育事业做出了卓越贡献，功勋卓著，成绩斐然。

1955年,梅季魁教授在哈工大求学期间

从1920年到2020年，哈尔滨工业大学这所历史名校，转眼间就走过了100个年头。一百年风雨兼程，一世纪岁月如歌，数辈哈工大人上下求索，他们是辉煌历史的创造者，也是百年成就的见证人。我们有幸采访到了全国著名体育建筑专家、曾任两届哈工大建筑系主任的梅季魁教授。

梅季魁教授是1950年哈工大移交中国政府管理后招收的第一届学生，是新中国培养的著名建筑教育家、体育建筑专家，为我国大空间公共建筑设计的发展做出了开创性贡献；他培养的学生很多已成长为当代中国建筑领域的中坚力量，他主持设计的北京亚运会石景山体育馆、北京朝阳体育馆、亚冬会黑龙江速滑馆等已成为中国体育建筑发展史上里程碑式的代表作品；2001年退休后，梅季魁教授依然奋战在教学科研第一线，培养学生、主持设计、著书立说……"北国香雪伴春霏，清韵高格竞争辉。白首丹心觅何处，老干新枝一树梅。"梅季魁教授80岁寿辰时，马国馨院士专门题写的这首诗，正是梅教授一生执着钻研、初心不改的真实写照。

逐梦前行——扎实求学的青葱岁月

1950年，梅季魁教授第一次以一名土木系大学生的身份踏入土木楼，踏入这个他一生建筑事业开始的地方。

梅季魁教授回忆道："哈工大当时正处于学习苏联先进经验时期，我在读预科时主要学习俄语。所有的预科学生都住在沙曼屯，虽然住宿条件很差，但俄语学习环境很好，不仅授课教师是苏联人，学校工作人员也大都是苏侨。"虽然是从零基础开始学习，梅季魁教授的俄语水平依然提升很快。"本科学习期间，给我们授课的教师由三方面组成：苏联专家、原哈工大苏侨教师、随苏联专家学习的中国研究生及少量中国教师，比如王光远老师、王铎老师。他们讲授的课程大致各占三分之一，其中有三分之二课程用俄语讲授。"梅季魁教授表示，苏联专家不仅在制订教学计划、教学大纲方面起着主导作用，而且在教学方法和教风上也起到了重要的示范作用，为哈工大后来开放的国际化教学理念、严谨求实的学习环境和规格严格的校训传统都打下了坚实的基础。

哈工大自其肇始之初就表现出了紧扣社会发展需求、重技术、重实践的办学特色。梅季魁教授提到，哈工大早期建筑教育技术类课程在自身体系中占有很大比重，实行建筑、结构、施工"三结合"教育。学生一般是高中毕业考过来，先上1年预科，再上5年本科，一共有3 700到3 800学时的课程，除"高等数学""物理"等公共基础课，以及"绘画""建筑设计"等专业课程以外，还涵盖"建造工艺""钢筋混凝土结构"等大量技术类课程。在反映最终教学成果的毕业设计中，学生更是不仅要进行建筑设计，还要对结构、构造、设备进行设计和计算，甚至还要对工程造价进行估算。得益于这样严格的教学体系培养，哈工大的每一位毕业生都具有很强的综合能力，能够独立承担项目从设计到建成的全周期工作。

1956年，梅季魁教授毕业留校任教，同年，经学校推荐破格进入同济大学进修研究生。"我在求学阶段主要经历了哈工大和同济两种不同的学习体系，对两种体系都深有感触。"梅季魁教授回忆道，"哈工大的建筑学教育重视多学科发展，技术比较强，与一般的学校相比教学更加严谨。同济大学则可以说是当时全国学术观点最不统一的高校，教授既有从法国、英国、奥地利回来的，也有从美国、日本回来的，学术背景十分复杂，思想也比较活跃。"同济大学的研究生学习经历对梅季魁教授的思维模式产生了很大触动，他认为，建筑学教育一定要注重创新精神，思维碰撞的教学模式更能够培养学生的思考能力，这也为他之后进行的建筑学教学改革埋下了伏笔。

梅季魁教授参加西藏建设工作

1981年，哈尔滨建工学院建筑系首届硕士研究生与导师合影

无心插柳——教师岗位初识体育建筑

1958年，梅季魁教授自同济大学学成归来，与来自全国各地的专家学者共同担负起了哈工大建筑学教育的重任。(在此之前，梅季魁教授曾独立完成哈工大1万平方米学生宿舍设计任务。那是梅季魁教授成为教师以后承担的第一个实际项目，他带着20余名同学，在短短三个月内就完成了从建筑测绘、图纸绘制到预算统计的全部内容，受到了学校的表扬和肯定。"和同学们一样，这也是我第一次有机会在实践中检验课堂上学到的内容，很有感触。")由于宿舍项目的圆满完成，回校不到一个月，梅季魁教授就作为项目主负责人，带领一个班级的学生前往齐齐哈尔富拉尔基重型机械厂，为中国第一台、亚洲最大的12 500吨水压机盖房子。9月下旬，梅季魁教授和学生到达富拉尔基，当时那里已经十分寒冷，大家不但要完成画图任务，还要轮班去添煤、烧火墙、火炕取暖，条件很艰苦。"我们这些同学各个专业的都有，怎样安排大家分工画图，对于我来说是个考验，也是个难得的锻炼机会。"梅季魁教授表示，自己当时也没有经验，只能慢慢摸索，"我把三五个同学安排成一小组，有的做生活间，有的做厂房，有的搞计算，有的搞基础。所幸学生都比较认真，也愿意服从我的安排"。富拉尔基重型机械厂的设计任务难度很大，设计内容涵盖极广，梅季魁教授带领建筑、结构、施工的学生在现场做了两三个月，年底回到哈尔滨后，又和设备、暖通、给排水专业的学生合作，用了四五个月的时间才将施工图全部整理完成。

完成富拉尔基的设计任务后，李昌校长又向省里积极争取到了万人速滑馆、万人冰球馆的方案设计任务，梅季魁教授带领近百名师生投入其中，做出了8个设计方案。这些方案的完成度和创新性都非常突出，受到国家体委的重视。虽然到了1960年底，由于一些原因，计划被迫中止，但是这些实践经历仍旧带给梅季魁教授不小的启发，并且促使其下定决心将学术研究和设计实践的重点从工业建筑转向了"问题更多、更复杂"的体育建筑设计，从此与大空间公共建筑结下了不解之缘。

开展体育建筑设计的教学是一个过程。梅季魁教授推行课程改革，也经过了一番努力。"一开始教研室不太支持我来弄体育建筑，说工业建筑课题不能动，但我认为应该要打破这个界限。"梅季魁教授回忆道，"刚开始的时候我采取额外任务的方法，还照样完成教研室的工作，体育建筑的教学算我额外完成的任务。"当时正好赶上万人体育馆的生产设计任务，梅季魁教授便利用这个机会，名正言顺地开展了体育建筑方面的研究和教学。随后，梅季魁教授又将体育馆建筑设计安排为建筑55班至建筑58班的毕业设计，这一做法不但受到了学生的欢迎，也受到了国内建筑界的关注并获得好评。国家体委计划司在得知这一情况后，还曾推荐梅季魁教授前往广西，主持南宁体育馆的设计修改，但遗憾的是，最终未能成行。

1959年，梅季魁教授根据之前设计和调研的心得体会在《建筑学报》第十二期中发表论文——《大型体育馆的型式、采光及视觉质量问题》。这篇文章是梅季魁教授的第一篇论文，也是我国较早开始系统研究体育场馆设计与技术问题的代表性学术成果之一，论文一经发表，就成为国内专家学者设计体育场馆的重要参考资料，文中较为翔实的一手资料汇总和分析在建筑业内产生了比较大的影响。

披荆斩棘——教育教学改革与学生培养

1965年5月，梅季魁教授同助教滕云久、刘岳山等同志服从组织安排，代表学校启程赴拉萨参加西藏建设工作。梅季魁教授在西藏严酷的自然条件和简陋的工作环境中，坚持建筑研究工作，进行了大量藏式建筑的走访调研，并将

出国调研期间,丹下健三在新宿宴请中国代表团

调研1932年和1984年洛杉矶奥运会主体育场

1981年,梅季魁教授于日本京都岚山在周总理纪念碑石留念

结果汇编成文，在西藏土建学会年会上与大家进行了学术交流。此次援藏工作历时10年零5个月，梅季魁教授将他最美好的青春年华献给了拉萨，也献给了祖国的建设事业。

1975年10月，梅季魁教授回到内地。关于回去哪里，梅季魁教授其实有很多选择。当时全国都缺技术干部，之前曾与梅季魁教授共同支援西藏的同志，有的去了北京，有的去了深圳，但梅季魁教授出于对哈建工的感情和对教育事业的热爱，毅然选择回到哈尔滨，继续之前未完成的教育事业与教学改革。由于拥有之前的人才储备和研究基础，建筑系以梅季魁教授为核心，通过不断的摸索和坚持不懈的实践，很快形成了以技术为核心，以项目为依托，以创新为目的的产、学、研一体化建筑教育模式。由于梅季魁教授的大力推进，1977年，体育馆建筑设计被正式纳入学校建筑学专业课程。1981年，梅季魁教授和郭恩章先生在之前体育馆调研、设计、研究的基础上，牵头筹备了全国第一次体育馆设计学术会议，并发表了4篇重要论文，奠定了哈建工在这一领域的领军地位。

与此同时，梅季魁教授并不满足于扎实完善的本科教学体系，而是将目光放得更加长远，利用哈建工的学术积累和学术地位，于1978年率先恢复招收导师制研究生。由于过去并没有参与过研究生的培养工作，所以很多事情都是梅季魁教授和他的第一届研究生共同探索出来的："我们指导研究生的特点是理论联系实践，带学生出去调研，让他们参加实际项目，从实践中发现问题，找到研究课题。"随着体育建筑研究的逐步深入，建筑系又在1985年成功申请到了博士授予权，梅季魁教授也和王光远院士等人一起，成为由国务院学位委员会直接评选的哈建工第一批博士生导师。全国第一位以体育建筑为研究方向的博士、教育部长江学者准聘教授、华南理工大学建筑学院院长、全国工程勘察设计大师孙一民正是梅季魁教授的弟子。"孙一民是我的第一届体育建筑博士生，当时是他自己选择的做体育建筑。"梅季魁教授回忆道，"我们将体育建筑设计作为一种育人的途径和平台，是手段而非目的。"梅季魁教授指导的研究生论文选题大多集中在大空间公共建筑，特别是体育场馆设计领域。他要求学位论文应触及问题实质，提出解决对策，对学科发展有所贡献，为迎接未来工作挑战做好准备。

1983年，梅季魁教授任建筑系主任。这期间，梅季魁教授主要从两方面入手进行教学改革：一是学生能力的培养；二是学习环境的建设。梅季魁教授认为，现阶段培养学生应该从传授知识的培养转变为对学生能力的培养。工业建筑受工艺制约大，受结构影响也大，它的功能不是设计者能够斟酌的，相反，民用建筑的设计自主性强，学生可以通过调查研究得出使用需求，再有针对性地提出处理方案，而不是简单地"套结构"，对学生设计能力的锻炼大有好处。另一方面，针对学习环境的建设，梅季魁教授为每一位讲师配置了一台理光相机，用来记录外出考察调研的内容。接下来，他又和学校争取，建立了建筑学专用图书馆，把能集到的、与建筑学专业相关的中外图书、杂志集中起来，方便教师、同学在课余时间取阅。此外，梅季魁教授一直十分鼓励老师和学生参加校际、国际的交流项目，他自己也曾前往多国进行体育建筑实地调研，带回了大量珍贵的影像与文字资料。

1984年，中国建筑学会体育建筑分会在河北承德成立，梅季魁教授作为专业委员会委员参加了这次会议。结合这次会议进行了全国首届中小型体育馆设计竞赛的方案评选工作。这次竞赛，梅季魁教授的学生得奖很多，其中梅季魁教授的第一个硕士研究生丁先昕尤为突出，他的两个设计方案分别获得了二、三等奖。（这次竞赛没有评出一等奖，二等奖也只有两个，最开始都给了丁先昕的方案，后来评委发现两个方案署名是同一个人，斟酌之后改为一个二等奖和一个三等奖。）此次全国中小型体育馆设计竞赛的结果，印证了梅季魁教授带领的建筑系在体育建筑研究设计

梅季魁教授向北京亚运会建设工程指挥部汇报体育馆设计方案

领域的领先地位，也从侧面印证了梅季魁教授倡导的建筑学教学改革的先进性和正确性。正是在梅季魁教授"重视技术，立足实践"的教学思想引领下，哈工大建筑教育在人才培养、科学研究以及设计实践方面都取得了丰硕的成果，为祖国培养了一大批建筑设计与教育人才，也成就了哈工大建筑学科的后继发展。

一世情缘——理论结合实际的体育建筑设计之路

在体育建筑工程项目的设计过程中，梅季魁教授一直秉持五个创作原则：一是重视调查研究，理论先行，只有充分了解国情、学习国内外有益经验，才能明辨体育建筑的发展方向，创作出适应需求、适应时代的建筑作品；二是探索独立发展之路，如体育场馆的多功能设计，梅季魁教授率先将群众活动引入大型体育场馆，并在设计中将其放在十分重要的位置上，力求体育场馆在不同阶段都能实现有效利用；三是技术应用追求适宜和创新，如吉林冰球馆索桁架的演进、朝阳体育馆脊索的做法，都充分体现了技术与艺术在结合过程中碰撞出的火花；四是形式与内容紧密呼应，有所突破，如吉林冰球馆、石景山体育馆，都是内部功能、建筑环境以及结构技术条件充分结合下的创新；五是以造型作为建筑内涵的忠实表征。

基于这样的建筑设计创作原则，20世纪80年代，梅季魁教授牵头组建体育建筑研究团队，先后完成了3个重要体育馆工程项目——1986年建成的吉林冰球馆、1990年北京亚运会场馆朝阳体育馆和北京石景山体育馆。这三个典型工程项目将梅季魁教授多年的研究成果付诸精彩的实践，在当时的国内体育建筑界显示出鲜明的特色。其中，吉林冰球馆是梅季魁教授设计理念的一次重要尝试，他同沈世钊院士一起，通过对建筑的外形与结构进行演算，确定了索桁架变形的结构形式，以特色结构表达建筑外形，一改乏味的结构构件为优美的冰凌形象，体现了建筑与结构、技术与艺术的完美结合，在建筑形式和本体方面都做出了很大的创新。吉林冰球馆项目所采用的现代主义设计方法代表了那个时代的风尚，对中国建筑现代化有很大的推动作用，具有划时代的意义。

1990年，第11届亚运会在北京召开。这是中国第一次举办综合性国际体育大赛，梅季魁教授的团队也想参与到亚运工程中来。梅季魁教授回忆，当年的项目招标基本都是不公开的，亚运会一共有8个中型馆项目，都没有公开招标。虽然梅季魁教授很早就知道了亚运会场馆建设的消息，但要真正参与进去，还是有很多无形的阻力。为了争取项目，梅季魁教授每个月都要往北京跑一次，还参加了国家体委组织的全运会场馆考察团。在这次考察过程中，梅季魁教授成功争取到了北京朝阳体育馆的竞标资格。为了更好地完成此次竞标，当时学校的老师、研究生、本科生都参加了这次招标项目，包括郭恩章、张伶伶、孙一民、李玲玲等人。最终，团队一共做了4个方案参与投标。这些方案是同一个指导思想下不同形式的表达，主要强调结构和形式的创新运用、建筑对环境的尊重以及体育设施多功能使用的研究。"当时我们使用的悬索结构、双曲抛物面扭壳结构在国内场馆中还很少见，亚运会的其他馆也没有这样的做法。场馆下沉的处理手法在国内也很少，其他的场馆基本都没有考虑过。但是在国外，这是一种很普遍的呼应紧凑环境的设计手法，日本这样做的有很多，美国、加拿大也有。"正是缘于这样的创新与积累，在最终审阅成果的时候，梅季魁教授团队的方案受到了全国专家的一致好评，中央电视台也进行了多次报道。最后，作为唯一一家北京以外的设计单位，梅季魁教授为一个场地准备的投标项目，中了8个场馆项目中的2个，并且直到现在，这2个场馆还作为1990年亚运会和中国现代建筑的代表作品，受到大家的广泛好评。

2000年，梅季魁教授在建筑研究所工作

梅季魁教授在建筑研究所参加设计研讨

1996年，梅季魁教授获得中国建筑学会建筑创作奖

在采访中，梅季魁教授回忆起与体育建筑结缘的这段时光，充满怀念地感慨道："我走上体育建筑设计和研究之路最初是出于偶然的任务，后来坚持发展下去则是出于一种使命感，是一种自觉的行动。体育建筑涉及知识面广而深，有利于教学和研究，有利于综合能力的培养。长期攻坚一个类型，也有利于深化学习，为学术研究和设计实践做出更大的贡献。"

知行合———体育建筑教育实践的不断深入

1989年，梅季魁教授即将60岁。人生花甲子，只是半光阴。这一年，梅季魁教授向学校提出，辞去建筑系主任职务，同年，创立"建筑研究所"（后改名为"大空间建筑研究所"）并任所长。研究所刚成立的时候条件还比较简陋，但参与设计的人很多。为了方便大家画图，梅季魁教授向学校提交了工作室申请，学校最终决定将建筑主楼顶楼的两个房间作为研究所的工作室。虽然空间还是有些局促，但所里的氛围十分热闹，大家基本上从早到晚都在所里学习、做设计。有时也会各自做方案，到了一定时间，再聚集到一起来讨论。通常工作一上午画完图以后，梅季魁教授会领着学生们一起去吃饭，然后在午休时间一起打乒乓球，打完继续工作，晚上更是常常十点多才回家。"那个时候虽然是累，但是能看出咱们所里的那种团结。为了一个项目大家一起奋斗，那种感觉特别好，所以在我的记忆当中，跟着梅老师工作这么多年，那一段时间，我认为是很辉煌的。"直到现在，梅季魁教授的学生们回忆起那段时光，仍旧充满怀念与不舍。20世纪90年代初，研究所接到的设计任务逐渐增多，研究所队伍也得以不断壮大。迄今为止，大空间建筑研究所已经培养出博士20余人、硕士100余人，遍布全国各地的设计、管理、教学及科研等岗位，为我国大空间建筑人才培养做出了突出贡献。

2001年，梅季魁教授正式退休。但他并没有放弃他热爱了一生的建筑事业，除了继续培养研究生，梅季魁教授还坚持研究并深化建筑创作。他先后主持设计了10余项大中型工程，并参与了一些大型工程项目的设计评标，扩大了哈工大在国内外的影响。从2002年起，梅季魁教授受邀参加北京奥运会选址论证、奥林匹克中心规划概念设计、国家体育场、网球中心、天津奥林匹克体育场等6项奥运场馆的设计评审工作，他作为专家提出了非常多的宝贵意见，并与沈世钊院士一道，在鸟巢国家体育场后续方案调整过程中发挥了很大作用。

退休后，梅季魁教授有了更多时间和精力著书立说。十几年间，他先后主编了《奥运建筑》《体育建筑设计研究》《体育建筑设计作品选》等近150万字的著作，并积极参与到《建筑设计资料集》第三版的修改编著中来。

"梅老师重视学生构思立意和综合能力的培养，在激烈的竞标中提高学生的创作能力，增长才干、提高综合处理问题的能力。"许多年后，他的学生仍然对他所建立的产学研一体化教学科研培养传统津津乐道。梅季魁教授自己也提道："哈尔滨工业大学是国内开展体育建筑设计教学与研究较早的高校之一，并且一直保持在体育建筑研究和生产实践的前沿，培养了一批优秀的体育建筑设计人才。之所以能获得如此大的成就，主要归功于以下几点：一是我们教育的重点是创造性思维和创新思维的培养；二是坚持把体育建筑作为一种育人的途径和平台，是手段而非目的；三是注重调研，了解国情，积极参与设计竞标，锻炼才干；四是研究课题和研究生论文选题强调前沿性、前瞻性和实用性。我们不但要坚持体育建筑设计研究，更要重视体育建筑实际调研，只有对我国体育建筑设计发展现状有了准确翔实的认知，才能真正做出具有创新性、时代性、民族性的设计。"

梅季魁教授参加广东省奥体中心设计方案评审

梅季魁教授在广东省奥体中心考察时与魏敦山院士合影

梅季魁教授与魏敦山院士、日本矶崎新建筑师一起参加深圳宝安区体育中心设计方案评审

世纪峥嵘——我希望有生之年一直做下去

2020年,哈工大迎来了她一百岁的生日,建筑学科也将在这一年迈入新百年的征程。在这个世纪之交的节点,我们见证了梅季魁教授在哈工大70年砥砺风雨而初心不改的坚守,见证了梅季魁教授为一届又一届学生耕耘在三尺讲台而从未停歇的奉献,也见证了梅季魁教授对一生从事的建筑事业的始终热爱。同时,梅季魁教授对后辈建筑人寄予了深深的期许:

"不知不觉,我已经和哈工大、和体育建筑一起走过了70个年头,这期间有过很多很艰难的时刻,但我们始终没有放弃,并且通过共同的努力走了过来,这令我感到十分自豪。如今,正值哈工大建校百年之际,我衷心地祝愿未来的哈工大越来越好,犹如一棵参天大树,枝繁叶茂。祝愿未来的哈工大校友,依然能够严格要求自己,努力克服困难,继续在所有行业里保持领先地位,对社会的需求、科技的发展做出更大的贡献。"

令公桃李满天下,何用堂前更种花。

梅季魁教授是哈工大建筑学科辉煌历史的创造者,也是百年成就的见证人。新竹高于旧竹枝,全凭老干为扶持。梅季魁教授对我们的期许,将始终鞭策我们后辈以梅季魁教授为楷模,一生不停地学习、奋进。日月轮转,代代相传,哈工大建筑人的脚步从未停歇,哈工大建筑学科的历史将始终传承,薪火不息。

口述采访:刘滢
文字整理:罗鹏

侯幼彬教授和李婉贞教授结婚照

侯幼彬教授与李婉贞教授
——老一辈建筑人的回忆

侯幼彬 男，1932年生，福建福州人。毕业于清华大学建筑系建筑学专业。中国建筑历史、建筑理论著名学者。哈尔滨工业大学建筑学院教授、博士生导师。参编高等学校教学参考书、国家级规划教材《中国建筑史》(第1版至第7版)，著有《中国建筑美学》(教育部研究生工作办公室推荐研究生教学用书)、《中国古代建筑历史图说》(入选"首届向全国推荐中华传统文化普及用书")、《中国建筑之道》("十二五"国家重点图书出版规划项目)等专著。

李婉贞 女，1932年生，北京人。1952年考入清华大学建筑系建筑学专业学习。1954年进入莫斯科纺织工学院实用美术系学习，1960年毕业。同年任教于中央工艺美术学院染织系。1972年为解决夫妻分居问题，调入哈尔滨建筑工程学院(后并入哈尔滨工业大学建筑学院)。主讲"建筑设计基础""室内设计原理"等课程。出版《七彩华章——李婉贞染织画稿》《家庭室内布置与美化》《现代家庭装饰指南》等论著和《色彩学指南》等译著。

侯幼彬教授与刘敦桢先生等人合影
此照片引自《刘敦桢全集》第十卷。前排左起第一人是侯幼彬，前排左起第三人是刘敦桢先生，前排左起第四人是陆元鼎，后排左起第一人是喻维国。

侯幼彬教授与李婉贞教授
口述采访实录

侯幼彬教授口述采访

访谈人：侯教授，您作为哈工大"八百壮士"中的一员，哈工大建筑学科建筑史研究的先行者、奠基者和探路人，为我们介绍一下"中国建筑史"这门课和您的学术生涯那些过往吧。

侯教授：哈尔滨工业大学建筑学科设的第一门建筑史课是"建筑史与造型"。怎么会出现这么一门课呢？这是我们这里工民建专业的特色决定的。哈工大的工民建专业是建筑、结构、施工三条腿一样粗。因为要增加建筑的分量，就加了这样一门课。这门课一开始是张之凡老师上的。张之凡老师是我们建筑学专业发展的重要人物。

我一到教研室，张之凡老师就找我，问我在清华学习"建筑史"的情况。恰好我是个建筑史迷，就跟他说在清华听了哪些中建史课程和建筑史讲座。他说："那就选定你上'建筑史与造型'这门课。"原来他要到莫斯科建筑学院进修，这门课正愁没人接，就这样落实给我了。这件事对我有两个深远的影响：第一个是决定了我这一辈子搞建筑史的学科方向；第二个就是大大提前了我讲课的时间表。我刚刚进教研室，马上就要上建筑史的课。

我想简单地说一下这位张之凡老师。他是我们那时建筑专业的"头头"，是当时土木系的副主任，主管建筑。张之凡老师是重庆建工学院的人，他也在哈工大建筑研究班进修。因为那时候只有我们这里有苏联专家，哈工大凭借这个优势就办了一系列研究班。张之凡老师就是这样来研究班进修的，结业后就留下来当土木系的副主任，主管建筑专业。张之凡老师到莫斯科建筑学院进修后，回来继续在我们这儿管建筑学专业。他是我们学科教师队伍的第一位副教授，后来建筑学科评的第一位教授也是他，是我们哈工大建筑学院很重要的一位人物。在《建筑百家回忆录续编》里，有一篇汪国瑜先生写的《怀念窗友张之凡》的文章。汪国瑜先生是清华大学教授，他和张之凡老师是中央大学同学，文中介绍了张之凡老师的很多优秀事迹。这让我想起那年哈工大办的这个建筑研究班，大概有十几人吧，学员在结业的时候都要写论文，张之凡老师的论文写的是开封祐国寺铁塔，称为铁塔是因为这座塔是铁的颜色，实际上它是琉璃塔，琉璃面砖的。我看过这一批论文，我当时的印象就是张之凡老师的这篇论文写得最好，写得非常充实。我曾经感到很奇怪，他怎么能写出这么高水准的文章，原来张之凡老师是学术上的高手。

那时候建筑教研室是个大教研室，所有上建筑课的老师都在这个教研室，教美术、历史、技术、设计等课程的老师全在那儿。到了1958年，哈工大成立了建筑学专业。在专业成立之前，先抽调了工民建55、工民建56、工民建57三个班，作为过渡班。这样，我就给过渡班上"中建史"的课。

到了"建筑58级"，就是正规的建筑学专业了，我就接着讲正规的建筑班"建筑史"。我讲的是"中国建筑史"。"外

2000年，侯幼彬教授在中国近代建筑史国际研讨会上发言

国建筑史"是富延寿主讲。张之凡老师是系副主任,富延寿老师是建筑教研室主任,所以也是教师队伍里的重要人物。很遗憾,富老师1967年患癌症故去了。中建史是我一个人一直顶下来的。

富老师病故后,外建史就没人教了,后来陶友松老师来了,但陶友松老师不久也转走了。我们经历过一段没有外建史主讲老师的日子,就出去借人,借来同济大学罗小未先生的助手来上课。这些情况说明建筑史教学的起步是很弱的。一直上到刘大平老师硕士毕业留校了,中建史才有两个人讲课。我讲中建史讲了差不多半个世纪。幸好这门课还很受同学们的欢迎。

访谈人:我一直都是您的粉丝,我在哈工大建筑学院上本科和研究生的时候就非常喜欢听您的"中国建筑史"课,在您将近半个世纪的教学中,这门课在课程建设上、内容选择上,历经了怎样的发展,形成了怎样的特点?

侯教授:我是在大阶梯教室上课,选课的人很多,阶梯教室里场场都坐得满满的,我意识到同学还是很喜欢这门课的。退休后我迁居北京,见到一些同学、校友,差不多都跟我说一个共同的感受,就是中建史的教学给他们留下的印象特别深。同学们说得很风趣,常常一见到我,就把我讲课说的一些词儿都"叨叨"出来,说明这门课程的确给学生留下了很深的印象。

关于中国建筑史这门课程,我一直想做一个回顾。

我现在初步想到这个课程有一些特点,这个特点我想可以用8个字来概括,叫作"两个理念,一个走向"。所谓两个理念,一个是对建筑遗产的认识,就是对建筑遗产的认识要有一些推进。怎么推进呢?就是把建筑传统区分为"硬传统"和"软传统"。我们的讲课不应该停留于硬传统的认知,应该深入到软传统的探索追溯,这个问题也是我理论研究的核心问题。我觉得这个问题很重要。就是因为有这个基本理念,讲课内容自然对软传统很关注,这影响了我们的教学。第二个理念是对中建史教学目的、课程作用的认识。中建史的课程作用,一般提法都是四条:第一条是了解中国建筑的基本知识;第二条是了解中国建筑的发展历程;第三条是认知中国建筑的文化遗产;第四条是提高建筑的理论修养。我是教了很多年课以后,才意识到只提这四条还不够,我认为还漏了很重要的一条,就是这门课程还有一个重要作用是"有助于培养建筑创作的黑箱型思维"。因为建筑创作是黑箱型思维,如果是白箱型思维的话,它的创作过程是透亮的,而黑箱型思维就很接近于艺术创作了。我们知道,黑箱型思维的一大特点就是——黑箱是打不开的。黑箱虽然打不开,但是可以用"黑箱方法"来逼近它,来包抄它。你不能够把它打开,但是它有输入端、输出端,你可以把输入端搞清楚,再把输出端搞清楚,这两端搞清楚了,你就可以包抄它,这个就叫作黑箱方法。我后来弄明白了,历史上的实存建筑,就是一座座历史建筑的输出端;一座座建筑的历史背景、环境制约条件就是历史建筑的输入端;建筑史讲的正是这两端。因此,学习建筑史,有助于从输入和输出的两端来包抄打不开的建筑创作思维黑箱。明白了这一点,我才知道建筑学专业要学建筑史,主要是为了这个。所以凡是艺术的学科,就得学学这个艺术的专门史,搞美术的得学美术史,搞文学的得学文学史。为什么工民建不要求像建筑学那样学那么多建筑史?就是因为工民建那个结构设计,逻辑思维是占主导的,咱们这个建筑创作,黑箱型思维是占主导的。这恰恰是建筑创作最重要的一个特点。我没想到建筑创作的这个特点,可以从建筑史的讲课里头帮助它。如果你把输入端、输出端的这种信息讲得很透,就意味着在逼近、包抄这个黑箱。这样就把建筑史的作用提到应有高度了,我觉得这有很大的意义,这也才真正明白为什么建筑学把建筑史摆在那么重要的地位。

侯幼彬教授肖像照（摄影师陈跃 2011 年摄）

那么，围绕这两个理念，中建史该怎么讲？我的归纳是"一个走向"。这个走向就是"从描述性史学走向阐释性史学"。

史学有两种，一种叫描述性史学，一种叫阐释性史学。通常很多建筑史大部分都属于描述性的，我担心同学不太明白什么是阐释性。我在讲中建史绪论时，特地举了一个表述尺度的例子，用来通俗地解释什么是描述性史学，什么是阐释性史学。中国古代度量布帛的尺，从周、秦、汉、唐一直到宋，每一代都可以查证出它的数值。很显然，每一代的尺子都加长了一点，但是，一直加长到宋代为止，再也不增加了。这就是尺的演变的规律性现象。如果讲史、讲尺度的演变，只讲到这个程度的话，就叫描述性史学。阐释性史学则需要解读、阐释。研究尺度的专家对这一现象做了解读，指出这个"尺"为什么会这样。因为尺是量布用的，布在早期的时候是实物地租的一种，统治阶级想多捞点地租，就把尺子放大一点，因此尺子一代一代地增长，自然就容易理解了。那么从宋以后怎么又不增长了呢？这是因为从宋以后，实物地租变成了货币地租，改成货币地租后，布帛就不起地租的作用了，人们自然就不关心尺子的长短变化了。后一种的解读就是阐释性史学。我跟同学这样一举例，同学就完全理解了。

讲课能上升到阐释性史学，我觉得这对学生很好，因为通过阐释可以从知其然上升到知其所以然。如果说描述性史学主要是停留在回答"什么"，那么阐释性史学则要追问一下"为什么"。我对这一点很关注，只要看到某篇建筑史文章进入到阐释性的深度，我就很来劲儿，很感兴趣，很关注地收藏。比如说中国古建筑的石栏杆，有宋式石栏杆，有清式石栏杆，通常多是讲述宋式怎么样怎么样，清式怎么样怎么样。如果只是描述出它们的形式、形制和不同特点，那还是停留于描述性的表述。让我非常感兴趣的是，梁思成先生对石栏杆做了一件很有意义的事，就是他对宋式、清式石栏杆做了一个总的概括、解读。梁先生说："一言以蔽之，就是从仿木的栏杆渐渐脱离了木的权衡及结构法，而趋就石质所需要的权衡结构。"这句话就把这个阐释清楚了。因为早期石栏杆的形式是从木头的栏杆延伸来的，慢慢地变成了真正体现石材质的权衡。梁先生说的这句话，用了"权衡结构"这个词，我觉得用得非常好，它涉及石栏杆的结构、材质、权衡，我觉得梁先生的这个阐释是非常精彩的。

我的思想就是关注这个"软分析"。为此，我曾经有意无意地做了一些"博采众'软'"的采风，尽可能注意收集各家的"软"分析，我自己也试着做一些"软思索""软分析"。

还说这个石栏杆，我沿着梁先生对石栏杆的解读，进一步思索石栏杆还能有什么"软分析"。我发现清式"望柱栏杆"主要由栏板、望柱和地栿组成。在各式望柱栏杆中，地栿是不变的，栏板也是不变的，主要的变化都是望柱的变化。而在望柱中，望柱柱身也是不变的，主要变化明显地都集中在望柱的柱头上，有所谓云龙柱头、云凤柱头、石榴柱头、莲瓣柱头等等。这个现象就可以进行"软"分析，可以追索它背后的构成机制。那么为什么要集中在望柱柱头千变万化呢？我最初以为，望柱柱头构成栏杆的边际线、轮廓线，不同的望柱柱头可以构成不同栏杆队列的边际轮廓，变化望柱柱头可能是这个缘故。后来我才恍然大悟，望柱柱头的千变万化有一个更重要的原因：它是"自由端"。自由端就是没有别的构件跟它关联在一起，所以它是自由的、不受牵扯的，我认为这就是栏杆望柱柱头的一种构成机制，是一种"软分析"。懂得望柱柱头的"自由端"机制，举一反三，我们自然就知道，中国建筑是很会处理自由端的，斗栱里的昂嘴、耍头、六分头、蚂蚱头等等，凡是带"头"的名称，都是对"自由端"的调度。

应该说，这种"软分析"不是那么容易的，不是说拍拍脑袋就能想出来，只能星星点点地去追索，只能朝这个方

2011年，侯幼彬教授参观哈工大校史馆

向去努力，所以我说是从描述性"走向"阐释性。

访谈人：侯教授，回首过往，中国第一代建筑大师对您产生了怎样的影响？您在之后的建筑历史学术生涯中一直坚持的是什么？

侯教授：中国建筑界老一代前辈中，有三位老院士：梁思成先生、杨廷宝先生、刘敦桢先生。梁先生、刘先生是中国建筑史学的奠基人，是中建史学科的泰斗级人物。我无缘当他们的研究生。但是很庆幸，与两位大师我都有过接触。

跟梁先生是很一般的接触，但这个接触对我也很有影响。我写过回忆录，刊发在清华大学建筑系建系50周年的文集上，标题是《两次启蒙》。现在要我回忆梁先生，我说的还是这两次启蒙。

第一次启蒙是听梁思成先生的讲座。这大概是梁先生做得很正规的中建史讲座，是为当时建筑系的研究生、青年教师和北京市的建筑师讲的，加起来有四五十人听讲。赶上梁先生讲课真是太不容易了，梁先生这次也真的下了决心系统地讲这个课。我后来知道，我们这里的邓林翰老师听过梁先生这门课。因为那时候他恰好从天津大学毕业，分配到清华大学研究班，他是正儿八经地去听的。这个讲课当然轮不上我去听。在清华读书的时候，我是建筑史的发烧友，我就特别想听梁先生这个课。梁先生这个课是在下午上，是大教室，这样我就很容易混进去了，并断断续续地去听了这门课，收获很大。我深深感到梁先生的课很精彩，我也很受启迪。具体的启蒙内涵就不在这里重复了。

第二次启蒙是梁先生曾经给我审稿、改稿。当时我参加了在梁先生、刘先生指导下的《中国近代建筑史》编写组。这个编写组一共有6个人。初稿完成后，曾经形成铅印本。这在当时是中国近代建筑史的第一部初稿，我们请梁先生审稿。梁先生在百忙中还真的很细致、很深入地审了。只是因为太忙，梁先生只审了铅印本前面的9页。这9页恰好都是我执笔的。这样就成了梁先生为我审稿、改稿，是可遇而不可求的一大幸事。这件事我在《寻觅建筑之道》的口述史中表述过了，这里也不再重复了。

我与刘敦桢先生有一段时间有非常密切的接触，这是非常幸运的一件事。大概是1964年，那时候建设部委托刘敦桢先生写一本建筑学专业通用的《中国建筑史》教材。刘先生就在各校建筑史教师中挑选助手。他找了同济大学的喻维国执笔中国古代建筑部分，找了华南工学院的陆元鼎执笔中国现代建筑部分，找了哈建工学院的我执笔中国近代建筑部分。真是幸运之极，我就这样成了刘敦桢先生编写《中国建筑史》教材的一名助手。这个教材编了两年，让我和刘先生接触了两年。起初是分散地在各校写，和刘先生通过书信交流，隔一段时间聚集一次，刘先生和我们一起讨论编写大纲、编写概要，再分散回各校写作。到了1965年，刘先生把我们集中到南京，大约集中了5个月，我们一起讨论定稿。这5个月令我非常难忘，这个具体情况我在我那本口述史《寻觅建筑之道》中都写了。

我的印象中，这5个月，刘先生全力以赴地编通用教材，全力以赴地调度我们这个班子。他来我们的工作室，来了就不停地说，我们就围着他听。有时是系统地讲，像是讲专题；有时是零散、片断的；还有时完全是随机的，突然想到什么，就聊什么。纵纵横横，点点滴滴，有纵向的，有横向的，有关系全局的，也有细枝末节的。我们那时候想了一个词，说这是刘老先生不停地给我们发送"信息碎片"，那些信息都是非常珍贵的东西，现在回想起来，我们真是偏得了。

我当时已经意识到，这是站在中建史学科顶峰的刘先生，把顶尖级的思考、顶尖级的学术思想一股脑地都转发给我们了。因为他在主编这本书，他当然要把想法全面地渗透给我们，所以我们可以说是赶上了特殊的机遇。我们当

2011年4月,侯幼彬教授参加《中国建筑之道》《中国民居之美》首发式

时有个感受,就是这样给刘先生当助手,真比当研究生还实惠。5个月下来,我觉得自己对中建史的古代部分,可以说是明白了很多事。虽然这时候我执笔的是近代建筑部分,而刘先生讲的全是古代建筑的,几乎没有涉及近代的事。但是我"人在曹营心在汉",虽然执笔写的是近代建筑,心底深处关切的还是古代建筑,所以刘先生讲的完全对上了我的"胃口",我是非常感谢刘先生的,深深地庆幸这段机遇。我写过一篇题为《难忘的1965》的回忆文章,刊于《建筑百家回忆录》;在后来写的口述史《寻觅建筑之道》里,也详细地回顾了这一段,这里不再复述了。

访谈人:讲讲您编纂《中国古代建筑历史图说》的经历吧!

侯教授: 大约是2000年,我都快退休了,中国建筑工业出版社的张建编辑约我写这本《中国古代建筑历史图说》,我接受了约稿。那时我和老伴正开始学电脑,正巧出版社这时候约我写书,我们就想用电脑写这本书,既写书,又学电脑,一举两得。我们就一边编"图说",一边学着输入电脑,两个人一起摆弄,把自己写的文字转化成电子版。那时候我们也没有排版软件,完全用土办法来排。这本书是给大学生做参考的。确定框架时,主要考虑的是按年代编还是按类型编。因为潘谷西先生主编的《中国建筑史》教材,在古代建筑这一篇里是分类型讲的,我想避免重复,图说就按年代来编。但是按年代编,就冒出一个问题。因为留存至今的中国住宅实例,多是近代时期建造的。把建于近代的住宅实例,收入古代建筑图说中,总觉得不合拍。后来我想出了一招,把住宅这一节的标题,称为《传统的延续:近代乡土建筑》,这问题就迎刃而解了。

这本书出版以后,我没有想到的是很畅销,因为大学生都拿它当参考书,很多学校的建筑系普遍都采用了。

这本书后来还有一个情况是我没想到的,就是被列入了"首荐",即"首届向全国推荐中华优秀传统文化普及图书",有312家出版社推出了1 072种图书,经过筛选,最后推荐了86种。这个推荐还是很谨慎的,推荐不到100本,到了86本就停下来了。我后来看入荐书的名单,这86本书的作者有蔡元培、费孝通、钱钟书、任继愈、俞平伯、冯友兰等等,都是大人物、大名人。我很高兴,我和老伴合作的这本《中国古代建筑历史图说》居然能进入这次"首荐",这为我在退休前画了一个圆满的句号。

访谈人:侯教授,您退休之后都写了些什么?做了哪些研究?

侯教授: 退休后,我总的想法是写一部专著。退休前我对中国建筑的"软分析",大体上集中在《中国建筑美学》这本书中。退休后我还想继续在"软"字上做点文章。起初我想选几个理论点,每个理论点都跟中国建筑挂一下钩,写一章篇幅,这样就能形成一本专著。我拟了个粗粗的框架,第一章就从老子的"有"和"无"说起。我跑到北京国家图书馆去查资料,去查有关老子论"有无"的资料。没想到那里有关老子的资料丰富极了,我看了好多本,有了新的感受,我想单单把这个问题说清楚,就得写相当长的篇幅。我先试写了"老子论有无"这一节,光这个问题就占去了整整一章的篇幅。我想这怎么行,赶紧调整计划,干脆全书就只写建筑的"有"和"无"得了,把"有"和"无"上升为建筑的"道"。我意识到,中国建筑的"有"与"无",就如同中医里提的"阴"和"阳"一样,太值得我们关注了。我觉得这样集中地写中国建筑之道,可能更好些。

等到全书写完,我明白自己实际上写了三个"道":第一个"道"是阐释老子说的"有无之道",也就是"器物之道"。原来老子说的"有无",是针对所有器物说的。器物之道到底是怎么回事?老子怎么说的?我把这个内容做了一个解读。第二个"道"写的是"建筑之道",触碰了一下建筑的一些最根本问题。第三个"道"才是书名所示的"中国建筑

2012年6月，侯幼彬教授参加《读建筑》和《虞炳烈》首发式

之道"。

这本书我写了很长时间,断断续续地写了五六年。为什么会写这么长时间?主要因为我是半写、半游,大部分时间都跟老伴一起去旅游了。这书刚交稿,马上转过来干另一件紧迫的事,就是写一本叫《虞炳烈》的书。这位虞炳烈先生是我大学同学的父亲,这位同学也是我老伴的同学,他后来迁到巴西定居了,他在去巴西之前,把他父亲的资料转给了我们。我这时才知道他的父亲是近代建筑师中留法的,是巴黎美术学院建筑科里昂分校的中国留学生。他的父亲是中国建筑留学生里留法的这一分支的代表人物。这一支巴黎美术学院的留学生,是真正从学院派里出来的。

这样我就了解到这些资料是非常宝贵的。这位建筑师在中国近代建筑教育史上是有代表性的。我的同学把资料交给了我们,他说让我和老伴帮着整理整理。我们俩简略地先整理出一篇概况,发表在《建筑学报》上。这篇简介式的文章虽然对虞炳烈先生的表述很简略,但还是把他从大家的遗忘中给"捡"了回来。此后提到中国早期建筑师,虞炳烈先生就没被遗漏了。但这个写得实在太简略了,那时正好中国建筑工业出版社要出一套《中国建筑名师丛书》,第一辑要出沈理源、虞炳烈、梁思成、杨廷宝、陈植等人,出版社就让我和老伴写《虞炳烈》这一本。我们只好责无旁贷、马不停蹄地去赶写,也搞了快一年才出来这么一个小册子。当时定的版本比较小,容量很有限,就只能搞出这样的东西。以他的资料来说,仅仅搞出这本小册子,确实有点可惜。

退休以后还有一件事,就是中国建筑工业出版社约我写口述史。易娜编辑约我写口述史的时候,刘先觉教授的口述史已经出来了,潘谷西教授的口述史好像也已经出来了。这两位先生的口述史都有助手参与编写。我说我不能通过助手来进行,因为我的记忆力实在不行了,不可能滔滔不绝地跟助手大段大段地讲,我只能一点点地想,想出一小段就写一小段,只能采取这种方式。所以我这本口述史只好由老伴帮我整理。

这个口述史,起初我本来不想写、不敢写,我说我没有什么内容可写的,是王莉慧热心地推动我。王莉慧原是我的研究生,她这时候在中国建筑工业出版社当副总编,她说写口述史可以对自己的论著做一下回顾,可以讲解自己的理论文章,介绍这些理论文章有什么写作意图,她说我可以从这些角度来写口述史。我一下子被她说动心了。我意识到我写的那些理论性的东西,是什么意图、是怎么回事,能有个机会自我解释一下也很好,这样我就写了《寻觅建筑之道》。现在看来经过写口述史,我把自己成长的过程、学术活动的过程梳理了一遍,知道自己做的是怎么一回事,知道我抓的就是一个"软"字,原来搞了半天,抓的都是这个"软"字。

访谈人:我之前读本科、读研究生的时候非常喜欢您的课,听您讲课,就好像在听一个故事,包括现在跟您做访谈,听您说话也是那样娓娓道来。教授,您在教学中有哪些特别的习惯、方式、方法呢?

侯教授:我这个人用笔写文章还容易一点,口头讲话完全不擅长,口才不行。但是很奇怪,同学们还反映我的课讲得不错,我自己也觉得讲课很轻松,一点也不吃力。这是怎么回事?我想是因为我是做了一些课题研究的,我在学术上有一些想法,自己老是动脑筋,一会儿想这个,一会儿想那个,做了不少小课题、小专题。还有一点,就是我写过知识小品。这些知识小品曾经登在《人民日报》的副刊。我觉得写知识小品对讲课是非常有用的,因为在写的过程中你要获取一些很有意思的东西,要比较生动地把它表达出来。在写知识小品时,我能慢慢去想,我对这方面很有兴趣,在这方面我想了很多,我讲课的时候把这个东西搬到课堂上来就是了。所以我觉得讲课不难,一要有自己的学术积累;二要运用写知识小品的技法,就能讲好。

2012年6月,侯幼彬教授讲座

访谈人：刚才听您说，您在研究中曾是几个方向的"发烧友"，那您觉得这个发烧友的过程是否体现着一种知识上的交叉，包括您以前对系统论及"老三论"的借鉴？

侯教授：这个在我写的口述史《寻觅建筑之道》中都写了。我对建筑理论原是一窍不通的。在1955—1956年，中国美学界有过一次大讨论、大争论，我一看这个东西正好对上建筑理论的口径。建筑理论所碰到的问题，这个美学问题讨论里几乎都涉及了。所以我就沉迷到这个美学大讨论中。没过多久我就成了李泽厚的粉丝了，读他的文章，读他的书，对我影响很大。所以我最初的跨学科主要跨的是美学。等到20世纪80年代，各方面的方法论都冒出来了。随着各个方法论冒出来更多的新学科，光是美学就有系统论美学、信息论美学、控制论美学等等。然后我又盯上了模糊学、符号学，成了一个方法论迷。这里的每一个方法我都很感兴趣，我老想从这一个个方法论的视角来审视建筑，这样大概写了七八篇文章。我感觉，我是尝到了方法论的甜头、跨学科的甜头。

李婉贞教授口述采访

2019年11月24日

访谈人：李教授，非常难得有这么一次近距离交流的机会，我想先从您的求学经历开始，请您和我们分享一下您年轻时的求学经历。

李教授：我的求学经历是这样的，我是从北京贝满女中考入清华大学建筑系的。贝满女中是教会学校，历史很悠久，到今年已经有155年了，很多女性名人都是贝满的校友，像冰心、谢希德、李德全等。我在清华建筑系刚学一年，通过考试被选拔，出国留学。那时候的留学，都是去苏联。我先在北京俄文专修学校留苏预备班学了一年俄语，就到莫斯科去了。但是没想到我被改专业了。我在清华学的是建筑学，去留苏被分配到莫斯科纺织工学院实用美术系，学染织美术专业，完全改行了。这个学院的艺术专业是5年半制，所以我就在那学了5年半。这段时间我经历了从不喜欢染织设计到喜欢染织设计的转变。我在莫斯科纺织工学院受到很多绘画方面的训练，他们是很严格的，素描、速写、水彩，以及人体、静物等多个方面的训练，完全跟建筑没有关系，我变成了纯粹学工艺美术。毕业回来后我就分配到中央工艺美术学院的染织系，正好是对口专业。这样我差不多在工艺美院工作了10年。

在清华建筑系，我跟侯幼彬是同学，我们是1962年结婚的。一直到1972年，我们一直是分居状态，都年近40岁了，与孩子也是分居着。我们是3个人分别住4个地方，我们的家在北京，女儿在杭州的奶奶家，侯老师在哈尔滨，我在各地流动。其实我们虽然算是住在北京，但北京的住房多数时间都是空着的。1972年，我舍弃了我和女儿的北京户口，舍弃了我熟悉的染织设计专业，舍弃了中央工艺美院的理想工作，调到那时候的哈尔滨建筑工程学院，与老伴、女儿团聚了。我当然完全改行了。1974年大学开始招收工农兵学员，我就开始教"建筑设计基础"，这样我从1974年到1992年，一直教了18年"建筑设计基础"课。后来我对"室内设计"很感兴趣，室内设计成为我的研究方向，我也开始讲"室内设计概论"这门课。一直到1992年，60岁的我就退休了。

等老伴2002年退休后，我们就定居北京，这圆了我多年想回故乡的梦。有一天整理旧物，我从箱底突然发现一包画稿，这些画多数是我在工艺美院教染织设计课时画的示范图，有500多幅。这些图保存得都还好。难得的是，这些画面的颜色还没有褪色，总的基调还很新颖。我从这500多幅画中挑出200多幅，题名《七彩华章》，在中国建

侯幼彬教授参加第一届中国建筑史学国际研讨会

侯幼彬教授参加第二届中国建筑史学国际研讨会

筑工业出版社出了一本我的染织画稿。这件事算是让我在染织设计领域留下了自己的一点痕迹。

访谈人：那您记得当时在建筑学院，您都讲哪些课吗？您最喜欢哪一门？

李教授：我讲的是"建筑设计基础"和"室内设计概论"两门课。一开始是给建筑学专业上，后来有了城市规划专业，我也给城规上课。当时随着商品房的发展，国内掀起了强劲的室内设计热，引发了我对室内设计的关注，我很自然地从工艺美术转向室内设计。室内设计也成了我的科研方向。我改行跨学科，对室内设计还是很感兴趣的。

访谈人：您觉得您的研究中最大的特点是什么？

李教授：室内设计是当时新设立的专业，我又是改行转过来刚刚接触，这课程说不上有什么特点。我只写了几篇算得上是室内设计理论的文章，当时发表在《建筑学报》《世界建筑》《家具》等刊物上。我发表得比较多的，还是那时很受关注的有关室内设计、室内装饰的普及性文章，也汇集出过两本关于室内设计的书。我当时身不由己地投身于室内装饰科普文章的热潮中，每天应接不暇地为各个室内装饰科普刊物供稿。有一本在哈尔滨的科普刊物《家庭生活指南》，我差不多每期都供稿，有时甚至在一期里用不同的笔名发两三篇文稿。这样，这种室内设计的小文章积攒了一百多篇。有趣的是，其中有一篇写的是我家的旧式双人床如何改造成时髦的新式双人床，这事还被中央电视台《为您服务》栏目选中，特地到我家来实拍。想不到我家的床居然有幸面对全国观众做了一次有趣的展示。

访谈人：你们在上课之前怎么制订教学大纲、教学计划、教学任务？您还记得当时的课程吗？

李教授：设计基础课最开始就是给工农兵学员上，应该是1974年吧。这课在清华叫"建筑初步"，我自己在清华学过，是教一整套的建筑表现图画法。我教的内容就仿照这一套，先是刘德明教授和我一起教，后来还有张伶伶教授也跟我一起上过这门课。等到成立室内教研室时，我已经退休了。

访谈人：李教授，您的学术生涯中结识过一位苏联的汉学专家，他叫什么名字？在学术交流上有什么经历？

李教授：我结识过一位苏联的汉学家，他叫谢尔盖·尼柯拉耶维奇。他在莫斯科艺术研究院工作，是专门研究中国艺术的汉学家。他擅长中国绘画史、书法史，对中国的民间艺术，如剪纸、民俗画、图案等都有深入研究。他出版了很多著作。《世界文学》的高莽先生曾有专文介绍他。我是在莫斯科时认识他的，因为我常去莫斯科东方艺术博物馆，那时候他正在这个博物馆工作，我们就这样认识而成了挚友。

1985年在北京举办苏联油画展，来参展的苏联展团团长就是这位谢尔盖先生。当时中国文化部允许展后该团可选择一个外地城市访问，因为我那时已经迁到哈尔滨，他就选择到哈尔滨来看我。这样，我们在阔别25年后，又在哈尔滨见面了。

我在哈建工学院还接触过另一位苏联朋友，是普利霍吉克。他是我们这个建筑学专业成立之前，在哈工大土木系的一位教建筑学的苏联专家。他在1954年就离开哈工大回苏联了。我们大家都很想念他，他也很想念哈尔滨的这些友人。当他再次来访哈尔滨时，我的主要任务是给他当翻译，他讲课时也是我做翻译。当时的哈建工学院的陈雨波院长、建筑系的常怀生主任和他的交谈，也是我翻译的。

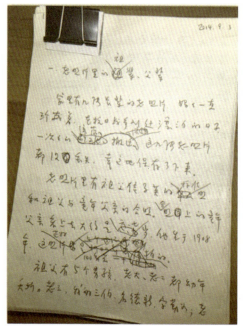
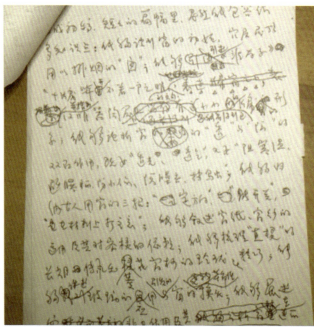
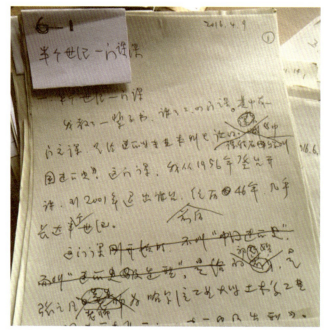

《寻觅建筑之道》手稿

对侯幼彬教授与李婉贞教授的联合采访

2019年11月24日

访谈人：《诗经》里说，执子之手，与子偕老，想问一下两位教授是怎么相识的？

李教授： 就是考进清华大学相识的。我是北京的学生，他是福州的学生，我们相隔很远，想不到在清华园相遇了。

侯教授： 我们是清华大学同学。她进清华只待了一年，就被选派留苏去了。

李教授： 后来就分开喽，又再见面，很曲折的。

侯教授： 她从清华离开，就先去北京俄专学了一年俄语，然后到莫斯科纺织工学院学了5年半。这样就分开了6年半，我们几乎断了联系。她回国以后，分配在中央工艺美术学院任教。后来有一次是工艺美术学院举行画展，我听我的老同学说，李婉贞也有作品在里头，画得倍儿棒。这引起了我的兴趣。这时我赶巧在北京开会，我就去看这个画展，果然画得很好。回哈尔滨后我就给她写信，说看到她画展的事。这样，我们又联系上了。

访谈人： 真是纯真年代的纯真感情，弥足珍贵。然后你们就开始相互支持，相互帮助，度过精彩的人生。你们那时候生活怎么分工呢？

李教授： 其实没什么分工吧！

侯教授： 因为早期那段时间，她在中央工艺美院。工艺美院给她分了一间房子。那时我们都是很年轻的教师，没想到也能分到一间住房。这间住房是跟人家合住的，两家各占一间卧室，共用厨房、厕所，就是合住一套两居室。我那时候经常待在北京，因为我参加了建筑科学研究院的科研项目，有一半时间在建研院，这样我就有机会回家了。所以这个房间就变成了我们的小天地。

住在这个房间的时候，我认为我们有一小段的日子很美好。她搞设计就是画图，为了给学生做示范图，她就要去画。不停地创作染织图样，画很多，她整天专注地做这件事，创作出一张张我觉得很美的作品。我白天到建研院上班，其他时间我都在写知识小品。我写的知识小品曾经发表在《人民日报》的副刊上。这间北京小屋成了我们一生难忘的小屋。这座住宅在光华路，早就拆了，现在这里矗立起来的是大家都晓得的中央电视台。

访谈人： 李教授哪一年来到哈尔滨？在哈尔滨建筑工程学院的时候，你们也继续这样的生活模式吗？

侯教授： 不是啦，那是天差地别了，完全变了。1972年她调到哈尔滨以后，学校没有开课，但是我们也没闲着，忙着打家具。这时哈尔滨有一股打家具热潮。因为哈尔滨的边角料木头能买得到，胶合板也好买。各种厚度的胶合板，再加上各种边角料，很适合自己做家具。这些边角料可以拉到学校的木工厂——

李教授： 破料，破料。

侯教授： 是机器破料。几下就破成所需要的标准断面了。那是1974年，工农兵学员还没来。我们打家具打了好多年，两个人一起弄。

李教授： 做好家具，我来刷油漆。

侯教授： 这样过了近十年光景吧。

李教授： 学建筑的嘛，构造都知道，自己做这个、做那个。家具造型看不上那个老一套的，也都设计得比较新一点。

1961年8月28日《人民日报》发表侯教授的文章

1961年9月18日《人民日报》发表侯教授的文章

1962年1月5日《人民日报》发表侯教授的文章

1962年7月22日《人民日报》发表侯教授的文章

1963年6月27日《光明日报》发表侯教授的文章

那时候普通家庭都没有沙发，我们却都会设计，组合式的家具也会设计，后来还设计了组合柜，有很多用途。

侯教授：沙发底下放资料，后边是书架。

李教授：书架底下跟沙发连在一起成了沙发床，那沙发床是给女儿睡的。

侯教授：我开始做家具的时候，先做过一个小板凳，给女儿用的，为了试试怎么用工具。

李教授：工具也都是自己买的。

侯教授：我给小板凳做的腿，很细，很小巧，其实也不错。很遗憾，我们搬家时，这些都扔了。其实作为这阶段打家具的样品，也是家史的一个部分，应该保留。

李教授：我记得那也是我刷的油漆，好像还用了很鲜艳的颜色。

访谈人：1974年复课之后，你们二位的生活模式有什么变化？

李教授：我就是钻研我自己喜欢的东西。我并不满足于只上设计基础课，我觉得好像没达到自己的要求。

侯教授：她去搞她的室内设计，那时候室内设计全国很热，主要是因为商品住宅的兴起吧。关于室内设计的科普文章很受欢迎，她就被科普杂志给盯住了，几位编辑老跑到家里要稿子，她就应接不暇的，主要忙着写稿子。她主要热衷于写科普文章。我还是搞我自己的建筑史。我们那时候生活很有规律，晚上连电视都没有。时间过得很快呀。一晃，不仅半个世纪过去了，到现在我们也都八十多岁了，平平淡淡的。退休后我们到了北京，现在也已经十七年了。我们老两口就一直安安静静地住在这里。

口述采访：朱莹、刘滢
文字整理：侯幼彬、朱莹

2019年，侯幼彬教授谈中国建筑史

我的"写史三级跳"

——侯幼彬教授百年校庆追忆

我一走出清华校门就来到哈工大

我来哈工大时，校长是李昌，他原是团中央书记处书记。听说是毛主席特别指派两位团中央书记当大学校长：一位是1952年派到清华当校长的蒋南翔，另一位就是1953年派到哈工大当校长的李昌，可见当时对哈工大何等重视，对李昌何等倚重。这件事给了我很大的鼓舞。我觉得自己很幸运，刚刚走出一所名校，又来到另一所名校。20世纪50年代，为支持哈工大发展，800多名青年师生响应国家号召，扎根龙江。他们后来有了一个共同的名字——哈工大"八百壮士"，这"八百壮士"的平均年龄是27.5岁。1957年我25岁，算得上是"八百壮士"里的一名小小的成员。

我来到哈工大，第一年待在基建处，扎扎实实做了半年建筑设计和半年施工实习，第二年进入土木系的建筑教研室。我一到建筑教研室，当时分管建筑教学的系副主任张之凡老师就找我，问我在清华接触过多少建筑史的学习。赶巧我是个梁思成迷，也是中建史发烧友。当他知道了这一点，马上就说："那就定你了。"原来哈工大的工民建专业是建筑、结构、施工"三条腿"一样粗，工民建学生也要学中外建筑史的课，这课就是张之凡老师讲的。他很快要上莫斯科建筑学院进修，正急切地物色新手来接这门课，这样就把"建筑史"讲课任务落定给我了。我就这样提前了上台讲课的时间表，并由此定格了一生从事中建史研究的学科方向。

面对这么紧迫的建筑史教学任务，我该怎样进修成长呢？正当我不知所措的时候，突然峰回路转，一个机遇降临了，开始了我的"写史三级跳"。

我的写史第一跳是参编"建筑三史"

1958年，为庆祝中华人民共和国成立十周年，建筑工程部建筑科学研究院决定编写《中国古代建筑史》《中国近代建筑史》和《建筑十年》三本书。这三本书的编写任务由建研院的建筑理论及历史研究室承担。当时，这个室的正副主任是梁思成先生和刘敦桢先生，两位都是中国建筑史学的奠基人，是并驾齐驱的中建史学科的泰斗级人物。为编写"建筑三史"，两位大师不仅调度了全室的精兵强将，也集聚了散布在全国各个高校和文博部门的中建史人员，几乎可以说中国建筑史学科的老中青三代都到这里报到了。我作为哈工大的一名中建史青年教师，就这样幸运地来到这里。

我被分在中国近代建筑史编写组，在梁、刘两位大师指导下，在各地汇总的近代建筑调查和专题研究资料的基础上，由我们6人执笔，在1959年完成了21万字的《中国近代建筑史》初稿。这部初稿以铅印本印出，到1962年

2019年，侯幼彬教授口述历史采访现场

缩写成18万字的《中国近代建筑简史》，作为《中国建筑简史》的第二册，在中国建筑工业出版社的前身——中国工业出版社出版。这是正式出版的第一部"中国近代建筑史"。

我很幸运迈出了建筑编史的第一步，让我这个中建史发烧友好像找到了自己的家，入了学科的门。特别幸运的是，梁思成先生曾经审阅过我们编写的中国近代建筑史铅印本初稿。他因为太忙，只看了前9页，而这9页恰恰都是我写的。梁先生虽然看的页数很少，却看得很深入，短短9页中居然修改了33处用词，写了12条批语。我从梁先生批改的字里行间，看到了梁先生对写史工作一丝不苟的严格要求和对文字表述字斟句酌的高度重视。梁先生的批改对我来说，是最宝贵的写史启蒙，我为刚刚步入学科就能得到梁先生如此细致的指导，感到分外的荣幸。

我的写史第二跳是进入了刘敦桢先生的教材编写班子

1964年春天，刘敦桢先生受建筑工程部委托主编《中国建筑史》教材，他从全国各校中建史教师中挑选了同济大学的喻维国、哈尔滨建工学院的我和华南工学院的陆元鼎三人，分别执笔编写教材的古代、近代和现代三个部分。这样，我就幸运地进入了刘敦桢先生主持的这个编写班子。

在编写教材的两年中，刘先生领着我们一次次地讨论，一次次地修订教学大纲，一次次地调整教材框架，最后还把我们聚集到南京，在他身边进行了5个月的集中编写。

这5个月，编写教材是刘先生排在首位的工作。我的感觉是，刘先生每天都在不停地思索，不停地跟我们讲说。说的是中建史学科的纵纵横横、点点滴滴，有总体的，有专题的，也有零散的、片段的。每隔10天左右，刘先生还给我们做一次讲座。这时期的刘先生应该说是站在中国建筑史学科的顶峰，他把自己顶尖级的学术见解和最新思索，都一股脑地端给我们。这段跟随刘敦桢先生写史的经历，对我来说是刻骨铭心的。

这是我的"写史第二跳"。编写教材的这两年，特别是待在刘先生身边的这一百多天，我仿佛经历了一次超级的进修，整个人都处于亢奋状态。我的整个感觉是，刘先生牵着我们这些学人稚嫩的手，不仅带我们"登堂"，而且领我们"入室"，尽力让我们触及中建史学科的深层。这段经历是我的史学成长中至关重要的一步。

我的写史第三跳是参编国家级教材

第二跳之后，一直到20世纪70年代末，需要统编教材，东南大学潘谷西先生受命主编《中国建筑史》。他在建立教材班子时，邀我参加编写教材的近代部分，这样我就有了"第三跳"的机会。这本《中国建筑史》教材，1982年出版第一版，几经修订，2015年出到第七版。一、二、三版是"高等学校教学参考书"，四、五、六、七版是国家级重点教材和规划教材。我撰写的是教材中的第二篇——中国近代建筑。

都说天上不会掉馅儿饼，在"写史"这件事上，我却仿佛遇到了三次。其实应该说，我的"写史三级跳"是一组环环相扣的幸运机遇。没有第一跳就不会有第二跳，没有第二跳就不会有第三跳。我特别庆幸在我的学术成长中能有机会接触到梁思成先生和刘敦桢先生。总觉得我的建筑史学是在这两跳中成长的，一直怀着对两位大师的深深铭感。

我有一个长达半个世纪的"哈工大循环"：经历了李昌任校长的哈工大，经历了土木系独立出来组建的哈建工学

侯幼彬、李婉贞教授

院，经历了哈建工学院升格的哈尔滨建大，也经历了哈建大最后回归到哈工大。校名换来换去，我所在的建筑历史教研室和讲课的阶梯教室，却始终都在同一座大楼内。这座大楼就是矗立在西大直街的土木楼。我在土木楼这个"超稳定空间"，整整待了半个世纪。

　　百年校庆，感怀多多。难忘五十载回旋的"哈工大循环"！难忘魂牵梦萦的土木楼岁月！

郭士元教授访谈

峥嵘岁月　筑梦规划
——访谈郭士元教授

郭士元　男，1930年生，籍贯北京，1956年毕业于哈尔滨工业大学。哈尔滨工业大学建筑学院教授、城市规划教研室主任，1956年担任土木系党总支副书记。曾担任中国城市规划学会理事、黑龙江省城市规划学会理事、哈尔滨市城市规划学会理事等职务，黑龙江省科技建筑顾问委员会委员，哈尔滨市专家咨询顾问委员会委员。

青年时期的郭士元（一）

郭士元教授1956年毕业于哈尔滨工业大学并担任土木系的党总支副书记。作为哈工大"八百壮士"之一，郭士元教授历经"三上两下"创办了哈工大城市规划专业，为哈工大城市规划专业教育奠定了重要基础。哈工大城市规划学科的不断发展壮大并逐渐形成了自己独特的风格和优势，成果丰硕、人才辈出，这离不开老一代规划人的不懈努力。我们有幸采访了哈尔滨工业大学城市规划系郭士元教授，探寻哈工大"八百壮士"的崇高精神。

"三种素养"，全面发展

郭士元教授的求学生涯是丰富多彩的，这也是郭士元教授人生中很有意义的一段时光。他总结了求学中应具备的三种素养：一是身体素养，二是政治素养，三是学习素养，这使得他当时能在学校里同时高质量完成学习任务和繁重的社会工作。

一是身体素养。郭士元教授年轻的时候身体素养非常好，很少生病，这与他十分喜爱运动密切相关。他喜欢技巧类运动，主要有球类，如乒乓球、足球、垒球、排球、篮球等。小学的时候主要是小足球和垒球，到中学以后是篮、排球和乒乓球等，并且被选入校队。另外他喜欢单双杠，除了可以做引体向上、撑双杠以外，当时"蹬足起"他都可以做得出。来哈工大学习、工作以后，他也没有忘记要挤出时间来运动。在50岁的时候，他还参加了学校的老年篮球队，当时哈尔滨建筑工程学院（哈建工时期）在哈尔滨市篮球比赛（老年组）中排第三。哈尔滨市体育学院第一，哈尔滨工业大学第二，哈建工排第三，算是位列前三了。郭士元教授认为，在他求学期间，学习任务很繁重，同时还担负着比较多的社会工作，没有好的身体素养是不可能完成的。因此郭士元教授结合自己的经验告诫年轻人一定要坚持锻炼身体，不断提高身体素质，为更好地学习工作奠定基础。

二是政治素养。在年轻时郭士元教授思想上积极要求进步，树立了崇高的理想。郭士元教授于1949年4月17日加入共青团，是北京市第一批共青团员。入团选择4月17日是因为在1948年4月17日，他所在的河北高中发生过一个惨案：在解放前夕，地下党组织在演出《兄妹开荒》时受到了国民党的打击，被捕了一批人，因此被称为"417"惨案。当时学校的地下党书记李树义躲过了国民党的追捕，后来也来到了哈工大。为了纪念这个事件，所以选择1949年4月17日作为入团的日期。

不到一年后，郭士元教授于1950年1月5日入党，他来哈工大的时候已经是一名预备党员。郭士元教授回忆道："刚来的时候，我做班长，班长做了一两年以后，做团总支书记，临近毕业时，在最后一年做党支部书记。我所承担的工作和当时的形势有关系。那时在抗美援朝时期，学校组织学生志愿军参加炒面、宣传等活动，所以除了学习任务之外，担负的社会工作比较繁重，还做学生工作，主要宣传教育方针、党的政策时事等。"

北京解放以后，郭士元教授是北京市发展的第一批党员。入党前，郭士元参加了全市组织的政训班，通过报告的形式学习到一些政治理论。当时都是邀请一些很著名的人来做报告，他听到比较多的就是人民大学的教师、《人民日报》的总编辑、后来成为清华大学校长的蒋南翔以及北京市市长彭真等人的报告。报告的内容主要有毛泽东的新民主主义论、马克思主义政治经济学、艾思奇的《大众哲学》、刘少奇的《论共产党员的修养》《矛盾论》《实践论》等著作，以及一些政策时事。作为党员，郭士元教授在大学期间还参加了护校工作。由于刚解放不久，大家怕学校被反动派破坏，郭士元教授就参加了学校保卫处的护校工作，在节假日晚上站岗值班。站岗的位置就在现在的校史博物馆，

青年时期的郭士元（二）

原来图书馆的小礼堂外边。夜间站岗，每两个小时轮换一次。他回忆道："原来后边是一片空地，就是咱们现在学生宿舍的那个地方，是菜窖。哈尔滨的冬季数九寒天，你可以想象有多冷。那时我还是大学生，也参加到学校保卫处护校的工作中。"

到了抗美援朝时期，郭士元教授还参加了很多社会工作，比如到大街上进行抗美援朝宣传、给解放军炒面、修建飞机场等等。哈工大二校区早年间是个飞机场，当时正值冬天去修建机场。在修建的过程中，一个铁镐戳到了郭士元教授的左手，"那天我拿着铁锹铲土，向后撤手时被后面的人拿的铁镐尖砸中了，我左手背二指间皮肉几乎被穿透了，至今仍留有疤痕"。当时郭士元的学习任务很繁重，社会工作也很多。下午基本都是做社会工作，晚上才能做作业、复习功课，还要利用周六、周天再复习功课。当时每个周六学校都有舞会，开始在后楼小礼堂，后来在前楼建好的大礼堂，但是他从来没有时间参加。即使这样努力，课程还是落了不少，好在当时的考试之前都有五六天的复习时间，对他来说，主要就利用每个周末和这五六天的时间复习功课。

三是学习素养，也就是吸收知识的能力。在繁重的学业与社会工作压力下，郭士元教授仍能保持优异的学习成绩的原因在于他能较好地消化吸收学习到的知识。"我上学时，高考并不是统考，各个学校自己考。我当时报考了三个学校，哈工大、清华，还有华中工学院（现华中科技大学），哈工大和清华报的都是土木类的专业，华中工学院没有土木类，我报的汽车专业。当时三个学校都录取了我，但是哈工大首先发榜。那时是陈雨波到北京去招生，因为我当时已经是党员了，他就让我负责把这些被录取的学生带到哈工大来。"可以说，郭士元在高考后就已经开始为学校工作了，并为哈工大奉献了一辈子。有的人得知自己同时也考上了清华就回去了，当时又是朝鲜战场比较紧张的时期，大家都想离开东北，然而郭士元教授作为一名共产党员，为了大局考虑，就没有回北京，而是选择留在哈工大。

在哈工大求学期间，在学习和社会工作负担比较重的情况下，郭士元教授还是取得了较好的成绩，有一学期各门成绩得了全五分，因此得以留校工作。

"三上两下"，艰苦创业

在郭士元教授毕业参加工作以后，哈尔滨工业大学正处于一个重新开始建设的阶段。新中国成立以后，哈工大被国家定为在教育方面学习苏联的样板高校。郭士元教授毕业时正赶上哈工大的学校建设时期，当时用的是苏联的教学计划。在学习苏联的基础上，怎么建设一所我们国家所需要的学校？当年的"八百壮士"并不是生搬硬套，而是把苏联的这一套东西改进、完善。"我入学时学的是工民建专业，建筑学专业和城市规划专业都是后来对苏联的一套培养方案的进一步改进和完善。"

当时的工民建专业有"三条腿"。什么是"三条腿"呢？它包括建筑、结构和施工，所以工民建专业里就有建筑。郭士元教授说，当时的毕业设计题目是《热电厂主厂房设计》。首先是热电厂的建筑设计，包括整个热电厂的总平面设计，还有主厂房的建筑设计，包括平面、立面、剖面、主要节点等，和现在做的建筑设计内容类似。然后是结构设计和对结构形式的选择（选择钢结构、钢筋混凝土结构，还是砖石结构）。当时郭士元教授的设计中选择了钢筋混凝土结构来做屋架，屋架设计包括计算、构件选择以及画图，还有柱子设计和基础设计。最后是施工，施工有施工组织设计，其中包括工程量，各种工种如何配合，配备工人的人数，各个工种完成工作的时间、顺序等等。

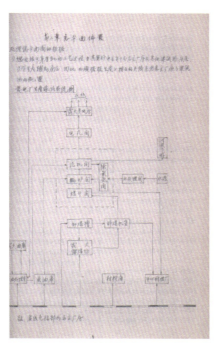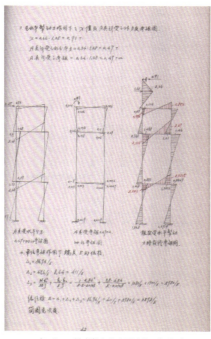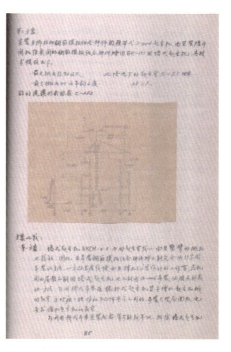

郭士元教授毕业设计部分内容

当时上学要学习的课程很多，差不多有五六千个学时，负担相当重。当时教育部要减轻学生负担，所以哈工大在这个时候成立了建筑学专业，就是要把建筑学从工民建中分出来，把工民建从三条腿变成两条腿。所以建筑学专业的成立是对苏联教育计划的一个改进。

郭士元教授作为哈工大城市规划专业创办人之一，在谈到为什么成立城市规划专业时说道："这个专业的成立是为了适应当时国家的需要。咱们学校开始并没有这个专业，当时土木系只有三个专业，工民建、给排水以及采暖通风。当时学校也只有三个系，除了土木系以外，还有机械系和电机系。所以城市规划专业是新增加的专业，而建筑学专业是分出来一个专业。当然分出来以后还要学国内外的一些经验，然后成为我们自己的建筑学专业。"

"所以我们当时处于重新建设学校这样一个历史时期，而且依靠的力量大部分都是像我这样的。"当时学校也从南方聘请了一些教师，基本都是年纪比较大的，但多数教师还是哈工大自己培养的。当时也来了一些苏联专家，他们培养的一些研究生都是年轻人，后来成为教师。到李昌来当校长的时候，学校当时有800多名青年师生，被称为"八百壮士"。郭士元教授就是"八百壮士"之一。哈工大的建筑学专业和城市规划专业就是在这样的背景之下成立的。

哈工大城市规划专业从1959年筹备到1985年最终成立，一共经历了26年。由于准备工作做得比较扎实，城市规划专业发展还是比较快的，从1985年成立专业，到1998年专业就通过了A级评估，距创立专业才13年的时间，当时毕业生有10届左右。

1958年，当时在同济大学执教、曾任国民党政府营建司司长的建筑师哈雄文教授放弃上海的舒适生活环境，支援东北建设，来到哈尔滨工业大学，将美国宾夕法尼亚大学的建筑教育带到哈工大，主持建筑学专业教研室工作。次年，进入新成立的哈尔滨建筑工程学院，担任建筑学专业委员会主任。1959年开始为成立城市规划专业做准备，首先成立了城乡规划研究室，使哈建工成为我国最早开始城市规划专业教学的少数几所高校之一。哈雄文教授做研究室的主任，郭士元教授做副主任。从工民建59班调出来了10名学生，其中包括姜桂芝、韩原田、刘岳山、赵景海、冷兴武、黄天其等。这10名学生主要为了培养师资，由哈雄文教授亲自指导。当时送田瑞英和韩原田到同济大学进修，刘志和到清华大学进修，剩下的人就在研究室里，由哈雄文教授带领着，通过实践和科研来提高业务水平。当时城乡规划研究室做了大量的规划研究与实践，有"薛家屯人民公社居民点规划"、"牡丹江居住区规划"、南岗区的规划（当时叫作"红砖人民公社规划"）等，然后把这些规划以及研究的内容整理出版了两本城乡规划论文集。这两本论文集都是由原来学校学报——《哈建工学报》出版的，当时该学报的级别并不低，和《建筑学报》同一个级别，都属于一级学报。

经过从1950年到1960年初的十年不懈努力，哈工大和哈建工建筑学科已经从解放之初较为单纯的苏联模式，发展成为兼具苏俄、欧美、中国传统三种建筑文化交汇而更为立体化的建筑教育体系，建立起了"本土+多元"的教师队伍，人才济济，朝气蓬勃，形成了哈建工早期建筑教育师资鼎盛的时期。

然而，到了1960年，我国的国民经济有所调整，所以规划专业当时没有办下去。郭士元教授就回到了建筑教研室，做建筑教研室的副主任。而当年挑选出的10个学生里的一部分人调了出去，调到玻璃钢研究所。只留了姜桂芝、韩原田、田瑞英、黄天其、刘岳山。城市规划研究室被取消，这些人都回到了建筑专业，郭士元教授做了建筑教研室的副主任，参加教研室的一些教学工作。直到1965年提出成立城市规划专业，并进行筹备。郭士元教授到清华大学、

1991年，郭士元教授获得的国家自然科学基金项目

天津大学和同济大学等学校做了一些调研。但是到了1966年全国都在进行"社教",即社会主义教育。1966年,郭士元教授带着当时的建筑62班到黑河乐山农场去搞社教。1967年,郭士元被调到学校的建筑设计院,一直到1981年,郭士元是主任,陈雨波是院长,当时他做了四五十项工程。

1981年郭士元又回到教学岗位,直到1984年1月,成立了城市规划教研室。这时候,他开始第三次正式筹备成立城市规划专业。

1985年,城市规划专业正式招生,当时本科生和研究生同时招生。最初成立城市规划教研室的时候,教师主要有韩原田、姜桂芝。后来同济大学来了3个人,分别是赵天宇、陈伟、苑剑英。城市规划专业有了毕业生以后,刘乔昆、冷红也留下了。郭士元教授担任城市规划教研室主任,一直到1995年退休,但是当时还有研究生工作没完成,所以又返聘了2年。1998年,城市规划专业进行全国性的专业评估,哈工大城市规划专业通过了评估,并且得到了A级。

"三种基础",厚积薄发

哈工大城市规划专业快速发展的原因,郭士元教授总结了三条:

第一个原因是筹备的时间比较长,长达26年,并经历了"三上两下"的发展历程,在这个过程中,师资准备得比较充分,也积累了丰富的经验。哈工大城市规划专业成立得比较晚,从工民建专业里分出来,当时有两个班,一个班是从工民建学生里面抽一个班过来,另外一个班是当时给军委代培的,所以建筑学专业是分出来的,而城市规划专业是新增加的,两个专业成立不太一样,但总体来说都是对当时苏联模式的改进和完善。

第二个原因是在建筑学专业的基础上成立的城市规划专业。通过调研,全国城市规划专业有两个类型:一个类型就是以同济大学为代表的正规城市规划专业,国内的城市规划专业大多是这个类型。另一个类型是清华大学的类型,清华大学的城市规划专业应该叫作"规划专门化",就是学生在建筑学专业里一直在上建筑课,只有到最后一年上规划专业课,这是清华大学规划专业的特点。郭士元教授通过调研,结合哈工大的情况,在建筑学专业基础上发展了城市规划专业,所以从整个教学计划上倾向于学习清华大学,依托较强的建筑学专业。但是在课程的安排上并不是最后一年才学习城市规划的课程。另外,课程的设置和内容方面基本上借鉴同济大学,这就综合形成了哈工大城市规划专业的教学计划。教材基本上是跟同济大学一致,城市规划原理的教材采用的是全国通用教材,这样教学上进行得比较顺利。后来,郭恩章、刘德明和金广君三个人来到了城市规划教研室,并且到美国MIT去进修了城市设计。他们学习了美国的经验,归国以后逐渐形成了哈工大城市规划专业中城市设计比较强的特点。"由于我们是在建筑学专业的基础上成立的,教师和学生建筑的功底比较深厚,所以对于形成以城市设计为特点的城市规划专业起到了促进作用,这是哈工大城市规划专业发展比较快的第二个原因。"

第三个原因是城市规划的教学和实践、科研相结合。学生的毕业设计做总体规划,而且做真题。"在城市规划专业成立初期的一段时间里,本科的毕业设计一直做总体规划的真题。例如宾县、安达、黑河、德都(现五大连池市)、抚远、海林、孙吴等都做过。"采用做真题的方式大大提高了教学质量,学生可以到现场调研、到城市的各个部门去调研,搜集资料和数据。一般做两三个方案,然后当地的各个单位对方案进行现场审查,由他们确定采用哪一个方案。方案确定了以后再回学校继续深化,完成画图、编撰文本等工作。方案做好了以后进行毕业答辩,答辩后将这些成果交

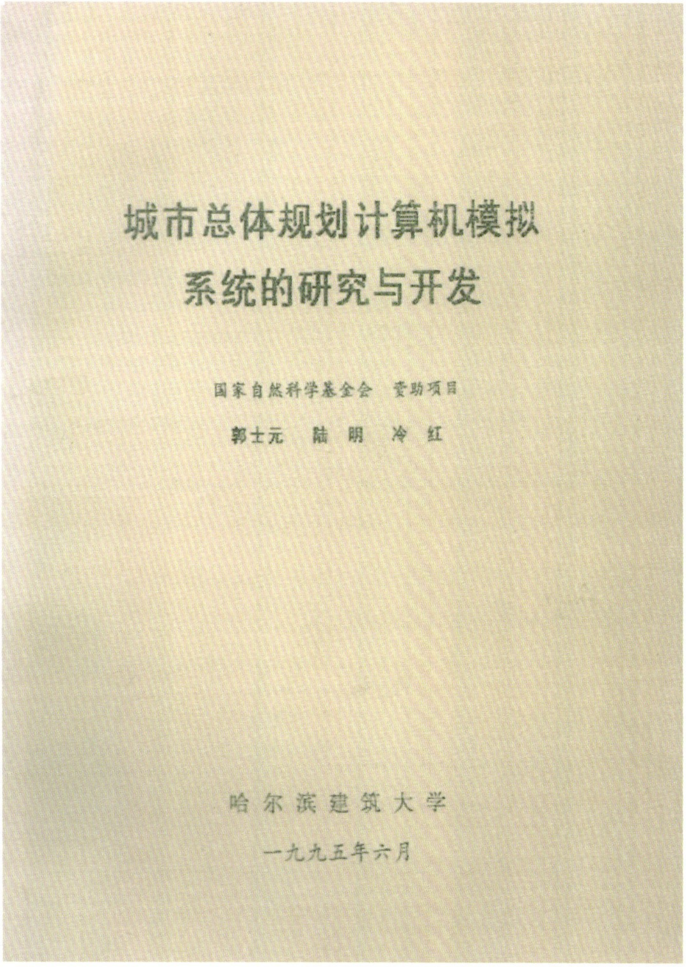

城市总体规划计算机模拟
系统的研究与开发

国家自然科学基金会 资助项目

郭士元 陆明 冷红

哈尔滨建筑大学

一九九五年六月

1995年，郭士元教授获得的国家自然科学基金项目书

给地方政府，地方政府再报到省里审批，并以此作为城市建设的依据。当时毕业设计所做的这些规划都得到了批准，并付诸实施。如果总体规划不做真题的话，效果就会不一样。

1985年城市规划专业刚成立时就可以招研究生。由于城市规划专业成立初期没有毕业生，所以最初的三期研究生都是从建筑专业的毕业生中招收的。研究生的工作主要是科研工作。城市规划专业最先使用计算机，使用计算机不只是用来画图，还用在辅助设计方面。第一个研究生王君就开始将计算机用在住宅设计上，后来王金用在小区规划上，林爱华用在控制性详细规划上，刘乔昆用在小区住宅采光的优化上，此外，小区住宅采光布置的时候，采光方面的优化都是用计算机完成的；冷红、陆明用在总体规划上，赵天宇、苑剑英用在环境保护方面……所以从研究生的情况来看，从教学方法上来说还是比较先进的。

赵天宇和苑剑英的硕士论文题目以及冷红和陆明的硕士论文题目，是建筑学院最早获得的两个国家自然科学基金项目。每个项目都是两个人做的，而且这两个项目中都采用了系统动力学方法，是通过计算机应用来完成的。所以说能够使城市规划专业快速发展的就是教学和实践、科研相结合。

通过与郭士元教授的访谈，我们感受到哈工大"八百壮士"怀揣支援东北建设的家国情怀，耕耘在黑龙江这片黑土地上的奉献精神。作为后辈，哈工大规划人同样应秉持哈工大精神、坚守哈工大品格、延续哈工大理想，为城乡规划行业发展、学科建设奉献自己的力量。

口述采访：苏万庆、郭嵘
文字整理：夏雷、苏万庆、郭嵘、邱志勇

郭恩章教授及夫人合影

开学科先河　追初心所向
——访谈郭恩章教授

郭恩章　男，1934年生，河北邯郸人，教授，博士生导师。1952年考入哈尔滨工业大学，1958年留校任教。1959年随院系变更转入哈尔滨建筑工程学院（后改名为哈尔滨建筑大学），2000年又回归哈尔滨工业大学。在两校工作期间，曾任校报编辑、校建筑设计院副院长、城市规划系副主任、校规划设计研究院总规划师、城市设计研究所所长等。曾兼任中国城市规划学会城市设计学术委员会副主任委员、全国高校建筑学专业指导委员会城市规划指导组成员、全国高校城市规划专业指导委员会委员、城市规划专业教育评估委员会委员、黑龙江省城市规划学会副理事长、黑龙江省城乡规划专家委员会专家、黑龙江省科技经济顾问委员会专家、哈尔滨市城乡规划委员会专家委员、哈尔滨市城市科学研究会常务理事兼副秘书长、哈尔滨市土建学会常务理事兼城市设计学术委员会主任等职务。现仍兼任住建部城市设计专家委员会顾问委员。

郭恩章、金广君、刘德明等老师在MIT（麻省理工学院）进修（一）

2020年，为迎接哈尔滨工业大学百年华诞，更好地传承老一代哈工大人的精神传统，借建筑学院开展的"百年百人系列口述历史访谈"活动的机会，我们有幸采访了城市规划系郭恩章教授。

郭恩章教授1958年毕业于哈尔滨工业大学并留校任教。1986年赴美国麻省理工学院访学城市设计，回国后以哈工大为基地，面向全国规划建设行业开展城市设计宣传教育培训工作。郭恩章教授长期从事城市规划设计与建筑设计学科的教学、科研和工程实践工作，特别是为我国现代城市设计学科的发展做出了积极贡献。

耳濡目染，专业结缘

说到郭恩章教授与城市规划学科的深厚情缘，就不能不提及郭教授儿时的生活环境。他从小在北京长大，住在姥爷家，棉花胡同的一个四合院，离南锣鼓巷很近。小学是在与棉花胡同对口的府学胡同的一所小学念的。府学胡同小学西边紧挨着文丞相祠，即文天祥祠，所以他从小就知道文天祥的历史故事。那时他经常到文丞相祠去瞻仰，对"留取丹心照汗青"等著名诗句牢记在心。可以说从小学起郭恩章就耳濡目染于老北京建筑群的历史文化神韵中。后来他念中学时还住在国子监街西口的第一个四合院里。元、明、清三代国家的最高学府国子监以及孔庙、孔林都位于这条街上。他的家就在这些历史古迹的西侧。出了国子监街的东口就是雍和宫，这些都是他当年常去的地方。

据郭恩章教授回忆："到后来上中学的时候，主要是在姥爷开的诊所的后院住。"他的姥爷是北京市著名的儿科大夫，既开诊所，又开药房，前面临街的是诊所、药房，后面是住宅。郭恩章教授在这里也住过很长时间。姥爷的诊所位于北京中轴线北段的端点钟鼓楼南边，地安门外大街上，西侧就是什刹海。在什刹海地区，有很多历史人物的故居，还有很多寺庙，比如火神庙等，因此什刹海是北京古都的一个历史文化保护区。清华大学的朱自煊教授负责保护区的规划。美国麻省理工学院师生曾到北京与朱教授合作，在什刹海地区进行城市设计实践。郭恩章教授当年骑自行车、滑冰、游泳都是在什刹海学会的。他念中学的时候，新中国刚刚成立，很多建设工程如游泳池、城市下水道主干线等一些重大工程都位于附近，见证着新中国首都的建设在如火如荼地开展着，郭恩章教授也逐渐在心中埋下了一颗为祖国城市规划建设事业贡献力量的种子。

值得一提的是，郭恩章教授念的中学是育英中学，在灯市口，那里也有很多重要建筑工程的工地，如位于金鱼胡同由杨廷宝先生主持设计的和平宾馆。他放学不回家就会到和平宾馆工地和城市排水干线工地参观。他对这些新事物十分感兴趣。他的一个中学同学的家长是开建筑工程公司的，这也影响他对建筑产生兴趣。从那时起，郭恩章教授就立志要上大学学建筑、学建筑设计，并且对建筑专业的基础知识有了初步的认知。

扎根龙江，艰苦求学

郭恩章教授1952年毕业于北京育英中学。提起毕业后为何会来到哈尔滨，他回忆道："我对哈尔滨感兴趣，因为我的同学有从哈尔滨到北京念中学的，从同学那儿了解哈尔滨是一个很方便的渠道。同学的姥爷是哈尔滨的一个官员，是为哈尔滨霁虹桥题写桥名的人。那时我就知道哈尔滨的基本环境，哈尔滨的松花江、哈尔滨的铁路等，所以我很愿意到哈工大上学。"

郭恩章、金广君、刘德明等老师在 MIT 进修（二）

哈尔滨是全国最早解放的大城市，当时吸引了众多有志青年来此学习发展。郭恩章教授对当时到学校报到的情形还记忆犹新。他回忆道："到哈尔滨来，我们那时候都得带着大行李卷。我是从北京前门火车站上的车。当时所有考上哈尔滨工业大学的新生都到前门火车站集合。学校派了一个老师去带队，欢迎我们，并组织我们从北京到哈尔滨路途上的一些活动。现在前门火车站已变成俱乐部，但是这个宏大建筑被保留了下来。到哈尔滨下了车之后，学校有大客车接我们，但没有把我们拉到土木楼，那时候土木楼还没有盖完呢，也没有到后楼那个1920年建的老房子。一下火车也没有走大直街，而是通过松花江街斜着直奔和兴路，到沙曼屯。那里原来是俄国的兵营，一排排的红砖平房，没有暖气，睡的是炕，也没有室内厕所。学生轮流值日，拎着尿桶，负责轮流去倒尿，就这么个环境。"

来到哈尔滨后，郭恩章教授对哈尔滨城市的初始印象有些失望。他说："把我们从火车站拉到沙曼屯这些小平房。去预科的沿途并没有出现我脑子里所想象的、听人说的高楼大厦、现代建筑、现代城市的模样，而是越走越荒凉，挺失望。"预科的一年中只学了三门课：德智体，一是政治，二是俄语，三是体育。这三门课中，他对学俄语的印象比较深，因为在预科的主要任务就是学俄语。哈工大采用俄式教学模式，整个教学安排都是学习苏联。郭恩章教授记得当时教俄语的是个苏侨老太太。他的俄语总体来说学得还不错。最后预科快毕业的时候，学校组织学生参加俄语朗诵比赛，他还得了奖。奖品是一个小的硬皮笔记本，那时候这就算很有意义的奖品，笔记本上面还有预科主任的签名。这个本子他到现在还留作纪念。

一年的预科学习之后，郭恩章教授才来到土木楼，开始了本科的学习，从1953到1958年本科毕业。在本科学习期间，他还服从组织需要临时中断学习，被调出参加学校的政治工作和教学管理工作，但这对于他的学业基本没有影响，后来缺的课也都补上了，所以他在1958年与原来的同班同学一起按时毕业。

留校工作，尽心尽力

郭恩章教授毕业后并未直接留到当时的土木系教学，而是被调到系党总支做宣传干事。后来又被调到校党委宣传部做政治思想宣传工作，例如节庆装饰，郭恩章教授要负责国庆、新年等节日时大楼挂标语、挂彩旗、挂灯笼。在主楼上要挂两条大标语，从檐口一直垂到地面。标语拿红布做，大概有20米长，为了防止被风刮坏，两幅宽的大红布周边都得扎上套，然后拿尼龙绳穿过，上下各有个横杆，横杆连到檐口和地面，事先在檐口和地面上都埋好铁环和挂钩。红布上要写大字，那时候没有电脑，他就蹲到地上用手写。节庆前一天就得在土木楼一楼的走廊上写好，地上先铺好旧报纸，然后把红布铺到报纸上。他就在这块红布上拿排笔蘸白灰浆写标语，一个字差不多有半个人高。写好标语后请木工厂的师傅挂到楼上，并固定在地面上。大楼的门廊还要挂大红灯笼，或者是做立体的"国庆"两个字，里面装上灯泡，节庆期间点亮了十分有气氛。

后来郭恩章教授在宣传部的主要工作转为办校报。校报是1959年从哈工大分离出来成立哈尔滨建筑工程学院的时候开始办的。郭恩章教授作为编辑组的主要成员，除了写一些社论和新闻报道外，还经常邀请各单位的师生投稿，安排通讯员系统提供稿件。

1974年，郭恩章教授回到了专业，常怀生、梅季魁、郭士元等教授都欢迎他回到专业来。起初他从讲师到教授都在民用建筑教研室，还担任过教研室的副主任，此外还参加过一部分建筑设计院的工作。

郭恩章教授与研究所师生讨论规划设计项目（一）

美国访学，不负重托

20世纪80年代，城市设计作为新兴学科方向，受到国家建设部的关注。学界呼吁在我们国家全面推行城市设计，当时的共识是城市设计是落实城市规划、指导建筑设计、塑造城市特色风貌、提升城市人居环境的重要手段。建设部指令要我校派出专家小组到美国麻省理工学院研修城市设计。1986年，郭恩章、金广君、刘德明、李绍刚四位老师赴美成行。郭恩章教授回忆道："去美国访学是国家建设部设计局与美国麻省理工学院签订的协议，由中国派技术人员到该校做为期一年的访问学者，由该校规划建筑系的城市环境研究中心负责安排访学活动。"

在美国访学期间，郭恩章教授除听课、设计、课堂讨论之外，还参加每周五邀请波士顿地区的一些技术人员与专家来校进行的分析方案、工程介绍等活动。除此之外，他们可以自己选择城市、选择路线到美国各地学习环境建设和城市设计成果。在美国的一年当中，他们花两个月的时间做实地考察，特别是学习城市公共空间的设计处理，他们走访了美国从东到西十多个城市，总行程中感到收获很大。他们把在美国所学到的内容陆续用在国内城市设计的建设和推动上，这正是建设部把他们派到美国去访学的基本目的和要求。

郭恩章教授等人按期回国后，在建设部、学校、学系的支持下，按照部里的要求逐渐将访学所得用于城市规划教学、建设工程实践，并成立城市设计教研室，开设城市设计概论、理论与方法等课程，并以哈工大为基地，面向全国建设行业开展"城市设计教育培训"。1987年，哈工大在中国率先开展城市设计学科专业教学与科研，拉开了中国城市设计学科建设与工程实践的序幕，成为我国城市设计学科发展30多年来的一支重要队伍，奠定了哈工大城市设计这一优势学术方向。

1989年经过院系批准，正式成立城市设计研究所，在城市规划专业、建筑专业、园林专业的教学计划中都引入了城市设计课程，开始培养城市设计方向的研究生，标志着哈工大城市设计主干学科方向和城市设计教育体系的确立。面向本科生开设了城市设计概论，面向硕士研究生开设了城市设计理论与方法，课程中都贯彻理论与实践相结合的原则。

此外，郭恩章教授还谈到了城市设计研究所的成立过程。"城市设计研究所原来是个研究室，是在梅季魁教授的建筑研究所里面的一个设计室。我们后来就是因为工作内容多了，所以就扩大为城市设计研究所。当时在土木楼里教学研究用房很多，各位教授都纷纷组织成立研究所或者是研究室，但房间还是不够，后来我们就被安排到主楼的五楼走廊。因为空间宽敞，除了办公桌沿着走廊外侧摆放一大溜之外，内侧搞什么活动都行。当然走廊还连接别的研究所，还要给他们留出通道。逢年过节各个研究所经常在这儿组织跳舞、唱歌、聚餐等活动。"城市设计研究所成立后，郭恩章教授的研究团队持续地进行城市设计的理论研究。当时规划学会、建筑学会曾组织过和城市设计有关的主题论坛，研究所的成员都积极参加。郭恩章教授在全国各地通过主持城市设计的项目，利用各种机会来宣传城市设计，提出城市设计发展的路径和实际的工作要求。因此，郭教授不仅仅在学校里开设城市设计课程，还在城市环境规划建设领域积极推广、宣传城市设计，促进城市设计广泛开展。

郭恩章教授与研究所师生讨论规划设计项目（二）

立足工大，服务社会

郭恩章教授在哈工大进行城市设计学科的教学与科研工作的同时，也参与了大量的社会服务工作。1992年6月，学校遵照建设部的部署，从城市规划、建筑专业抽掉了一部分老师和学生，组团到山东省淄博市周村区和桓台县参加新农村的规划建设。一共派出18名老师（其中城市规划专业老师为郭恩章、韩原田、郭旭等），还有20名研究生和90名本科生到16个乡镇，34个村庄和20个重点地段，完成了农村的规划设计任务175项，现场勘察测量1 072.9公顷、绘制图纸547张、编写各类文字说明和基础资料136份，还制作了三个大型的村镇规划模型。当地政府和技术专家认为这些规划设计构思新颖、切合实际，便于今后的实施，给予了高度的评价。当地居民称赞哈工大的师生思想过硬、技术过硬、作风过硬。建设部对郭恩章教授和他的团队在地方做的工程也给予了很高的评价。

专业评估，名列前茅

郭恩章教授作为参加第一批城市规划专业教育评估的成员，对哈工大评估的情况十分了解。我国高校中城市规划专业设置比建筑学专业晚，1956年以前只有少数学校设有城市规划专业，当时叫作都市建设与经营，1956年才开始称为城市规划专业。1952年只有同济大学设置城市规划专业，直到1985年才发展为6所大学设置，其中包括哈工大。1985年哈工大开始招收该专业的本科生。在设置城市规划专业的6所高校中，有5所符合参评条件，参加了第一批教育评估。

在评估中，既有本科生、硕士生一起参评的，又有只有本科生或是只有研究生参评的。实际上既有本科生又有研究生的学校只有3所，就是同济大学、哈尔滨建筑大学和重庆建筑大学。这3所是两项都有毕业生，硕士生和本科生的培养任务都已全程完成过。参评的另外两所高校为清华大学和东南大学，清华大学只有硕士生，东南大学只有本科生。第一批参评的5所学校情况不完全一样，也都评为有效期6年。这次评估说明当年哈工大的城市规划专业在全国同类专业教育中是位于前列的，拥有完整毕业生的仅有3所学校，哈工大是其中1所。

硕果累累，知行合一

郭恩章教授于2005年退休，在他的教学生涯中共培养了62名硕士生、14名博士生、2名博士后研究人员，主持完成科研课题70多项，完成城市规划设计和建筑设计工程60多项，发表论文60余篇，编写包括教材在内的著作9部。

2014年，他和他的城市设计团队师生们对近20年的城市设计理论研究、论文和城市设计工程实践等内容进行了整理，从中选出有代表性的成果，出版了《城市设计知与行》。这本书是郭恩章教授对城市设计学科的认知和实践的总结。

《城市设计知与行》包括两部分，其中理论部分有47篇文章，实际工程项目作品11项，除了文字部分还有大量的设计图纸和实际工程的照片，图文并茂。这本书是郭恩章教授近20年的工作成果汇编，既有理论文章，又有管理经验和建设经验，内容比较全面，可供同行们做城市设计研究、城市设计实际工程、城市设计管理等工作时参考。这

郭恩章教授

本书反映的是郭恩章教授回到专业以后的一些工作经历,例如培养硕士、博士以及本科生的情况。这本书也是郭恩章教授团队整体成果的汇总,是他的学生以及合作人员成就的汇集,是对郭恩章教授在哈工大当老师成绩的总体反映。

提到《城市设计知与行》,郭恩章教授说:"当然这本书里所反映的都是2014年之前的内容,但愿能够温故知新吧。有一些还得要根据当前的实际来考虑,比如说当前城市设计和城市规划的关系、和空间规划的关系等新的问题提出来,还需要再继续进行研究。这是对过去成果的总体汇报,是对学校的实际贡献,也是献给校庆的一份礼物吧!我始终在忙碌着,把我的身心都贡献给了咱们国家的建设、城市环境的建设,也是向祖国、向人民的一个交代吧。现在正是纪念咱们的校庆,拿出这些东西做一个汇报,心里还是很高兴、很激动的。"

通过与郭恩章教授的访谈,我们再次看到了哈工大"规格严格,功夫到家"校训精神的生动体现,也被老一辈哈工大人拼搏奋斗、敢为人先的精神所深深感动。作为新百年的哈工大人,应勇于创新,不尚奢华与浮躁,讲诚信,求进取,为国家、为学校、为学科做出更大的贡献!

口述采访:苏万庆
文字整理:夏雷、苏万庆、邱志勇

采访唐恢一教授现场

爱国 奉献 求真 创新
——访谈唐恢一教授

唐恢一 男，1932年生，江西省永新县人。1953年毕业于天津大学土木建筑系本科，分配到建工部东北建工局安东边境修机场；后转入建工部哈尔滨建筑工程学校（现黑龙江建筑职业技术学院）任教；1978年在该校参与创建城市规划学科。1980年经考试受教育部公派到美国纽约州立大学学习考察。1981年回国后，被评为副教授，并兼任黑龙江省科技经济顾问委员会成员、省城市规划技术鉴定委员会委员、哈尔滨市城市规划委员会委员等职务。1986年调入黑龙江省城市科学研究所任教授级高级工程师，被评为国家一级注册规划师。1988年调入哈尔滨建筑工程学院建筑系任教，1990年被评为教授；1994年末退休后继续教授研究生课程。在继承研究钱学森学术思想的基础上，1997年开设新课"城市学"，属国内首创，受到钱老赐函鼓励。2001年正式出版该课教材，2004年、2008年、2013年再版，被列为高等学校"十一五"规划教材、"十二五"国家重点图书出版规划项目。

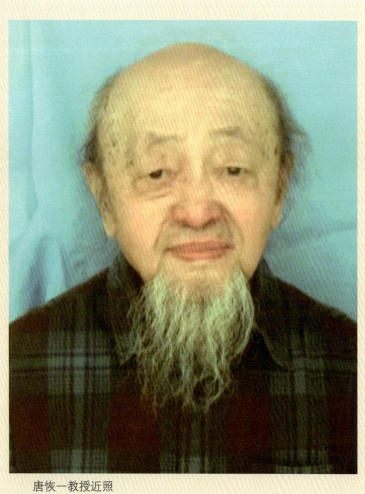

唐恢一教授近照

2020年的6月哈尔滨工业大学迎来百年华诞。骄阳似火，芳华百年。在百年校庆来临之际，作为唐恢一教授的学生和研究团队的成员，我有幸采访了哈尔滨工业大学建筑学院的老前辈——唐恢一教授，一起回顾过往的岁月，畅谈校史，并研讨学科教育的发展与未来，畅想新百年的璀璨华章。

唐恢一教授于1953年毕业于天津大学土木建筑系，曾主动要求支援东北建设。改革开放之初，城市规划人才奇缺，唐恢一教授于1978年参与创办并主持城市规划专业教育。1980年受教育部选派，赴美国纽约州立大学学习考察职业教育。回国后，在国内各地部属院校介绍交流学习考察心得。1988年调入哈尔滨建筑工程学院(现哈尔滨工业大学)任教，1994年末退休后至2005年继续教授研究生课程；以后继续编写研究生教材，进行学术研究。从事教育工作50余年。1996年，唐恢一教授遵照我国杰出科学家钱学森的建议，在哈尔滨建筑大学开始了创建城市学新学科的工作，并在国内高校研究生院率先开设该课程，之后正式出版了教材，为国家引进了国内外先进学术思想、科学理论与技术，受到了国内学术界的关注。唐恢一教授的著作与译著所涉及的领域，主要包括城市系统科学、城乡规划、建筑理论、建筑历史等方面。他曾在美国、日本、瑞士、意大利等国和中国香港、中国台湾地区多次参加学术研讨交流活动。

爱国奉献，何以可贵

唐恢一教授出生在一个书香门第，父母都是教育工作者。父亲唐学咏是音乐家，早年在法国里昂音乐学院留学十年学习音乐，是贝多芬研究会当时亚洲唯一的会员，获得里昂音乐学院博士学位和桂冠乐士称号。回国以后，在高等院校从事音乐教育工作。母亲朱光玉当时以北京女子高等师范学院学生会代表的身份参加过"五四"运动，终身从事教育事业，曾被评为甘肃省优秀教师。因此，他们为唐恢一教授营造了良好的家庭氛围和成长环境。

1950年，唐恢一教授高中毕业，幸运地参加了新中国成立之后的第一届高考，被录取到北方交通大学(现北京交通大学)唐山铁道学院建筑系，第二年院系调整到北方交通大学的北京铁道学院，第三年院系调整到天津大学土建系，1953年全国高校应届本科都提前1年毕业参加第一个五年计划建设。据唐恢一教授回忆，由于刚刚解放，在大学期间，学生的思想热情较高，接受了进步思想的鼓舞，积极参加新民主主义青年团(现共青团)，表现出了强烈的爱国精神，并期望为国家奉献自己的一分力量。在抗美援朝的艰苦情况下，学校免费供应伙食。"大师傅都给我们尽可能做可口的饭菜。当时生活非常的困难，我们一直都是吃高粱米饭，没有别的。我是从南方来的，一开始吃不下高粱米，只能吃很少一点，后来才习惯。而且在食堂吃饭都是站着吃，没有凳子。"

在艰苦的生活环境里，学校茅以升教授向学生介绍钱塘江大桥——中国第一座现代化大桥建设，组织参观詹天佑建设的中国第一条铁路——京张铁路和八达岭长城，参观访问惨遭日寇屠杀的村庄，还组织学生了解英雄模范人物的事迹，阅读国外名著——《钢铁是怎样炼成的》《绞刑架下的报告》等系列书籍，学习捷克英雄伏契克当时怎么样贡献自己的生命，保尔·柯察金怎么样贡献自己的生命，传递给学生坚韧并具有奉献精神的高尚思想。也正因如此，在学校毕业分配的时候，唐恢一教授被这些思想所感染和鼓舞，热切地希望"向党和国家贡献自己的一切，不惜自己的生命，坚决服从组织分配，期望到祖国最需要的地方去，到前线去"。在全校毕业生大会上，唐恢一教授作为服从分配的典型上台发言，主动申请支援东北建设。他先是到安东(今丹东)修飞机场，在建筑工程部东北建筑工程局参

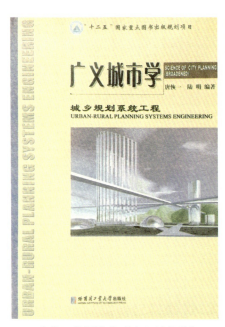
唐恢一教授著作《广义城市学》

唐恢一教授著作《社会系统运筹学》

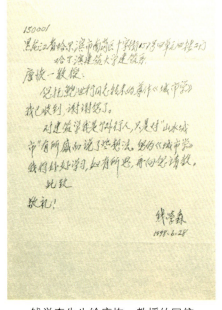
钱学森先生给唐恢一教授的回信

加国防工程建设,后来调入建工部哈尔滨建筑工程学校(现黑龙江建筑职业技术学院)任教,这一教就是33年。

潜心钻研,孜孜以求

1980年,教育部经考核选派唐恢一教授到美国纽约州立大学进行访问学习。当时,电子计算机在纽约州立大学还是新鲜事物,该校教师正在组织学习,但只能编写一些简单的程序。而唐恢一教授却能利用计算机系统和自己所掌握的迭代法解刚架等建筑结构知识,结合矩阵计算法,编写出建筑结构通解计算机程序,用来分析包括桁架、连续梁、刚架等各种静定和超静定建筑结构的应力和应变。所以美国教师邀请唐恢一教授给特编的高材班学生开课,介绍他的方法,唐恢一教授被称为"中国专家"。

1981年回国后,唐恢一教授根据自己对美国高校建筑学和城市规划教学情况的调研,到教育部属各院校介绍美国的教学情况,参加一些学术交流,并在国际学术交流会做翻译。同年成为中国共产党正式党员。以后陆续受聘为黑龙江省科技经济顾问委员会学术顾问、黑龙江省城市规划技术鉴定委员会委员、哈尔滨市城市规划委员会委员等兼职。由于工作业绩突出,唐恢一教授获得了建设部和全国建筑总工会的表彰,被授予先进科技工作者奖状,并考取了国家一级注册规划师的资格。1996年,唐恢一教授带领青年教师,潜心研究基于城市规划的复杂性系统运行规律,借助钱学森先生的系统科学思想,来研究城市复杂系统问题,完成了《城市学》的初稿,并由中国城市科学研究会鲍世行、周干峙推荐给了钱学森先生。不久,唐恢一教授就收到了钱老先生的回信,信中表达了对唐恢一教授研究成果的赞赏和鼓励。《城市学》也于2001年正式出版,向全国发行。之后于2004年出版了修订版,2008年又出版了第三版。《城市学》各版都得到了哈尔滨工业大学研究成果专著出版基金的资助,并成为高等学校"十一五"规划教材,得到了建设部和中国城市科学研究会的重视。

2004年,唐恢一教授、城乡规划系赵天宇教授应邀参加了在瑞士举行的国际城市复杂系统学术研讨会,在会上唐恢一教授介绍了钱学森复杂系统学派的相关知识。因为当时所有参与研讨会的国外学者的研究都离不开数学模型,都受限于复杂性的困惑。尽管他们致力于城市系统用当时西方系统工程的基于数学模型的理论和方法来处理,但是还是感觉到城市问题比较难于控制。所以唐恢一教授在介绍钱学森学派复杂系统的理论时,受到与会国外学者的格外关注。经鲍世行先生转向钱学森先生汇报后,钱老惠赐其里程碑式论文《一个科学新领域——开放的复杂巨系统及其方法论》的英文版在哈工大与瑞士意大利大学(USI)的合作网站(http://www.mate.arch.usi.ch/ACME/CHCN-cooperation/)上发表。随后,由于2008年第三版《城市学》是针对如何用系统科学来研究城市问题,因此得到了当时建设部和中国城市科学研究会的重视,在2010年召开的以"研究城市规划的相关问题"为主题的香山科学会议上,邀请了唐恢一教授在会上介绍创建城市学的一些经验和体会。之后,唐恢一教授根据会议主席的意见,进一步编写了《广义城市学》,重点研究城乡规划系统工程,把复杂系统的工程技术进一步应用到城乡规划领域。2013年,唐恢一教授和他的研究团队还出版了另外一本著作——《系统学——社会系统科学发展的基础理论》,这里的"系统学"是钱老先生认为的系统科学的基础理论。在该书中,唐恢一教授结合国家的科学发展,强调科学发展观,对系统学又进行了进一步探讨。之后,在2015年,由中华人民共和国住房和城乡建设部科学技术委员会与香港中文大学中国城市住宅研究中心及其他相关机构共同主持的第十届中国城市住宅研讨会,特别邀请了唐恢一教授参加。唐恢

唐恢一教授依然在潜心钻研

一教授结合我国城市、城乡规划方面怎样进行体制改革提出了意见和建议,发表了论文——《城乡可持续发展和规划体系的改革》。同年,唐恢一教授出版了《社会系统运筹学》,这本书结合全面深化改革,思考怎么样用系统科学运筹学的方法进行改革,探讨社会系统工程方面的一些问题。

如今唐恢一教授已经88岁高龄,但是近几年来,他对于城市复杂系统的研究热情和渴望依旧,积极撰写了又一本著作——《开放的复杂巨系统学——理论与实践》,其主要结合社会系统和城乡规划系统这样的复杂系统,来发展开放的复杂巨系统学,并作为城乡规划理论的一门基础理论。唐恢一教授指出:"对于复杂系统研究处理的过程一般可分为以下几个主要步骤:(1)调查;(2)系统分析、系统综合,包括系统结构、外部环境、发展规律、发展阶段、发展条件、机遇与挑战等;(3)系统动力机制的分析,目标体系的设定,存在问题的梳理等;(4)建立序参数,以保证复杂系统能够向有序化的方向发展,通过自组织控制,达到最佳的系统功效;(5)研究复杂系统的控制理论,包括系统控制的途径、策略、方法、手段、控制的体制机制等;(6)研究复杂系统的动态规划,来逐步实现系统的目标;(7)进行实时的系统有序化状态评估,设定评估的指标体系;(8)对系统后续发展做出前瞻。"

唐恢一教授积极地对城乡规划的系统理论进行一步一步的探索,而这一系列的相关著作和论文都为城市复杂系统研究做出了贡献。

敢勇当先,填补空白

唐恢一教授于1988年来到哈尔滨建筑工程学院(现哈尔滨工业大学)任教,至今已有30多年。哈尔滨建筑工程学院是哈尔滨有名的学府,尤其是在建筑学和建筑技术方面。其建筑专业相关的发展历史也很悠久,相关的设施也比较先进,但城市规划专业相对成立较晚。由于城市规划专业的教师不多,唐恢一教授初到哈建工就承担了多门专业课程,包括:建筑系的外国建筑史课程,规划系的城市建设史、城市总体规划原理、城市竖向规划原理等,另外还给研究生讲一些西方现代建筑学派的相关知识与见解。

在开始创办城市规划专业的那些年,城市规划的课程主要是充分介绍国外的先进经验。唐恢一教授回忆道:"当时郭恩章老师是从美国学习了城市设计,回来以后,在我们国内是城市设计方面的引领专家,我院的这方面课程是比较先进的。"当时师生们能够使用的现成教材只有同济大学和另外四所高校编写的外国建筑史、城市建设史等;其他的教材,如总体规划、竖向规划、城市设计等,都是前辈教师们临时编写而成的。改革开放初期,我国城市化刚刚起步,缺乏自己的理论体系。钱学森先生提出宏观建筑学和提出要编写城市学学科方面的教材。唐恢一教授等人也正是当时比较早地响应钱老的号召,并在之后的20多年里,一直在钱学森系统思想理论的指导下,锲而不舍地进行相关的理论探讨。

经过20多年的发展,哈工大建筑学院在城市学学科创建方面形成了自己的研究内容和研究特色:从系统科学的角度,探讨城市的本质、城市发展的规律和动力机制、城市的结构、相关的城市对策等,以及城市在新时代发展的一些特点和要求等问题。由于哈工大有城市规划设计研究院来做实际的规划和建筑设计,因此哈工大在密切联系实际这方面很突出。

唐恢一教授依然笔耕不辍

中国特色,未来可期

对于城市规划这个学科的发展状况,唐恢一教授结合实际表达了自己的看法,在城市化初期,国家还缺乏自己系统的规划建设理论体系,在城市的规划、建设、管理实践中,走过不少弯路。"比如说,在历史文化保护方面的失误;城市风貌片面抄袭西方城市,造成'千城一面';城市行政中心规划设计采取过时的古典主义手法;城市发展方针侧重点失误;三线建设遭遇'没有城市化的工业化'困难;城市规划缺失导致城市建设混乱;发展建设导致生态环境遭到破坏;搞土地财政,'土地城市化',忽视人的城市化等。"唐恢一教授表示,一直到党的十八大以后,通过全面深化改革,到2015年前后情况才有了明显转变。

唐恢一教授着重宣传党中央和习近平主席的相关指导思想,在城乡规划、建设和管理中,充分体现科学决策和民主决策,充分发挥规划专业人员的作用;促进城乡一体化融合发展。唐恢一教授希望我国的城乡规划事业能够结合我国国情,汲取现代系统科学理论特别是钱学森学派的成果。

在采访的最后,唐恢一教授作为哈工大的老教师,也对哈工大的百年校庆寄予最高的赞扬和最美好的祝福:"我们哈工大是国内的名校,在国际上也是很有名的一所学校。我们学校有非常高水平的专家,所以我希望哈工大在'双一流'大学的建设方面,能够走出自己独特的、有特色的道路。除了在航天、自动化、人工智能等许多特色方面做出贡献以外,也希望能够重视钱学森学术思想特别是复杂系统工程方面的研究。我同时也期望哈尔滨工业大学建筑学院城乡规划系,在建设'双一流'大学、'双一流'学科方面,在党的领导下,在培养社会主义的接班人方面,在建设创新型学科方面,能够做出突出的贡献。"

唐恢一教授作为一位学者、教授、城乡规划师,见证了我国城乡规划学的发展过程。唐恢一教授的科研之路经历了曲折坎坷,他认识到路途的艰辛遥远。在唐恢一教授身上,我们感受到了一名老教授、一位城乡规划领域老前辈的爱国奉献、勇于钻研和勤于探索,这些优秀品质和精神,时时刻刻在深深地感染着我们,激励着我们继续前行。

改革开放以来,我国处于一个和平的环境。我们能够生活在这样一个时代,是幸运的,能够在这样一个和平的年代奉献自己点滴的力量,是幸福的。唐恢一教授的教育理念和精神也值得我们教育工作者去借鉴、传承和发扬,奉献自己的力量,续写哈工大又一个百年的璀璨新章。

口述采访:苏万庆、陆明
文字整理:陆明、苏万庆

史春珊教授

室内设计教育的开拓者
——访谈史春珊教授

史春珊 男,中共党员,中国建筑学会室内设计分会原副理事长、资深顾问。1935年生,辽宁省沈阳市人。1962年毕业于中央工艺美术学院装饰工艺系。哈尔滨工业大学建筑学院教授。我国室内设计教育开拓者之一,原国际IFI室内与设计师学会中国分会副理事长、国际装饰学会IFDA中国分会副会长、中国工业设计协会常务理事、中国美术家协会会员(美术家)、黑龙江省工业设计学会会长、《工业设计》杂志主编等,2019年荣获"1989—2019中国室内设计30年终身成就奖"。

史春珊教授艺术设计作品
（图片来源：《哈尔滨工业大学学报（社科版）》2015年第4期封三）

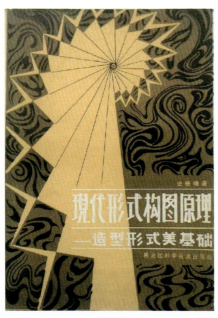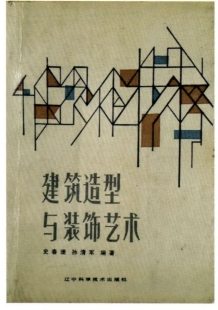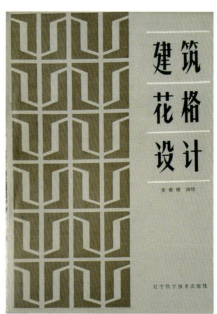

史春珊教授的著作及合著与编著的图书
（图片来源：天作建筑研究院：我的老师——史春珊 https://mp.weixin.qq.com/s/hVn_YLoobL5cOgDz1orcrQ）

为迎接哈尔滨工业大学百年华诞，更好地传承老一代哈工大人的精神，建筑学院百年校庆办公室开展"百年百人——系列口述历史访谈"活动。在2019年5月哈尔滨丁香花盛开的季节，由景观系与设计学系教师党支部和本科生党支部共同组织采访史春珊教授，倾听老先生讲述当年的哈工大故事。

求学

据史春珊教授讲述，在上大学之前他已经有了四年的工作经历，1957年参加全国调干考学考入中央工艺美术学院装饰工艺系。当时的中央工艺美术学院师资力量雄厚，老师们基本上都是留学日、德、法等国学成归国的精英，设计思想多元，主张创作自由、强调个性。有的老师还强调向民族和民间学习，在造型形式上不搞千篇一律。学生们受其影响，都在学习民族和民间工艺美术的基础上吸收国外现代的设计理念，思想比较开放。在求学期间，随着北京十大建筑的建设，史春珊教授开始勤工俭学，跟老师们参与了民族文化宫等建筑装饰设计实践工作，为其以后的教学与科研工作打下了扎实的基础。

建筑美术基础教学改革

1962年，史春珊教授在中央工艺美术学院毕业后被分配到哈尔滨建筑工程学院（现哈尔滨工业大学建筑学院）建筑基础设计教研室工作。据史春珊教授介绍，当时的建筑班是六年制，学生在三个学期都要上美术课，每个学期的学时都很多。和美术学院的训练方法一样，建筑美术基础课也是多学时长期作业。为了突出专业特色，形成更适于专业人才培养的教学内容，史春珊教授对建筑美术基础教学进行了大胆的改革。经过研究国外的先进教学方法并结合我国传统，史春珊教授在教学过程中强调了造型形式与设计色彩的研究，进行钢笔素描和速写实践，锻炼学生徒手画线与表现空间的能力，受到学生的欢迎并取得了良好的教学效果。

改革开放以后的教学与科研工作

改革开放后，随着国门的打开，大家看到我们的教育体制、教学质量和教学方法跟其他国家是有一定差距的。教师们都有危机感和紧迫感，怎么把荒废的时间抢回来，如何把国家的建设搞上去，赶上发达国家成为大家时刻思考的问题。史春珊教授回忆，当时大家都有建设国家的使命感，他会利用一切学术交流的机会，学习记录国外先进的设计理念和方法，并对造型形式进行了重点的研究。1985年为满足学校与社会的广泛需求，史春珊教授总结多年的教学成果出版《现代形式构图原理》，书中提出"形环""五律"（对比律、同一律、节韵律、均衡律、数比律）以及"三法"（主从法、母题法和重点法）理论，"科学地论证了造型形式美法则，将形式美法则规范化"，"把国际流行的形环模式加以深化，使之更加科学和系统化"。该著作荣获北方十省优秀科技图书一等奖。

史春珊教授研究生施樑和王晓光答辩照片

图片说明：上图为史春珊教授第一位建筑装饰艺术方向硕士研究生施樑答辩照片。中图为施樑与答辩委员合影，由左至右分别为施樑、刘岳山、刘志和、李光耀、李行、史春珊、李婉贞和刘大平。下图为王晓光答辩师生合影，第一排左起为李婉贞、刘志和、郭恩章、侯幼彬、梅季魁、常怀生、史春珊、陈惠明、智益春，第二排左起为郝燕岚、宋超时、王晓光、米俊仁、王亮、张伶伶、刘大平（图片提供：施樑、王晓光）

室内设计的专业发展

新中国室内设计专业是伴随着北京十大建筑的建设需求应运而生的。据史春珊教授回忆，最早的室内专业是在1959年前后于中央工艺美术学院成立的。而北京建筑设计院成立第一个室内设计所标志着室内设计正式起步。在成立室内设计所之后，设计院就接了一些国内比较大的项目。

当时较大的项目像宾馆，大都是请港台的设计师来做，特别是香港设计师做得比较多。港台设计师设计的作品更符合国际潮流，所以史春珊教授感觉到室内设计和国际接轨是一个大的趋势。在中国室内设计学会成立之后，我国的室内设计开始走向世界，与世界接轨。室内设计学会每年举办一次年会，定期组织设计作品评奖、邀请国内外的室内设计专家做讲座，推动了我国室内设计的发展。在室内设计学会的工作中，史春珊教授也积极提出倡议，建议在每年设计竞赛里增加外环境设计内容、编辑室内设计作品年鉴、编写工具书把建筑的规范标准以及相关专业规范都统一到一起等，为学会的健康发展做出了积极的贡献。

随着国家建设速度的加快，我国室内设计专业面临人才短缺的问题。当时大多数艺术院校师生都转到室内设计专业里来。但由于他们对建筑空间、建筑历史和建筑理论了解比较少，因此设计质量有待提高。针对这个问题，史春珊教授开始编写室内设计工具书，介绍国内外优秀建筑和室内设计经验。同时，史春珊教授与台湾室内协会和香港室内协会合作，主编中国民居室内设计、居住建筑室内设计等相关图册，还与中国装饰协会合作编辑出版室内设计丛书等。史春珊教授先后主编《建筑花格设计》(1984年)、《世界室内装饰设计全集》(1987年)、《世界室内设计与施工》(1987年)、《建筑造型与装饰艺术》(1988年)、《世界室外装饰设计全集》(1990年)以及《室内装饰设计与施工手册》(1991年)等多部著作进行室内设计的普及工作。

在人才培养与教学方面，史春珊教授于1984年开始率先招收建筑装饰艺术方向的研究生，培养出施樑、王晓光、米俊仁、吕伟平、朱晓明、张琪、姜峰、时天光、杨向明、马兵等专业人才，他们大多成为业界的精英或领军人物。1995年9月哈尔滨工业大学和哈尔滨建筑大学(2000年并入哈尔滨工业大学)开始分别招收环境艺术方向艺术设计本科生，培养室内设计与外环境设计人才，在我国环境设计及其相关的领域里产生了一定的影响，在每年的室内设计和室内外环境设计竞赛中取得了优异的成绩。史春珊教授说学校的影响关键在办学的创造性，比如怎么注意新的领域，必须有自己的拔尖人才，有自己的拿手专业在全国才能立足。

实事求是、适应环境的人生感悟

在访谈接近尾声时，史春珊教授说，经过多年的教学和科研工作，他发现有两种意识很重要：一个是实事求是。实事求是的本质就是一句话，我想怎么样和应该怎么样。联系到设计专业，例如根据设计任务书，对其实事求是地进行辩证分析，然后做出优化方案。我想怎么样，就是所谓流派，它缺少对设计问题的辩证分析，过高地强调某个因素，最后导致这个设计者不能广泛地被大家认可。所以，好的设计它是有客观性的，是从大地里生长出来的，那就是怎么样去思考，实事求是地分析，反复地推敲。

另一个就是适应环境。史春珊教授说，当他走过来以后认识到作为一个人特别是年轻人要适应环境。这个很重

史春珊教授设计的哈尔滨太阳岛浴日台

史春珊教授设计的东北抗联英雄纪念园群雕
（图片来源：哈尔滨市城乡规划局编《哈尔滨公共艺术》第197—198页）

要，适应环境就是你要走什么路。天时地利是客观条件，人要适应，要以积极的态度对待它，或者更通俗地说要利用条件，在限制条件下去发展自己，积极开展工作。适应环境就等于适应土壤改变种子，争取再次生根发芽。史春珊教授说，年轻教师也好，中年教师也罢，注意这两点很重要。他主张建筑学要研究哲学，解决方法论问题。方法论问题不解决，专业搞不好。以前的学生，不愿意学政治，但政治课里的辩证法或者叫设计哲学，是非常重要的。辩证法解决的是方法论问题，它是所有专业的基础，是科学的科学，不能忽视。

德 育

史春珊教授说，培养学生，人有很大关系，所以教师是关键的。要强调合作，还要强调独立做设计、做策划案的能力。强调合作和团队意识，在教学当中一定要贯穿。德育的一个重要方面就是品德教育。具备团队精神，人的素质就会高尚一些。过去学校是一周搞一次扫除，大家都参加，辅导员也参加，学生之间是平等的，互相没有歧视，因为大家把劳动看成是高尚的。有的学校夏天捡粪，它不在于有什么实际经济价值，而是培养一种素质。所以好的传统应该要继承。对我校毕业生的调查显示，哈工大的学生任劳任怨，道德品质比较好。好的传统要发扬，但是也要创新，国外的考核也有办法，看你是不是做慈善事，是不是做志愿者。

聆听过史春珊教授的讲述，师生们获益良多。史春珊教授将自身的事业与国家的发展需求紧密结合，率先培养室内设计方向的研究生，为国家和社会培养了许多优秀的人才。史春珊教授将教学与科研相结合，形成科学的理论成果并应用于设计实践，取得了良好的社会反响。他还编著室内设计专业书籍，推动室内设计学会建设，促进学科的健康发展，并将人生感悟分享给大家，希望年轻的教师能够掌握科学的方法论，适应环境，健康发展。作为新一代的教师，我们应当继承老一辈设计人的优良传统，将自身的发展与国家社会需求相连，为国家和社会发展发挥更大的作用。

口述采访：李同予、王松引
文字整理：王松引、李同予、周立军、余洋

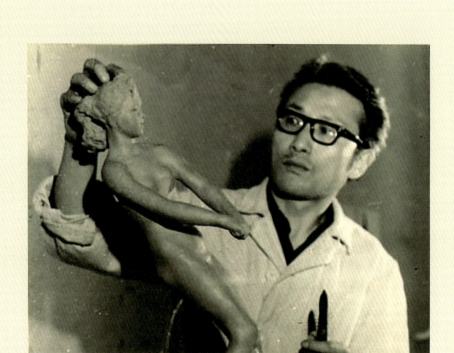

杨世昌教授工作照

杨世昌教授"铜马车——老街余韵"雕塑创作工作照

环艺树英才　匠心铸经典
——访谈杨世昌教授

杨世昌　1939年生。1963年毕业于哈尔滨艺术学院美术系雕塑专业。中国美术家协会会员，中国雕塑家学会会员，哈尔滨工业大学建筑学院教授、硕士研究生导师，中国冰雪艺术培训基地专家委员会主任，黑龙江省工艺美术家协会副主席，黑龙江省美术家协会顾问。曾任国际冰雪雕塑艺术协会副主席、中国工艺美术雕塑专业委员会副主任、黑龙江省美术家协会副主席、黑龙江省雕塑学会会长、哈尔滨画院院长等职。

杨世昌教授工作照（一）

杨世昌教授工作照（二）

百年哈工大，风雨兼程。代代哈工大人以赤诚之心传递知识的火炬，以专注及热忱筑建世界一流大学。建筑学院也在各位前辈的带领下走向辉煌，环境艺术专业作为建筑学院的重要专业之一，也已经走过了25年。正值百年校庆之际，我们采访了环境艺术系的创始人、著名雕塑艺术家杨世昌教授。

杨世昌教授是哈工大知名教授，在雕塑艺术上有着很高的艺术成就。杨世昌教授在从事雕塑创作和研究活动50年的艺术生涯中，创作雕塑及城市雕塑作品百余件，其中《赫哲姑娘》《冬网》在国家级美展中获奖。作为我国冰雪雕塑艺术的创建人之一，杨世昌教授曾多次参加国际冰雪雕塑比赛活动，共获奖12次，并多次主持在世界各地举行的国际冰雪艺术学术交流活动和展览活动，带领中国的冰雪艺术走向世界。

开创环艺，筑学建大：环境艺术专业的创立

杨世昌教授一手创办的哈工大环境艺术专业于1995年开始正式招生。

杨世昌教授回忆道，创办环境艺术专业的想法源自于美国加利福尼亚大学建筑系的一次参观。这所学校的建筑系有一个专业对建筑艺术的发展进行专项的研究。这个发现对杨世昌教授有很大的启发，"建筑不只是盖房子，建筑艺术包含很多深奥的艺术和建筑工程的技巧"。

1991年，杨世昌教授调至哈尔滨建筑工程学院工作，向时任建筑系主任的智益春教授提及成立环境艺术专业的想法。"当时只有北京的中央工艺美术学院有这个专业，建筑背景的学院体系里还没有过环境艺术专业。所以我和系里老师们商量，咱们学校能否成立环境艺术专业。培养一批既有建筑基础，又在建筑环境方面有造诣的人才。建筑不再是盖房子，而是建筑艺术，需要培养一批建筑艺术家。像贝聿铭、梁思成这些大师都有很好的美术基础，我们的学生作为一个建筑师，也应该有很好的美术基础。"在沈世钊校长的支持下，本专业教师秉持着培养新型人才、完善学科体系的想法，共同努力完成了编教材、找教员、申报招生批准等一系列的准备，建筑院校体系内的第一个环境艺术系成立了。

我们的环境艺术系扎根于建筑"老八校"的背景，既有建筑、规划类的课程对于空间感的培养，又注入了艺术教育独特的审美素养。独特的办学理念使哈工大的环境艺术专业成长为文理交织、艺工一体的特色学科。学生们怀抱着憧憬走进来，也会脚踏实地、真才实干地走向社会，踏浪入海。

融会贯通，筑艺建院：艺术与建筑的融合

2011年，经过国家及招生制度的调整大势，环境艺术专业重新定位再次起航，环境艺术专业更名为艺术设计专业，从艺术类招生变为文科大类招生。

环境艺术是一个非常宽泛的学科，它可以作为若干门学科的连接点，把各个专业融合成为共同的空间体。杨世昌教授着重阐述了他最熟识的雕塑与环境艺术的关系。"黑格尔对造型艺术的定义就是建筑、绘画、雕塑这三样。我作为一个雕塑家来讲，雕塑和建筑是一样的，对于空间的掌控是一致的，建筑和雕塑是有血缘关系的。所以当时我在环艺里也开过雕塑课，让同学们也做雕塑。"

杨世昌教授工作照（三）

杨世昌教授"春水大典"群雕创作工作照

杨世昌教授工作照（四）

杨世昌教授的环境雕塑设计将城市空间作为秀场，希望通过设计提升城市环境，并且给研究生开设了造型艺术导论、环境雕塑设计等课程。"我做的很多东西都属于城市雕塑，在公园、绿地、街道、广场中作为环境艺术的一部分。其他的设施比如座椅灯具，从艺术的角度讲，它是一个艺术品，对整体的城市风格、城市品位都起着非常重要的作用。"读万卷书，行万里路，对于雕塑及环境艺术的思想是源自于杨世昌教授对欧美国家城市环境参观时的所思所感，尤其是德国的城市环境，使杨世昌教授感受颇深，"即使很小的园林，也都是经过精心设计的。一个栏杆、一棵树、一个水管、一个皮箱，每一个东西都经过严格的设计，形成一个非常文明的城市面貌。"杨世昌教授说道，"咱们国家对这个事情还是很重视的，国家的文明程度和国家的文化程度，在这方面是一个很好的体现。"

风骨匠心，铸塑人生：现实主义的创作

谈到雕塑创作，杨世昌教授给我们展示了他的众多手稿和作品照片。自1963年哈尔滨艺术学院美术系雕塑专业毕业后，杨世昌教授的生活便与雕塑和艺术密不可分。1965年至1991年，杨世昌教授调往哈尔滨艺术学院的前身——哈尔滨画院做雕塑创作。在26年的时间里，杨世昌教授创作了非常多的雕塑作品，从创作员升至院长。1991年从画院卸任后，杨世昌教授便来到了哈工大，投身于教育事业。"一晃多年，就到了现在啊。"杨世昌教授感叹道。

中央大街的标志性雕塑"铜马车——老街余韵"是杨世昌教授的代表性作品之一。杨世昌教授讲述了这件作品的创作故事。"老街余韵的创作原型是历史上中央大街的交通工具，通过老马车和老车夫的造型，用象征性的手法表现哈尔滨的历史。"杨世昌教授笑道，"雕塑是1999年创作完成的，已经是20多年前的作品了，现在天天都有人在这里照相，马头现在都已经磨黄了，经常有人骑上去照相，因为大家都觉得这是中央大街的标志。它允许人们参与，可以提高人们对标志的认识，体会标志如何与群众互动，挺有价值的。"

国际知名的马祖光院士的纪念雕塑也是杨世昌教授的作品。"我来学校之后，创作了马祖光院士的雕塑作品，这个作品韩振坤也参与了。因为马祖光院士当时已经离世，照片也有限，做完后把他的同学、同事、家里人请来看，经过家人同意后才铸铜做出来。雕塑创作经历的时间比较长，用了两年时间。马祖光院士是咱们学校的荣誉。"

杨世昌教授又给我们展示了其他的作品，如著名的《乘风破浪》《丰收》《祭山》，还有历时8年的群力新区的三大组雕……每一个作品背后的沉淀与故事，都展示了杨世昌教授作为一位雕塑家的匠心与热忱。

杨世昌教授回忆起哈尔滨冰雪艺术的缘起："为什么说我是冰灯创始人之一？就是因为我们把冰雪从造型提升到艺术层面。在当时，用冰雪作为造型材料是一种创新。传统的雕塑材料是泥、石膏和大理石。冰雪是一种自然原料，冬天下雪，江上有冰。冰就是很廉价的材料，可以造型，里边放上灯就变成了冰灯，经过雕刻就形成了冰雪雕塑。"退休后，杨世昌教授也没有赋闲，三个大型的冰雕都是在退休之后完成的。"冰雕是需要体力和智力共同参与的活动，比较辛苦，但是起到了美化城市的作用，给人们文化上的熏陶，这是我们的责任。用更多的艺术语言为广大劳动人民服务，反映我们的美好生活，就是我们的任务。"

良师益友，树人培艺：专业人才的培养

经历了20余年的教学探索，我们的环境艺术专业已经走出了一大批的优秀学子。他们在全国各地通过自己的

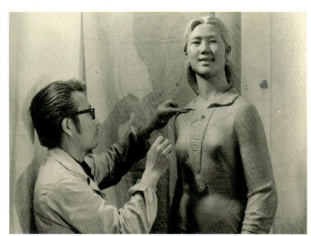

杨世昌教授工作照（五）

杨世昌教授工作照（六）

杨世昌教授照片

学识为国家、为城市创造着价值。"我为第一届研究生开设的课程是建筑艺术导论、环境艺术设计、雕塑艺术设计，还有很多选修课，我还开过漫画课。我当时做教师的时间不长，在教学方面不是很有经验，但是大家都有很好的美术修养。我是搞美术的，我想培养他们成为环境艺术家。"谈起自己的学生们，杨世昌教授露出了自豪的笑容："我的研究生有两位现在已经是咱们院系的主力了，还有一位在北京，一位在上海绿地公司当环境艺术总监。还有在深圳市建筑设计研究总院有限公司的杨旭，是深圳非常有名的建筑师了……"

杨世昌教授的教育理想是培养具有多方向的、综合能力的艺术修养的专业人才。在时任系主任的支持下，安排了建筑工程类的课程以及艺术类课程两大门类。杨世昌教授非常重视培养学生的艺术修养，在毕业设计选题上注重学生对艺术、对建筑的整体认知和独立思考，使学生的学习成果达到一定的学术高度，并且真正地进入这个充满魅力的领域。比如，如今已经是院系主力的朱逊老师在当时发表的关于哈尔滨冰雪艺术的研究论文，是哈尔滨对冰雪艺术研究的第一篇论文，已经被市政府收录到了市文献里。"咱们应该知道我们学校的学科优势，因为有强大的建筑学基础，有城市规划的老师，所以咱们学校办这个专业是最得力的，也是最有影响力的。而且我们学校的艺术风气相当好，教育体系中艺术方面的营养充足，培养出的人才也相当好，可以为国家环境艺术领域增加力量。学院的老师们也有很高的艺术素养，有很多美术学院毕业的老师，这些也都应该传承并坚持。"

大部分事情的发展都不是只有一种声音，良性的碰撞往往会产生更加优秀的结果。在当时，工科院校中开办注重艺术的学科存在一定的困难，杨世昌教授也听取了很多不同的意见，但学生毕业后的优秀成绩成了学科发展的最好证明。

搭建体系，提升审美：建筑美育的开拓

环境艺术专业的建立对建筑学等学科也产生了积极的影响，艺术元素的注入使各学科对专业的理解更加有趣而深刻。如延续至今的结构性素描课程便是杨世昌教授和几位教师共同研究的创新课程体系和教学方法。杨世昌教授讲述了这个课程建设的目的："我们安排的素描色彩等课程不是按照美术学院那样安排，而是按照建筑院校的结构性素描安排。如果按照绘画素描训练，难以使学生掌握空间感，这些都是我们学校具有特色的教学方法。同时，在传统教学课程中，还增加了新的内容，比如在冰雪艺术课程中，我把哈尔滨最著名的冰雪设计师请入课堂。提高审美素养也很重要，尤其是在建筑院校。"杨世昌教授强调，"当时我和吕勤智老师经常举办画廊活动，展示老师和学生的作品，这些都是提升学生审美素养的方式。我们形成了很好的艺术风气，而学环境艺术的学生在这方面有更深刻的理解。艺术的理念对建筑学，包括城市规划，都有很大的帮助。"

口述采访：李同予、王松引
文字整理：余洋、王松引、孟凡钰

1984年,何钟怡教授研制的高分辨激光测速仪(在美国哈佛大学克莱蒙实验室)

雄心壮志展宏图 峥嵘岁月铸辉煌
——访谈何钟怡教授

何钟怡 男，哈尔滨工业大学教授。1937年生于天津市，原籍安徽省定远县。1955年考入哈尔滨工业大学，1960年毕业于哈尔滨建筑工程学院(1959年，在哈工大土木系的基础上扩建成哈尔滨建筑工程学院)，之后留校任教。1981—1984年在美国哈佛大学公派留学；1983—1986年任哈尔滨建筑工程学院副教授、副院长(1983年在美国留学期间由建设部任命)；1986—1990年任哈尔滨建筑工程学院教授、院长。1990—2007年任哈尔滨建筑工程学院、哈尔滨建筑大学、哈尔滨工业大学教授、博士生导师。分别于1978年、1980年和1988年获黑龙江省科学大会先进工作者、黑龙江省劳动模范和国家级中青年有突出贡献专家称号。2007年获全国模范教师称号。2013年获哈工大"优秀教工李昌奖"。2020年获工业和信息化部离退休干部先进个人称号。

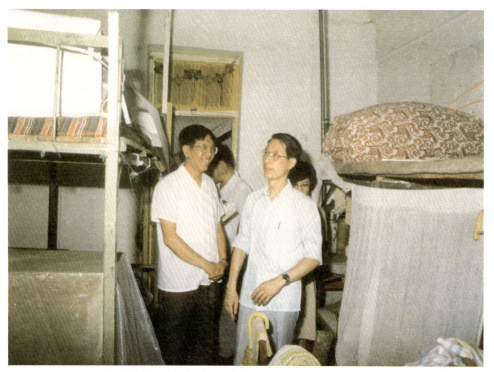

1988年,何钟怡教授陪同建设部叶如棠部长视察哈尔滨建筑工程学院学生宿舍

1988年,世界银行审核哈工大二校区实验室建设贷款执行情况,何钟怡教授做汇报

作为学者，何钟怡教授曾留学哈佛三载，他的出色研究成果受到了国际同行的关注，但他毅然接受组织的安排回国；作为老师，他四十多年如一日，扎根在七尺讲台，被学生誉为"无冕之王"；作为领导，他抓住学校发展改革的历史机遇，推动了学校的发展。

何钟怡教授长期工作在教学、科研第一线，四十多年来他以良好的师德和高度的责任感，认真教书、悉心育人，取得了突出的成绩，同时也受到了同行和学生们的高度评价。

爱党爱国　甘于奉献

何钟怡教授出生于战火纷飞的1937年。幼时的经历，使他在心里萌发了爱国图强的思想。1955年何钟怡以高考数学和化学均为满分的出色成绩考入哈尔滨工业大学土木系给水排水专业。1958年服从学校的安排到新建立的专业(河川枢纽及水电站的水工建筑专业)学习。1959年被学校抽调作为兼职教师，一边读书，一边讲课和指导学生设计，1960年从哈尔滨建筑工程学院毕业并留校任教。他严格要求自己，不断学习提高，仅工作三年工资待遇就被破格提升一级。1978年获得黑龙江省科学大会先进工作者奖，成为当年全省从助教直接提拔成副教授的四人之一。

1979年加入中国共产党后，他时刻以党员的标准要求自己。他关心国内外大事，认真参加支部活动。作为教研室的负责人，他还经常与支部的党员交流思想。以自己的人格魅力和兢兢业业、肯于奉献的精神，带动其他党员特别是青年党员共同进步、发展，展现了一名工作在教育战线上的优秀共产党员的精神风貌，并于1980年被评为黑龙江省劳动模范。

1981年他作为当时学校的年轻教师被公派到美国哈佛大学。在美国的三年期间，他废寝忘食地刻苦钻研、勤奋工作，他卓有成效的研究和严谨求实的精神得到了负责教授和同事们的广泛好评。他主要从事了多项宏观与微观力学的研究工作。建成了高剪切、高稳定度层流管路系统，将双光束激光测速仪成功地用于高曲率小管径的脉动流速与能谱测量，在国际上首次测得了高聚物溶液的管流近壁能谱，第一次达到了使双光束激光测量散射体长度接近于其实际极限值，参与提出了高分子溶液减阻机理的新假说和大分子动力耦合理论，受到有关国际学者的重视。

哈佛知名教授对他的工作相当满意，凭他的才华和勤奋，如果留在哈佛再工作一段时间，一定会在学术上取得更大成绩。但是他怀着深深报国之心，服从国家需要毅然回国。因为品格端正、业务能力突出、群众拥护，何钟怡教授于1985—1990年任哈尔滨建筑工程学院副院长、院长，1988年获得国家人事部中青年突出贡献专家荣誉。任职期间他带领全校教职工艰苦奋斗，开拓改革，抓住学校发展改革的历史机遇，兴建新校区(现今的哈尔滨工业大学二校区)，把哈建工的发展建设推向了一个崭新的时期，为学校的进一步发展奠定了坚实的基础。期间主要的工作如下：

(1) 实行"精兵简政、勤俭办事"的方针

在当时学校物质条件极为有限的情况下，积极争取国家财政支持，把有限的资金全部用于教学科研和学科建设，学校的4位正副院长一起挤在一个30平方米的房间中办公。

(2) 学科建设和人才建设

在任期间，学校从1个博士点发展到6个博士点，其中供热、供燃气、通风及空调专业是当时全国唯一的博士点；

1991年,何钟怡教授在莫斯科红场

1987年,聆听李昌校长指示,左起分别为何钟怡、王光远、李昌、沈世钊、郭骏

其硕士点基本覆盖了全部专业和主要的专业基础领域；获批建立了博士后流动站；市政工程专业获得国家唯一的重点学科。

(3) 着重进行人才培养

继承和发挥了哈工大"规格严格，功夫到家"的优良传统，尽全力发挥第一批"八百壮士"的作用，并选择培养一批青年骨干，这些人才储备为今天哈工大一级学科评估所取得的优异成绩发挥了重要作用。

(4) 大规模校区建设

在陈雨波院长等老前辈长期工作的基础上，争取到建设部全力支持，并在世界银行贷款资助下开始了大规模的哈工大二校区建设，在很大程度上改变了原哈建工基础设施极度匮乏的局面，为今天哈工大二校区的辉煌发展打下了基础。

后来，有些青年教师问何钟怡："只能拿这么少的工资，为什么要回国？"他说："我们出国就是要学习最先进的科学技术，回来报效祖国。"深深的爱国情怀和民族精神，一直流淌于何钟怡教授的血脉之中。他多次在讲座和报告中向学子传递这样的理念：民族精神是中华民族文化的核心与灵魂，爱国和骨气是一个真正人才必备的素质！精神追求就是一个人的人生观、价值观，而人生观、价值观表现出来的就是行为准则。

作为一名科研工作者严谨、求实、创新是何钟怡教授多年来的一贯作风。他长期从事流体力学研究工作，并在该领域取得了较大的成果。他与哈佛大学Abernathy合作在国际上首先测出了高分子减阻液近壁能谱，提出了基于大分子动力耦合的减阻理论。回国后，何钟怡教授主要从事湍流数值模拟、超空泡水动力学及微重力流研究工作，作为国家973项目"水下航行体超空泡水动力学基础研究"的主要研究人员之一，他从该项目的立项到研究工作的顺利开展起到了重要的作用。

正是由于在哈佛期间真正进入了宏观力学与微观力学相结合的领域，结合1999年在莫斯科建筑大学短期研究工作时持续进行的有益研究，使得其在随后以更宽阔的视野来指导学生的研究工作。

何钟怡教授对博士生要求很严格，每周五都要与博士生探讨课题，讲授有关难于把握的要点。由于具有宽广的学科背景和深邃的科研思想，何钟怡教授总是能准确地找到解决问题的突破口，给人点拨方向、指点迷津。同事和学生在申请课题的时候，很多思想都是来源于何钟怡教授的启发。他把自己的位置放得很低，从不追求名利。

高山仰止　大师风范

何钟怡教授曾说过：科教兴国，依靠人才；培养人才，依靠教育。教师要全心全意为学生服务。最高的教学目标是追求学生有所得。何教授多年主讲难度大、多学科交叉的研究生课程"实验的理论基础"和"本构理论"，他结合从教多年所闻、所学、所思，厚积而薄发，讲授内容深入浅出，对学生有很好的指导作用。

什么课难讲，别人不愿意讲，何钟怡教授总是勇于承担责任，而且讲得很好。"本构理论"这门课程难度很大，没人讲过。他主动承担这门课的教学任务，受到了学生的普遍欢迎。他主讲的研究生课程"实验理论基础"不仅需要相当高深的专业理论知识和水平，同时也需要极强的数学理论基础、逻辑思维能力等多学科的相关知识做支撑，才能把这门课上到炉火纯青的水平。

2003年，哈工大南方工作委员会成员

2009年10月1日，何钟怡教授在北京天安门参加国庆60周年观礼

很多学生都说："何钟怡教授的课可以不选，但是不能不听。""实验理论基础"原本只是为一个专业的40名学生开设的，但是有时慕名而来的有全校各个专业300余名学生。教室里座无虚席，有时就连过道都坐了学生。

2007年春季学期，在何钟怡教授上课的那段时间里，学生在bbs上发表了很多关于何钟怡教授的文章，点击率高居十大新闻榜首。学生们说，"何钟怡教授以精炼的语言总结人类思想的精华，旁征博引，无所不至，一个小小公式的幕后、来历、发展、经过，乃至在物理、数学、水利、暖通、电学、机械、电磁等各领域的应用和发展，都从他的口中娓娓道来，枯燥的公式和推导再也不是令人头疼的晦涩记忆，而是伴随着科学发展史的历史篇章，从这里就仿佛可以看到一代代科学家前赴后继、继承发展科学的全部过程"；"何钟怡教授的课是一个能吸引不同年级、不同学历、不同专业、不同校区学生反复重听的课；是一个教室挤满了人宁可站着也要听的课；是一个年年有同学自发录像、录音，全程记录学习的课；是一个很多同学听了一遍不满足，第二年还要继续听的课；是一个从师兄师姐口中代代相传、劝勉师弟师妹也去听的课"。何钟怡教授的讲解脉络清晰，引人入胜。正如他自己所言，不是教给你如何去运用和记忆公式，那只是枝叶，他要让大家把握这棵大树的根基。教师还要培养学生的想象力，对于学生来说，丰富的想象力可能比具体的知识更有意义。

"追求学生有所得"是何钟怡教授的目标。他在考试前答疑的方式和别的老师也不一样。他首先集中向学生讲解一下考试的要点和出题的思路，还不厌其烦、示范性地给学生详细解答几道题目。考试时他又把题目给学生念一遍，还详细讲解每道题考查的重点和需要注意的事项。他的试题覆盖面广泛，引人深思，经过考试，学生们都感到受益匪浅，但从来没有一个学生得过满分。

学生深情地记录道："每个学生交卷，他都笑眯眯地注视着你，问你情况如何。我还发现一个细节，何钟怡教授每次坐下去和站起来都特别小心，生怕弄出了动静，影响了同学们的发挥。"何钟怡教授的人格魅力感动了无数学生。在学生的心目中，他是真正的科学"大师"，是"无冕之王"。

面对学生们的这些评价，何钟怡教授在接受采访时曾动情地说："感谢大家对我的厚爱。这让我又回想起了我的学生时代。1955年我考入哈工大，我的力学老师王光远院士、黄文虎院士、张泽华教授、赵九江教授和已故的干光瑜教授、朱德懋教授，他们对我的教诲和影响，我毕生难忘。他们授课极其认真，从不看讲稿，有如行云流水，行其当行，止其当止。"何钟怡教授回忆道："1959年，我也成为哈工大的一名小教师，当时我就对自己说，要像自己的老师们一样，做到讲课时不看讲稿，挥洒自如。值得欣慰的是，在48年的讲课生涯中，我从未违背过自己的这一诺言。实际上，我所做的只是继承了哈工大的教学传统。"

何钟怡教授2007年获全国模范教师称号，并于2008年受邀参加北京奥运会开幕式。

惠及后人　润物无声

听过何钟怡教授讲课的人都说好，可是谁又知道他是在很长的时期内带病讲课的。多年来，他患有严重的哮喘病，有好几次都几乎倒在讲台上，但他仍然坚持讲课。看着何钟怡教授因剧烈咳嗽而憋得满脸通红，同学们都热泪盈眶地让他别讲了，可他说："这是我的责任，我一定要讲完、讲好。"他不仅深受教师们感佩，同时也得到了学生深深的爱戴。

2010年5月,哈工大90周年校庆时何钟怡教授在哈工大"名家讲坛"做报告

2018年,何钟怡教授在哈尔滨建筑工程学院77、78级入学40年纪念活动上发言

一名学生清楚地记得：2006年的秋天，何钟怡教授像往常一样在挤满学生的大教室里上课，那天天气特别闷，何钟怡教授在课堂上哮喘病发作了，但是他却硬撑着上完了这堂课。还有一次，在课堂上，何钟怡教授的胸麦突然没电了，他说："对不起，同学们，胸麦没电了。"他请一位学生去取胸麦电池，并对那位学生说："课后请你留下来，我把你没听到的部分补上。"

作为培养青年教师的导师，他不仅注重师风的培养，更是在"德"字上狠下功夫。没有更多的说教，他用自己的模范行动，潜移默化地影响着青年教师；没人上的课他上，荣誉面前他让。在培养青年教师和研究生方面，他尽心竭力、甘为人梯，很多论文都是他出思想、出思路，精心指导，到署名时他总是坚持不署自己的名字或署在最后。经过他指导的青年教师和博士生在教学及科研中都取得了骄人的业绩。

作为供热、供燃气、通风及空调学科的带头人，他呕心沥血、殚精竭虑为相关学科的交叉融合而探求、思索、谋划、献策。他为供热、供燃气、通风及空调学科的建设做出了极大的贡献。该学科在国内的地位仅列于清华之后。

何钟怡教授受学校委托担任黑龙江省政府科学技术与经济顾问委员会副主任长达10年（2000—2010年），主持参与省内多个大型项目的框架论证工作，受到省政府的表扬，特别是所主持的松花江大顶子山航电枢纽工程的论证获得了极高的评价。他还担任了哈工大南方工作委员会、校人力资源委员会、顾问委员会的工作，为学校的发展和改革谏言出力。

何钟怡教授常说："母校给了我太多太多，我时刻感恩在心，无论我为学校做什么，那都是应当的。"他是这么说的，更是这么做的。

何钟怡教授在退休之后，依然积极地为哈尔滨工业大学的学科建设贡献力量，依然努力工作在科研前线，主要从事湍流数值模拟、超空泡水动力学及微重力流的研究工作，每个学期都在总校和威海校区与年轻老师进行深入讨论，尽自己的能力争取给他们更多的指导，退休至今仍然保持着良好的工作状态。

何钟怡教授全心全意为母校的学科建设贡献力量。他是哈工大南方工作委员会成员之一，为哈工大深圳和威海校区的建设与发展积极工作。他是"哈工大离退休正能量宣讲团"成员之一，自2010至2020年期间，他应邀为学生、教职工做报告20余次，以弘扬哈工大"八百壮士"精神、师德建设、道路自信和爱国主义精神。此外，他还经常为年轻教师、研究生、博士后答疑解惑。"老骥伏枥，志在千里"，兢兢业业，鞠躬尽瘁，这是对何钟怡教授目前生活及工作状态的最好写照。

口述采访：孔伟伟、王砚玲

文字整理：王砚玲、伍悦滨、王芳

摄影 | 刘 丹

第二篇
忆师者

1945年，大学毕业时的张之凡

怀念窗友张之凡

汪国瑜

张之凡 男,1922年4月生,四川省南川县人。中共党员,民盟盟员,建筑学教授,硕士生导师,国家特殊津贴享受者。他1945年毕业于重庆大学建筑系,从教50余年。曾在哈尔滨工业大学研究生班和莫斯科建筑学院进修。历任哈尔滨建工学院建筑系、建工系正副主任,西北建工学院首任院长兼中国建筑学会理事,全国教材编委员委员,建设部高级学位授予权评议组成员,西安市城建协会副理事长,新汇设计院总建筑师等职。

20世纪40年代，张之凡教授设计的学校

在哈工大官网发现当年苏联专家辅导青年教师的照片，被辅导的是张之凡教授

1953年，在苏联专家的指导下，张之凡教授主持带领青年教师和研究生完成了哈工大机械楼、电机楼的施工详图设计和主楼的建筑方案设计

窗友张之凡兄走了！

之凡兄去世的噩耗是西安张耀曾在电话中告诉我的。消息太突然了。我拿着电话，良久无语，哀痛不已。经我追问，方知之凡兄患脑血栓昏迷已两月多，一直未清醒过来，于2001年4月28日仙逝，终年整寿80。

我和之凡兄的情谊不同一般，从认识他起，前后已经超越半个世纪。那一段亲如兄弟般的既往情谊像浪潮一般涌上心头，他的音容更像磁铁一般萦绕在我脑际恋恋不能离去……

1940年的秋天，我因未考上大学，被分配到当时教育部设立在四川江津县白沙镇的大学先修班。先修班是当年入试大学落榜的学子，理工科设六个班，文法科设三个班，学制一年，一年修完应补的课程后遴选少数学生可保送志愿想进的大学专业。大学先修班是适应抗战时局不稳定的需要而设立的，一切条件都很差，房屋都是用竹木拼搭起来的茅草捆绑平房，理工科六个班一幢，设在山坡上的一块平地上，文法科分在山坡下一幢茅屋里。

我在先修班被分配到理工科第六班，张之凡被分配到理工科第二班。分到先修班之前我们并不认识，只因时间一长，又在一幢平房里，整天在过道里碰面，又在同一食堂用饭和晚间抢食堂的方桌做习题，渐渐也就点头说话，但那时因为大家都经过落榜的教训，这一年里人人都分秒必争，寒窗夜读，把全部精力都放在学习上，很少参加课外活动，包括星期天差不多都泡在教室或食堂里，很少到外面去玩，同学间彼此虽然认识，但交往并不深，也不熟识，为了争取上大学，一切都顾不过来了。

1941年秋，我被先修班免试保送进入重庆大学建筑系，没想到在这所大学的宿舍里却碰上之凡兄，惊喜交加，一问才知他也是考入建筑系的。过去虽然未深交，聊得很少，这一下就真如他乡遇故知，格外亲热起来。可惜，因为注册报到不同时，未能分配在一间宿舍里。一开始上课，就连续四年朝夕相处在同一间教室里了。20世纪40年代初，中国的建筑学科还是一个比较新的专业，国内大学中有建筑系的还很少，社会上对建筑的认识也很生疏，当时投考大学建筑系的学生也少得可怜。重大建筑系还是在原土木系建筑组的基础上新建的。我和之凡兄进重大建筑系时，一共只有三个年级，三年级班上只有8人，二年级更少只有4人，我们这班入学时原有10人，很快有2人转入中山大学建筑系，我班就剩8人了，说来也凑巧，我们班8人中，虽然都是新生，却有3人我都相识，除之凡兄外，黄远强兄也是从大学先修班同期修业期满考入重大建筑系的。在先修班，远强兄在理工科第四班，不但在教室走道里经常见面，而且在宿舍里与我邻床，只隔两层蚊帐，比之凡兄还更熟一些。还有一位洪浩，他是我高中时的同班同学；他比我早一年考入重大数理系，见我考入建筑系后，他就下决心宁愿牺牲一年重新转入建筑系一年级，与我又同班了。这样，我们在建筑系这个新环境中不仅从不感到孤单、陌生，而且一直就很欢乐和亲切，因此在我们班上，我们四个经常聚在一起，上课之外的生活和一些活动也都常常分拆不开。

之凡兄的性格文静、谦和，平时不太爱说话，说起话来声音也很小，细声细语，常常还带些幽默，让人发笑。他和我之间还创造一套了谐音暗语，在某种环境中带出一个字头，就知道彼此想说的事物含义，别人是听不懂的。比如说某件事情或某人很古怪，我们就说"很古平南"。古平南那时是我们一位助教，借字发挥，人家当然就听不懂了。他很大方，家里比我们都富裕。他花钱从不吝惜，尤其在我们四个中间，常常在夜里或星期日邀请我们去宿舍附近的小沙坪小食店吃碗西红柿鸡蛋面，星期日趁大家高兴也请我们三位到沙坪镇正街上的"六合面馆"吃排骨面，四川叫"打牙祭"。当然，等到我们三位的家里寄来钱时也轮流请他吃西红柿鸡蛋面，我们彼此之间已经做到衣食不分了。

20世纪50年代，绘制渲染图的张之凡教授

在苏联留学时期的张之凡教授

早期留美学者，当年与梁思成齐名的建筑学家哈雄文教授抱着张之凡的儿子。

1990年，张之凡教授意外收到当年哈工大的苏联专家彼·伊·勃利霍吉克（照片中穿皮大衣者）寄来的1953年在清华园拍的合影，照片背面还有赠言。照片居中戴眼镜者为梁思成，张之凡教授站在他的右边，勃利霍吉克左边是吴户镛

1959年土木系从哈工大分离出来成立的哈尔滨建筑工程学院

谁有件稍为好点的服饰，比如雨衣、皮夹克、围巾、皮鞋之类都是合穿的，因为我们四个身材高矮、胖瘦都差不多，完全可以兼顾。之凡兄的书生气很浓，人多时经常在文雅气之外表情还有些腼腆，尤其和女同学谈话或接触时经常脸红、手足无措，很不自然。他平时的穿着总是整整齐齐、规规矩矩，从不穿短裤，衣扣也是系得一个不漏，从不随随便便、马马虎虎。他这种好的习性也表现在他的学习上，他在教室里画图或做设计更是认认真真，寡言少语，一心扑在图板上，画起图来也是一丝不苟，细致入微。我们在一年级下学期画罗马柱式图时，更显出他的精致和严格。罗马柱式中的爱奥尼式柱，柱上有很多凹槽，上下还不一般粗，上墨线时要特别细心，稍有不慎，接头处粗细不匀，都无法修改。还有柱头上的涡卷更难，要逐步变换圆心画弧线，细心细接方能完成。之凡兄在这些作业中更是聚精会神，手巧心细，笔笔精致，完成的图纸不仅线条流畅匀称，渲染也是形象逼真，惟妙惟肖，更见功力，因此在班上的成绩经常名列前茅。他在建筑系的主课建筑设计中也常常获得教师的好评和赞扬，在我们班上，他的建筑设计作业多次获得1st mention，不是第一，就是第二，年年如此。那时教我们建筑设计的谭垣教授和徐中教授，都是从美国宾夕法尼亚大学建筑系毕业的。谭垣先生性格爽直，教学很认真，要求也严格，对学生的设计作业和绘图也爱憎分明。他觉得水平较低或不完全按他的构思意图做设计的学生就常常不留情面地指责。当时我们班和高两班的同学受他呵斥的都有，有几位女同学都被他当场责斥得偷偷流泪。他有时一不高兴，连徐中教授也不客气地挑剔，而之凡兄却常常获得谭教授的青睐和关心。他确实在设计构思和绘图表现上都有创意，而且成图效果很好。之凡兄还善于人像速写。我们班毕业前夕，他曾偷偷地为我们班八位同窗（包括他自己）单线勾勒默写了头像，画在硫酸纸上，然后晒成蓝图再每人一张送给我们作为同窗四年的留念。那八个头像线条简洁、韵致、神形兼备。我们都感到惊讶，不知他是怎样画出来的，我们都觉得这张同窗肖像画比什么都宝贵，比任何珍贵的物品更有纪念价值。我把它一直珍藏在我的身边书夹里，毕业后各奔东西，常常翻拣出来凝目细看，激情回忆，又把我引带到大学时代的岁月中，感到是一种别有滋味的幸福。可惜这张珍藏20多年的珍贵纪念画像后来却遗失了，至今仍感到万分惋惜。大学毕业后，我和之凡兄又幸运地同时谋得中国国际救济委员会手工艺组的工作，设计儿童玩具。工作地点在山城重庆，我们两人同在一间办公室工作，又同住一间宿舍。

我们毕业那年的夏天正赶上抗日战争的胜利，举国欢腾，很多单位纷纷回迁，谋求工作很不容易，虽然工作并不理想，但能有一暂时栖身之地，尤其能与同窗好友又在一起，愉悦的心情代替了工作不如意的苦恼。我与之凡兄朝夕相处，又仿佛回到学校，回到了学校中那种亲如兄弟般的生活。闲下来也谈谈自己的理想，幻想着自己的未来。在办公室里，他还为我画了一张彩墨的半身像，那幅画像深情地画出我当时的精、气、神，深情地表达出他对我的深知和情谊。这幅画像，我曾一直配上镜框悬挂在我的书桌旁的墙上，望着它也让我思念起当时我们共事的情景。可惜这张同样珍贵的纪念画像后来也遗失了，深感惋惜。我们共事半年左右，他就应母校建筑系之聘回到系里担任助教，在学校行字斋教师宿舍分得一间房，每逢周末我回校去，都住在他那里，他有事出差或回老家探亲时，索性把房门的钥匙交我随时入住，直到1946年秋我离开山城重庆。

1957年仲夏，我和之凡兄又在苏联的莫斯科建筑学院重逢了。1946年离开重庆后，我去了沈阳东北大学建筑系，不到一年我又转入清华建筑系任教，我这次是由建筑系派送去苏联访问进修的。我离开山城重庆后不久，之凡兄也转调入哈尔滨建筑工程学院执教，他也是由学校派送去莫斯科建筑学院访问进修的，比我早一年到苏联。我去后，

1959年，因参加北京人民大会堂后期方案设计工作，张之凡教授被邀请参加天安门国庆观礼

20世纪60年代，张之凡教授手绘的设计方案，被评为出国参赛的国内优秀方案

20世纪80年代初的张之凡教授

20世纪90年代后期，张之凡教授于西安

1983年，张之凡教授被任命为西北建筑工程学院院长

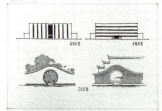

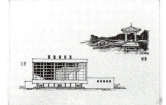

张之凡教授徒手画的示意图

他就作为熟门熟路的老向导处处关心、照顾我人的生活。我们住的宿舍不在同一个街区，但经常见面，更多的是在建筑学院的一些活动中，比如协助我在学校和教研组访问、调研、收集教学资料，介绍我认识校内一些教师和朋友，熟悉各部处的联系，同在学校的餐厅吃饭，更重要的还给我推荐了进修的业务导师。那时到苏联访问的进修教师都要选择一个资深的教授作为进修的导师，争取在进修期内，根据自己的愿望完成一项研究，写出论文。没有学位，但也要在校内有关教研组内进行答辩，然后将论文交学校存档。之凡兄给我推荐的是颇有声望的巴尔亨通讯院士，也是他进修期的业务导师，因此，我和之凡兄又在莫斯科建筑学院"同窗"了。他在学院研究的是有关居住建筑的课题，我在巴尔亨院士指导下研究的是有关宽银幕电影院的设计，我和之凡兄研究的课题虽然不同，却有时也相约一同去导师家拜望求教。他因早我一年到苏联，俄语比我强，因此他有时就顺便做了我的临时应急翻译。我在和导师的接触中感觉到巴尔亨教授对之凡兄的印象很好，说他理解问题快、心细、勤奋，还说他在教学中一定是个好教师，我也向导师反映了他与我同学同班时学习经常获奖的情况，导师听了十分高兴。之凡兄对老同窗十分关心，帮助也格外热情。他不单忙他的论文和进修，还常常帮我介绍几个建筑设计院和他在设计院认识的建筑师，有时也陪伴我在莫斯科参观一些建筑和施工现场。我记得全苏农业展览会时就是他陪我一同参观的。我们在一起对展览会中每个加盟共和国馆的建筑都感兴趣地评头论足，拍了不少照片，我们还在红场的列宁墓前，华西里·布拉仁诺教堂旁流连忘返，在莫斯科大学校园观光，还一同在莫斯科大剧院观看《睡美人》，一同在柴可夫斯基音乐厅听音乐，一同去莫斯科的北京饭店……这样的相伴走访太多了，我深深感到有他陪着我游览参观就觉心里特别踏实，使我在异国他乡获得温暖，使我仿佛又回到我们大学同窗的年代。之凡兄和我在苏联那年正好欣逢十月革命40周年大庆，毛主席亲率代表团到苏联祝贺，节日后，毛主席率代表团全体成员在莫斯科大学的礼堂接见了中国留学生。那天所有到场的中国学生都兴奋异常，比过节还快乐，更感幸运的是之凡兄和我都被选派到会场服务，担任台前护卫，我们在台下前沿紧张又高兴，按捺不住自己激动的心情。那是我们最接近毛主席的一刻，我们在台下紧挨着热情鼓掌、欢呼，真切听到毛主席站在台口一位一位跟我们介绍台上的中央代表团各位领导，还朗声挥手讲了话，虽然那次接见的时间不长，在留学生心里却留下深深的印象，激荡着无边的喜悦。散场后，之凡兄和我半天说不出话，他忽然拉着我手说："今天太高山流水了！"我当时一愣，不理解，望着他，见他一笑，我才如梦初醒解悟过来，原来他是在和我说我们多年不说的暗语，我接上："今天太高兴了，是上面给了我们福如东海。"他点头说："难得的福分。"两句感受把我们又拉回到昔日同窗时的情怀中去了。这一年，我们重温了昔日风华正茂、同窗共度的校园岁月，在异国他乡，旧情又把我和之凡兄紧紧拴在了一起，编织了一年新的同窗友谊和难忘的回忆。

之凡兄在苏联进修期满，回到哈尔滨建工学院之后，学院提升他担任建筑系主任。

20世纪80年代他调离哈建工，到了西安西北建工学院，担任建筑系主任，直至建工学院院长，把全部精力都投到教学、科研和城市建设中去。这期间，他常来京参加会议，或到部里办事。只要来京都要来我家看望，聊天。

1990年夏初，我应邀去西北工业大学讲学，兼办画展，之凡兄和我又重逢了。我们在一起欢欣地度过将近一旬的岁月，我见他衰老多了。他那时69岁，已经满头雪发，说话比以前更细声，行动走路也显得迟缓，常忘事。但由于我难得去趟西安，因此他偕夫人陪我和老伴去兵马俑陈列馆参观，整整陪了一天。闲时还亲自陪我们参观市容，请我们到他家吃饭深聊，我们好像又回到同窗时的亲密时光。没想到这次聚会竟成了我们50多年友情的诀别。

20世纪80年代,张之凡教授出差时常与哈工大的新老朋友们聚在一起

在哈工大校史馆的照片

忆往情稠,我只要闭上双眼,就能看到他白发满头,白中带红的脸庞和瘦削的身影,看到他在莫斯科伴我、帮我的热情和稳重,看到他在沙坪母校时的青年潇洒。也想到他对工作的负责、认真;对自己的严格和勤奋,对朋友的爱护和关心。百思百想也难寄我对老友的怀念!

常怀生先生像

深切缅怀常怀生先生

邹广天

常怀生 1929年生于辽宁省辽阳县，1950年考入哈尔滨工业大学，读一年预科后，到本科土木系工业民用建筑专业就读，1956年毕业后留校，在建筑教研室任教。1959年哈尔滨建筑工程学院成立，1960年他任学院图书馆副主任，1965年回到建筑系任系党总支书记。1972年任系副主任，并教学。1989年任系主任，到1992年他主动脱离行政岗位，从事科研和教学工作。1995年离休后返聘教课，并任系里的教学指导组顾问。他所教授的课程有建筑学、建筑构造、房屋建筑学、环境心理学等。他所研究的课题有环境心理学和老年建筑学。曾任省土建学会理事、省建筑师学会副会长、省暨哈尔滨市城市规划研究会常务理事，现任中国建设文化艺术协会环境艺术委员会建筑环境心理学专业委员会主任委员。

常怀生先生陪同国外来宾参观哈尔滨松花江公路大桥时合影留念

引 言

常怀生(1929年10月27日—2019年5月7日)学习、毕业、任教于哈尔滨工业大学,1959年从哈尔滨工业大学调出,成为创建哈尔滨建筑工程学院的第一批教师之一。他是哈尔滨建筑工程学院发展为哈尔滨建筑大学的见证人。由于哈建大与哈工大的合并,晚年的他在2000年又回归到哈尔滨工业大学。下面这段文字,摘自《常怀生传》书稿的前言:

2019年4月17日下午我和哈尔滨工业大学建筑学院的领导们一起去校医院看望住院治疗中的常怀生先生。病榻上的常先生看到我们,心情有些激动,呼吸变得急促,艰难地抬起左手微微摆动。他的视线与我们的视线交汇,看得出来,他是急于想说话的,但却始终没能说出一句话。当时90岁高龄的常先生是一个月前因发烧住进校医院的。那几天终于退烧了,但身体非常虚弱。

看到处于这种状态的常先生,我的心情非常不好。我无论如何也无法把正在与病魔抗争的常先生与三十多年前给我们讲授环境心理学课程的常先生、二十多年前在学术会议上给我们做环境心理学学术报告的常先生、在中国环境行为学会第九届环境行为研究国际学术研讨会(EBRA2010)上坐在轮椅上给我们做报告的常先生、几年前在家里接受我们采访时滔滔不绝讲述EBRA历史的学会创始人和首任会长的常先生联系在一起。

我告诉常先生"EBRA2020环境行为研究国际学术研讨会"将在西安建筑科技大学召开,不久后将在那里召开EBRA委员会商议大会筹备事宜。

离开校医院,回到建筑学院,张国宏书记对我说:"邹老师,写常先生的这本书就由你来完成吧。"我深知这个任务是多么艰巨,未敢直接作答。

当天晚上回到家里,我的心情无法平静。有关常先生的往事一幕幕在脑海中闪现,随着手指在键盘上敲击,《常怀生传》的书名和目录出现在笔记本电脑的屏幕上。

这本书的写作也就这样开始了。我们将穿越时空,跟随常怀生先生回到90年前他出生的那个年代,一起经历这90年他度过的春夏秋冬,走过的风雨历程……

2019年5月7日10时,常怀生先生与世长辞的噩耗传来。非常遗憾他没能在生前看到《常怀生传》这本书的出版。唯有写好这本书、早日出版,才能告慰常怀生先生。

上述前言完成之后,《常怀生传》的素材收集和写作在缓慢地进行着。承蒙常先生之子常晓强先生的信任,为我提供了一批珍贵的常先生的遗物和上中下三册《常氏族史》,使陷入困境的写作逐渐走出了谷底。学院领导安排我写一篇回忆常先生的文章,我想就从《常怀生传》的部分初稿中节选出上述前言和下面的四段文字,再加上新写的本文第五部分,用以深切缅怀常怀生先生。

一、常氏之后

中国的东北地区,主要包括三个省份——辽宁省、吉林省、黑龙江省。

本书的传主常怀生是一个具有传奇色彩的人物。他的一生就和这三个省密切相关,并从这里连接全国、连接全

哈尔滨建筑工程学院建筑研究所环境心理研究室主任常怀生教授与部分成员合影留念（左起：郑友发讲师、常怀生教授、魏建军助教。20世纪90年代，土木楼508室）

世界。

他生于辽宁省，青少年时期在吉林省度过，成年后则一直生活在黑龙江省。

关于他的故事，需要从上麻屯一位名叫常调鼎的人说起。

上麻屯乡的常调鼎

辽宁省辽阳县有一条三道河。在滚滚流淌的三道河东面，有一个地方原名叫作"上马屯"。相传是由于唐朝名将薛仁贵征东时曾经在此地上马而得名。可是，从清顺治年间各地移民来此定居，不知道什么原因被改称为"上麻屯"并沿用至今。

这个乡有个地方叫"稠树林子"，也叫"稠林子"，现在叫"稠林村"。开始开发建设上麻屯稠树林子的人，名字叫作"常调鼎"。

调鼎，意为烹调食物。在中国古代，给孩子起名叫"调鼎"的人家可是不少，都是寄托了一种对孩子的无限希望：长大以后具有治理国家的才能，当宰相治理国家。将"调鼎"一词写入诗词的名句也有很多。例如：

"未逢调鼎用，徒有济川心。"（唐·孟浩然《都下送辛大之鄂》）

"闻道延年如玉液，欲将调鼎献明光。"（唐·皇甫冉《彭祖井》）

"未经调鼎休惆怅，会见留酸到子孙。"（元·萨都剌《题先春卷上有萧滕王三学士赞》）

"自此期调鼎，无端怨失弓。"（清·张大受《呈竹垞先生四十韵》）。

可以说，常调鼎是既不幸又幸运的。不幸的是他没有当宰相去治理国家，而是在山西汾州遭遇了顺治六年的"清军屠城"。幸运的是他历经两年的艰难跋涉，逃到了辽阳上麻屯稠林子村，成为这里的常氏族人——山西汾阳冀村镇仁岩村常氏后裔的先人。

《常氏家谱字辈派语汇编》[1]第79条有下列记载：

"顺治八年[2]清军屠城现汾阳市，十二万人口逃出不到两万人，常调鼎公于顺治八年[3]，为避战乱逃出汾州府，几经周折来到东北，定居于现辽阳县麻屯乡稠林子村，开疆辟土，娶妻生子，至今已有370年，后代子孙三千人以上，根据家谱资料有一兄弟名常宽居住现吉林省辽源市，其后代不详，无法考证。辈分20字辈如下：调崇文国天，君朝守玉连，怀存永聚福，宝殿镇恒权。2001年由族人常怀德带头修茔立碑，后续20字辈如下：仁祖顺东安，宗恩建树岚，鸿志兴伟业，德浩满宇环。"

《汾阳寻根记》写道：

"据《汾阳县志》记载：'清顺治六年（1649）四月，姜王襄、王显名攻打汾州府。义军以陕西三原举人李昌言为汾州知府，孙某为汾阳知县。六月，清端重亲王博洛率兵围汾州府。七月，汾州府平，清军屠城。'就在这清兵血洗汾州、

---

[1] 《常氏家谱字辈派语汇编》。https://wenku.baidu.com/view/c8a16672b42acfc789eb172ded630b1c59ee9b88.html。
[2] 据《汾阳县志》，应为清顺治六年、公元1649年。
[3] 应为清顺治六年、公元1649年。

常怀生先生参观北京颐和园时留念

汾州百姓九死一生之时，汾阳人常调鼎公侥幸逃出。为避追杀，为避世乱，历尽千辛万苦，于顺治八年(1651)来到关东辽阳，先侨居上麻屯，后开发稠树林子作为定居地，如今这一支汾阳常氏后裔已发展为该地一大族群。"

据常氏后人考证并发布在互联网"仁岩贴吧"上的一则帖子可知以下情况：

"从汾阳走出去的始祖常调鼎公，东迁关东辽阳，初居上麻屯，择马姓家居住。马家为人忠厚，常马两家相处融洽。这是常氏家族由山西来到关东最初侨居之地。""常调鼎公及夫人秦氏，生四子，长子常崇兴、次子常崇旺、三子常崇康、四子常崇泰。先辈们讲，次子常崇旺青年时离家出走，去了一个叫'三姓'的地方。三子常崇康儿时被一游方僧人所见，僧人说此子带有佛缘，执意收他为徒，常崇康遂出家为僧。始祖常调鼎公身边只有长子和四子。他与长子常崇兴披荆斩棘，白手起家，开发了位于上麻屯南二公里处的稠树林子。建立起常氏家族第一个定居地。如今，全村人口260余户，常姓占30%左右。稠树林子东山的东家沟子内，有一棵人称松树王的油松，高30多米，胸径近三米，树高且直，遮天蔽日，是常氏开发之初同期所植。这里就成了常氏家族在东北的根。"

除了第一个定居地"稠树林子"之外，常氏的先人们还建立了第二个定居地"老母沟村"。"始祖常调鼎公在稠树林子定居之后不久，又开发了位于稠树林子南4公里处的老母沟村，建立起常氏家族的第二个定居地。祖茔碑文记载：始祖常调鼎公'其子有四，尚存其二矣。其后，长子常崇兴居稠树林子，四子常崇泰居老母沟处，各守其业'。"

辽阳常氏二世祖常崇兴及夫人庞氏生有四子：长子常文耀、次子常文玉、三子常文炳、四子常文焕。这四个"文字辈"的三世祖居住在稠树林子及以北地区，称作"北四股"；同为二世祖的常崇泰及夫人马、孟氏生有五子：长子常文生、次子常文明、三子常文相、四子常文学、五子常文章。这五个"文字辈"的三世祖居住在老母沟村及以南地区，称作"南五股"。"北四股"与"南五股"合称"老九股"。

辽阳常氏第三代的"老九股"以稠树林子和老母沟村这两个地方作为生活据点，使常氏家族的规模越来越大，最终演变为肇始于汾阳仁岩常调鼎的一个辽阳望族。

稠林子村的新生儿

1929年10月27日，在上麻屯乡稠树林子(后来的"稠林村")一户常姓人家里，传出了一个男婴有点沙哑的啼哭声。这个男婴头长、脸长、腿长、胳膊长、身长、脚大，和一般的婴儿有点不太一样。这个男婴给常家带来了无限的希望。他的父母一心希望他能够平平安安、健健康康地成长。按照前述的常氏家族首排字派二十字，刚出生的男婴，按字派排序名字中应带有"怀"字，是"怀"字辈，取名常怀生。他是辽阳常氏始祖常调鼎、二世祖常崇兴(常调鼎长子)的后人，属于居住在稠树林子的"北四股"四位"文字辈"先人中的"北二股"常文玉(三世祖)支系的常守廷(第八代)分支。常怀生的爷爷名为"常玉亮"(第九代)、父亲名为"常连陛"(第十代)。常怀生是辽阳稠树林子常氏家族的第十一代传人。

他出生的这一年，是中国农历己巳年——十二生肖中的蛇年。这一年，虽然说是个平年，但当时的中国却并不太平。全国各地各系军阀混战。7月，在东北爆发了"中东路事件"，苏军与东北军张学良交火……

常怀生先生访问日本（1998年12月2日）

常怀生是他们家中最后一个孩子。由于在他的前边还有好几个兄弟姐妹都没能健康地活下来，因此他成为常家视若珍宝的独苗、传宗接代的希望。

而常怀生如长辈所愿，终于幸运地活了下来，并成就了一番事业。

翻山越岭的读书娃

日子过得飞快。转眼之间，常怀生到了上学的年龄。

稠林子村里虽然能够识文断字的人很多，但却始终没有一所私塾或学堂。孩子们读书都需要到几十里地之外的学校。不仅路途遥远，而且需要每天两次翻越坐落在家与学校之间的一座大山，崎岖的山路，车马难行。

小小的常怀生为了上学，每天天不亮就动身上路，晚上很晚才回到家里。日复一日、年复一年，每天来回走几十里地，翻山越岭，求学之路不易。这使他从小就练就了坚韧的品格和勇于吃苦、敢于担当的精神，也练就了很好的身体素质。

当年常氏先人常调鼎不远万里从汾阳到辽阳的经历和精神，激励着常氏家族一代又一代人不惧艰险、奋力前行。

也许，这就是强大的基因的力量吧。

二、编著《哈尔滨建筑艺术》

黑龙江科学技术出版社于1990年6月1日出版了常怀生先生编著的一部关于哈尔滨建筑的书，书名为《哈尔滨建筑艺术》。这本书是16开、精装本、加有封套、298页。

这本书前面的序言部分是一篇介绍哈尔滨建筑艺术的文章，采用中、日（王中时先生翻译）、英（陈惠明先生翻译）、俄（田宜耕先生翻译）四种语言文字对译刊出，由唐恢一先生担任校核。足见作者倾情介绍哈尔滨建筑的一片炽热之心！

这本书的大部分是哈尔滨建筑的照片，有的是建筑的全景照，有的是建筑的细部照片，还有的是已经消失的哈尔滨建筑的老照片，涉及的建筑多达百余栋。其中，绝大多数是作者历经一个个春夏秋冬，跑遍哈尔滨的大街小巷，一张一张拍摄的；一小部分是作者精心搜集而得，选自哈尔滨老一代摄影家韩昭宽[①]先生的作品。

这本书的责任编辑是李德林先生、版式设计是史春珊先生、封面设计是刘道毅先生。第1版第1次印刷的印数为5 000册。

2010年1月，这本书第2次印刷，改用了平装本，印刷了3 000册。责任编辑为项力福先生。

这本书的封面，采用深蓝色的底色，上部用银色的繁体美术字表现书名《哈尔滨建筑艺术》；中部印有堪称哈尔滨中央大街近代建筑典范的新华书店外文部大楼（原日本松浦洋行大楼）的最精彩的部分——高耸的土红色穹顶和四

[①] 韩昭宽，哈尔滨老一代摄影艺术家。

常怀生先生在日本芝浦工业大学工学部

楼的精美阳台；下部采用白色的扁黑体字印有作者和出版社的信息："常怀生编著""黑龙江科学技术出版社"。

打开这本书，可以看到常怀生先生在序言中这样写道：

"哈尔滨是在一个特定历史条件下发展起来的具有自己特色的新兴现代城市。早在17世纪中叶沙皇俄国就开始了对我国的武装侵略，相继霸占了东北额尔古纳河以西、黑龙江以北、乌苏里江以东的大片领土。1896年6月3日，沙皇俄国迫使清朝政府签订了《御敌互相援助条约》（《中俄密约》），窃取了在我国黑龙江、吉林地方接造铁路以达海参崴以及修筑'中国东省铁路'（从满洲里到绥芬河）的特权。……"

然后，一张张哈尔滨建筑的精美照片映入我们的眼帘：韩昭宽先生拍摄的老哈尔滨火车站、圣·尼古拉大教堂、圣·索菲亚大教堂；中央大街的新华书店外文部大楼（原松浦洋行大楼）、马迭尔旅馆、秋林公司、妇女儿童商店、哈尔滨摄影社（原米尼阿久尔餐厅）；松花江畔的哈尔滨市人民防洪胜利纪念塔、哈尔滨青年宫；南岗博物馆广场周边的黑龙江省博物馆（原莫斯科商场）、国际旅行社、意大利领事馆；南岗公司街的哈尔滨工业大学教学楼（原俄罗斯总领事馆、现哈尔滨工业大学博物馆）；西大直街的哈尔滨工业大学土木楼、哈尔滨工业大学主楼……

曾一智女士曾经对《哈尔滨建筑艺术》一书有过这样的评述：

"1983年，他背起自己的照相机，走向哈尔滨的大街小巷。他说，当时已经预感到没有办法来保护这个城市，因此产生了一个比较悲观的想法——留下一点资料给后人看看。在三年中，他对哈尔滨的遗留建筑进行保护性拍摄，从中选出373幅，编辑成书，于是，我们手头便有了这部珍贵的《哈尔滨建筑艺术》。这是哈尔滨第一部比较全面系统地记录城市建筑风貌的专著。""著名的《哈尔滨建筑艺术》，不仅仅是一本记录了哈尔滨城市建筑风格的摄影画册，更由于其中许多建筑已被拆除而具有珍贵的史料价值。常常听到那些从海外来哈尔滨重游旧地的俄侨或犹太人提出购买这本画册的要求，他们从这本画册里寻找对于旧日风景的回忆。"

《哈尔滨建筑艺术》自1990年出版以来，已经印刷了8 000册。它除了被广大建筑界的师生、建筑师作为教学、设计的参考书之外，也常常被外国来宾作为旅游纪念品带回国馈赠亲友，还常常被哈尔滨市各单位外事部门或出国人员作为纪念品赠送给外国友人。

三、圣·索菲亚大教堂前的唏嘘和战栗

1992年9月11日，由《建筑师》丛刊编辑部主办的"'建筑师杯'全国中小型建筑优秀建筑设计评选"在哈尔滨圆满结束。评选活动是在坐落于哈尔滨市南岗区西大直街66号的哈尔滨建筑工程学院进行的。经过评委们的5轮评选，最后从209件参赛作品中评选出宋庆龄儿童科技馆、深圳蛇口中小学综合楼、沈阳沈河区房产管理所综合楼、绥芬河口岸公路检查站、浙江天台赤城山济公院、福州西湖宾馆八号楼、浙江缙云电影院、汕头市澄海蓬中华小学8件优秀设计作品。另有19件设计作品获得表扬。（记者李春雷、韩世峰。新华社哈尔滨9月12日电。"建筑师杯"全国中小型建筑优秀建筑设计评选揭晓。1992年9月13日。来源：新华社。）

常怀生先生访问日本某科研机构（1998年12月）

常怀生先生主持"98建筑环境心理学学术研讨会暨中日双边会议"（1998年7月，青岛。右一为日本东京大学教授、日本"人—环境学会"高桥鹰志先生）

关于这次评选活动，《时代建筑》杂志是这样记载的："由《建筑师》丛刊主办的1992年中小型建筑设计优秀作品'建筑师'评选活动于9月6日至12日在哈尔滨市举行，现已圆满结束，这次评选共收到全国各地所寄的作品二百余件，从中评出优秀作品8件，表扬作品19件。评委们一致认为，评出的这些优秀作品必将对当今正在大量进行的中小型建筑设计带来积极影响，并认为'建筑师杯'的评选活动意义甚大，今后将以不同的主题继续进行。"（福煦."建筑师杯"全国中小型建筑优秀建筑设计评选结束.时代建筑，1992(4)：12.）

会议结束后，哈尔滨建筑工程学院建筑系主任常怀生先生和来哈尔滨参加会议的建筑师、专家、学者们一起参观了圣·索菲亚教堂。前往参观的有：中国建筑工业出版社高级编辑、《建筑师》丛刊主编、哈尔滨工业大学校友、哈尔滨原籍的杨永生先生；北京建筑设计研究院总建筑师、建筑勘察设计大师张开济[①]先生，同济大学教授戴复东[②]先生，四川省古典建筑园林设计院总建筑师、国家一级注册建筑师、教授级高级建筑师庄裕光先生；辽宁作家、辽宁省作家协会副主席刘元举[③]先生等。

说到圣·索菲亚教堂，我不由得想起一段往事。1975年前后，在上初中期间，我曾经和住在附近住宅楼里的同班同学一起跳进了这个"哈一百"（即"哈尔滨市第一百货商店"的简称）的仓库，在里面玩得不亦乐乎。那时候，并不知道这个大教堂的历史，也不懂得它的价值。记得当时在教堂里面深深地被高大的空间所震撼，被残缺的壁画所吸引。当时那种既紧张又兴奋的状态，在四十多年后的今天仍然记忆犹新。后来，当我再次走进这座空空荡荡的教堂的时候，那里正在进行保护修缮工程施工。记得那一年是1997年。经过对周边环境进行综合整治，教堂周围的住宅楼被一一拆除，广场被整修一新。那里成为中外游客来哈尔滨必到的旅游景点。成群飞起、落下的广场鸽和喷泉给这里增添了许多生气和活力。再后来，我陪着中外来宾多次参观的这座教堂，已经是"哈尔滨建筑艺术馆"了。

我曾经应邀在《人民日报》（海外版）上发表连载的文章介绍哈尔滨名建筑，其中有一篇就是介绍圣·索菲亚教堂的：

"圣·索菲亚教堂，坐落在哈尔滨市道里区兆麟街与透笼街交汇处东北角的地段上。1923年9月27日动工，1932年11月25日竣工。由俄国建筑师克西亚科夫设计。原为东正教教堂，曾作为哈尔滨市第一百货商店的仓库；1997年进行修复和对周边环境综合整治后改为哈尔滨建筑艺术馆。"

"圣·索菲亚教堂采用拉丁十字式平面形式，东西向长、南北向短，南北对称，主入口为西向，上部为高耸的钟楼。采用砖石结构，清水红砖墙面，砌工精细无比，砖饰精美绝伦。十字交叉点上的屋顶是洋葱头式巨大穹顶，设置在各面开窗的双层高鼓座上，下层鼓座为八边形，上层鼓座为十六边形；四翼各设一个小帐篷顶。整体构成主从式组合，

---

① 张开济，我国著名的建筑专家、北京建筑设计院总建筑师，曾任中国建筑学会副理事长，1990年被建设部授予建筑勘察设计大师称号。他曾主持设计过中国革命历史博物馆、钓鱼台国宾馆、北京三里河"四部一会"办公楼建筑群、北京天文馆、中央民族学院校舍、济南南郊宾馆建筑群、天安门两侧的观礼台等。
② 戴复东，中国工程院院士、同济大学教授。
③ 刘元举，笔名刘今。辽宁沈阳人。祖籍山东龙口。大专学历。1975年后历任辽宁作协《鸭绿江》文学月刊社副主编、常务副主编、执行主编、主编兼社长。辽宁作协副主席，中国散文学会常务理事，辽宁报告文学学会副会长，浙江理工大学文化传播学院兼职教授。

常怀生先生陪同客人参观哈尔滨中央大街

主次分明，错落有致，既有差异性又统一，是拜占庭建筑风格和俄罗斯建筑风格的有机结合。建筑面积为700多平方米，可同时容纳1 500～2 000人进行活动；室内空间设计紧密结合宗教功能。"

"圣·索菲亚教堂是国务院批准的全国重点保护文物、哈尔滨市Ⅰ类保护建筑，'是一座形制严谨、风貌地道的东正教大教堂'，被赞誉为'哈尔滨建筑艺术中最杰出的优秀作品之一'，'是建筑艺术、技术与功能完美统一的典范'，'是建筑艺术创作的精品，是珍贵的历史文化遗产'。"

整个大教堂被四周的多层住宅困在了当中。常怀生、张开济、杨永生等人远远地看到在住宅的上边露出一点点教堂的穹顶，根本看不到它的其他部分。当教堂已经近在咫尺的时候，却什么都看不见了。大家挤过行人、拉货的小三轮车，沿着楼与楼之间的狭窄的通道走到了教堂附近，但只能在它的脚下仰视。即使是已经退到住宅楼的墙角，把后背紧紧地贴在墙上，他们也找不到一个能够拍摄到大教堂全貌的位置。

面对大教堂所处的这种尴尬的境地，建筑界著名的建筑师、专家、学者们禁不住唏嘘不已。

张开济先生在短暂的沉默之后，非常沉重、郑重地说出了三点看法：

"一、教堂本身设计妙不可言，是难得一见的珍品；二、观其现状，惨不忍睹；三、若政府机关或我们这一代人不去抢救，就是见死不救。"

关于这次参观圣·索菲亚教堂和张开济先生的"三点看法"，在曾一智女士的《城与人——哈尔滨故事》里有所提及。更加全面地对当年参观圣·索菲亚教堂加以记载的是辽宁省作家协会副主席、作家刘元举先生。他在博客中发表了一篇题为《拯救"远东第一教堂"》的博文，使我们终于能够了解到那一天发生了什么事情。这篇博文的篇幅虽然较长约有2 100字，但由于出自非建筑界人士的职业作家之手，读起来觉得生动、客观，并没有那种冗长的感觉。为了真实地让大家读到原作，请允许我将其全文转录于下：

拯救"远东第一教堂"

刘元举

对于建筑物的挚爱，是真正建筑家们的天职也是本性。这如同处于青春期时，对于自己所爱的人格外敏感、格外投入一样。

我要说的是90年代初，大概是1993年（笔者注：根据文献对于此次活动的有关记载，时间应为1992年）吧！我应《建筑师》杂志所邀，去哈尔滨参加了全年度的建筑界作品评奖。记得评奖结束后，我们在哈尔滨市内参观。当时，哈建工的建筑系主任常怀生先生自费出版了一部很厚的"哈尔滨建筑画册"（即《哈尔滨建筑艺术》一书），这位建筑学者最感人的是他借了五万多块，将那些快要灭绝的古建筑，像抢救珍稀动物一样，抢拍下来。而当他的画册出版的时候，城市中一大批极具价值的俄式建筑已经或正在消失当中，我们只能从他的画册上看到这些消失或即将消失的建筑，好像整个城市的黄昏都笼罩在这本画册上，令人心情沉重压抑。他当时给我们说的一处叫作"喇嘛台"（即圣·尼古拉大教堂）的建筑被拆，他的感伤与叹息令我至今难忘。那可是哈尔滨最具价值的建筑物呀！

2018年9月19日，建筑学院党委书记张国宏和院党委副书记、院工会主席白玉蓉看望常怀生先生时合影（网络资料）

遗憾的是，当时整个哈尔滨并没有认识到这些建筑真正的价值。人们关注的是冰灯的制作，冰灯制作的冰是从松花江上开掘而来。冰品由小到大，由矮到高，等到冰品立起了高楼大厦，并闪着五光十色晶莹剔透迷蒙灯光时，城市里真正的最具价值的建筑物只能沉甸甸地被收藏在常先生的画册里。每当我翻看他的画册时，我在想，幸亏还有这本画册留下来了。

当时我们一起参观的有建筑界的知名人士，像建筑大师张开济先生、同济大学著名教授戴复东先生、四川著名建筑师庄裕光先生等。会议主持人是杨永生主编。他是哈尔滨人，他曾经做过中央首长的首席翻译。他的俄文极好，而且见过大世面。他多年没有回故乡了，当他看到拆了那么多有价值的建筑时，真正是痛心疾首，夜不能寐。

我们当时参观了一座教堂——那是被誉为远东第一大教堂的东正教的圣·索菲亚教堂。教堂远远看去，蓬头垢面，已是相当陈旧了，想拍张完整的照片几乎都不可能，因为周围的建筑把她遮挡住了，也因为教堂下边是一个家具市场，人头密集，十分拥挤，车来人往，你简直没有可能安全地停在那里拍照。我们的车开不进去，就下来走进去了。曲里拐弯绕过人群时，我们被十分热闹的叫卖声弄得很是尴尬。家具车辆一直摆到了教堂门口。教堂门口无比杂乱，圆形的彩窗玻璃已经破碎了，用一块破铁片子封上，教堂的门也十分破败。总之，当时展现在我们面前的这座远东第一大建筑，这座著名的圣·索菲亚教堂已经是浑身伤痕、破损不堪了！

在场的张开济老先生目睹这种情景，不禁浑身颤栗。他提议找人打开教堂进去看看，可是人家说里面是仓库，装满了家具。我们从门缝往里瞧，支棱八翘堆满了家具。稍有点常识的人都不能不吓出一身冷汗来，假如有一把火，或者一个烟头什么的扔进去，这些家具一旦燃起，那么，这座再伟大再恢宏壮观的远东第一建筑物，岂不要付之一炬?!

当即，这些建筑专家义愤填膺！他们几乎是共同提议要联名上书给市长，要拯救这座濒危的教堂，这个处于险象环生中的建筑的生命！

于是，当即就有人执笔，然后，我们这些到会的人都在上面签了名。

事不宜迟。我记得当即杨主编就找到相关人员，将书信递上去，希望转达给市长。我们的会议结束时，杨主编和张开济大师还在焦急地等待着回音。他们当晚好像都没有睡好，他们不时地踱步出门，到宾馆外边眺望着远处的街灯，眺望黑夜中的圣·索菲亚教堂那类似洋葱头式的尖顶，仿佛随时都可能会燃起火来，而他们做好了随时要去拨打救火电话的准备似的。我那晚也睡不着觉，总怕要着火。夜半更深时，天上划过一道弧光，也会吓得心惊肉跳。好在只有一个夜晚，第二天就告别了这个城市，告别时有种莫名的轻松感，好像再着火什么的，也与自己无关了。

会议之后，我曾问过杨主编，拯救教堂的上书是否得到重视？那个家具市场是否搬走了？那个教堂是否还做仓库之用？杨主编说，市长感谢这个上书，但是，能否马上解决问题，他认为还不容乐观。

好像又过了一年，我带女儿去哈市看冰灯。经过这座大教堂时，我驻足下来，看到周围的家具市场不见了，但是，教堂的彩窗仍然被封堵着。周围还有建筑物挨得极近，那墙边还堆着些破东西、垃圾之类，墙上有不知什么人涂写的大字。

后来我在哈市作家阿成的小说或散文中读到过他对这个索菲亚教堂的感受。好像他对于他的城市能够拥有这样一座远东第一教堂是相当自豪的。他写得很是妙笔生花，不过，他没有写这段建筑专家们上书拯救的经过。

索菲亚教堂今天能够高贵地挺立着,肯定与当年建筑专家们的上书有关,就像我们的平遥等古城能够得以保住,也无不与同济大学那位著名教授四处奔走、四处呼吁抢救保护古建筑息息相关!就像保护濒临灭绝的国家级保护动物,那是生命,那是价值,那是珍藏,那是不可切断的文脉呀!然而,为什么我们一定要处于绝望中的呼救与呐喊呢?何况,与一座城市比起来,几位专家的热情,又显得多么屠弱。

读罢刘元举先生的这篇文章,我最想知道的就是当时的《建筑师》杂志编辑部为什么要请一位作家来哈尔滨市参加建筑设计作品的评比活动。如果杨永生先生还健在的话,我是可以直接向他请教的,而现在已经没有了这一可能性。我只能推测杨永生先生想邀请非建筑界人士作为公众的代表参与建筑作品评审活动,并借助作家的笔来书写历史、见证历史吧。如有机会,向刘元举先生询问当时的情况也许可以得到答案。

但不管原因如何,能读到这篇记载《拯救"远东第一教堂"》的文章,得知关于当年常怀生先生的记载,得知当年常怀生先生与来哈尔滨参加会议的张开济先生、杨永生先生等著名的建筑专家及作家刘元举先生等为保护索菲亚教堂向哈尔滨市政府上书的情况,就已经足以证明杨永生先生当年请作家参加建筑设计作品评审活动实乃明智之举。

至于常怀生先生当年为什么要带领这些与会专家、学者、作家参观索菲亚教堂,我们从教堂前专家的"浑身战栗"到集体"上书"、再到后来的修缮索菲亚教堂和周边环境综合整治,可以想象到他为了保护索菲亚教堂所做出的努力和贡献。

四、撰写《保护建筑与建筑保护》

2000年10月26日《黑龙江日报》第C01版发表了题为《保护建筑与建筑保护》的文章,作者是常怀生先生。

这篇文章篇幅不长,为了使大家完整地读到他写的文章,请允许我将全文分节引用如下。

首先,他在文章一开头就论述了哈尔滨的城市文化、城市特色,提出"保护哈尔滨的历史文化特色"是"上自市政领导下至普通市民百姓所肩负的共同历史责任"。他这样写道:

"当人们谈论或理解哈尔滨的时候,总会同特定的历史联系起来。正是这特定的历史所形成或积累的社会历史文化、建筑艺术、城市形象景观构成了哈尔滨城市文化,这就是哈尔滨的城市特色。哈尔滨因此被国务院批准列为历史文化名城,并明确指出要保护哈尔滨的历史文化特色,这是上自市政领导下至普通市民百姓所肩负的共同历史责任。国家制定了文物保护法,地方政府也制定了相关的建筑保护条例,对大批保护建筑采取了挂牌保护措施,在保护城市特色方面收到了积极的效果。特别是1996年中央大街的综合整治、1997年圣·索菲亚教堂的维修复原,更取得了出乎意料的效果,成为有目共睹、有口皆碑的成功之举。"

在第2自然节,他指出了"哈尔滨城市特色趋向消失的根本原因",呼吁"应该吸取教训"。他这样写道:

"当前正在大刀阔斧地进行范围更广的综合整治,这是一项力度空前的城市形象工程,可以预期其最终效果可以使哈尔滨完全摆脱脏乱的不光彩形象。在大拆大建的过程中应十分慎重处理古旧建筑,对于那些有社会历史文化意义的、建筑艺术上有特色的、在城市形象景观方面有重要影响力的建筑物及其相邻的环境,应尽可能地多保护一些。就纵观全市来看,哈尔滨保护建筑不是多了,而嫌太少,特别是成街成片的保护则更少,这是哈尔滨城市特色趋向消失的根本原因。对拟拆除的旧建筑,也应像讨论新设计方案一样,多请专家从多角度进行论证,尽量避免草率而演变成失误,历史上这种遗憾实在不少,应该吸取教训。"

在第3自然节,他认为"'危房'不应是确定是否保护的主要依据",明确提出"就保护建筑或城市特色保护而言,不是暂时的权宜之计,而应是永久性的保护"。他这样写道:

"一些单位或部门由于自身利益的驱动力图将自身占用的保护建筑或具有保护价值的旧建筑'锁定'为'危房',一旦定为'危房'就可以名正言顺地拆旧建新了,因此使一些应被保护的建筑没能得到保护。其实'危房'不应是确定是否保护的主要依据。我国在房屋管理政策上缺少经常性的房屋保养性投资,因而使相当一批房屋在自然衰退中消亡,就保护建筑或城市特色保护而言,不是暂时的权宜之计,而应是永久性的保护。必须使保护建筑真正得到技术上的保护,为此投入一定的资金用于建筑保护是完全必要的,仅停留在挂牌示意保护还远远不够。用于建筑保护的投资应从社会税收纳入国库的收入中统筹划拨一部分用于保护建筑。"

在第4自然节,他论述了有保护价值的"危房"如何成为"安全房",并在举例的基础上提出原址复建圣·尼古拉教堂的建议。他这样写道:

"对于有保护价值的'危房'可以改造加固翻修恢复原貌而使其成为'安全房',用现代技术和材料代替损毁的旧材料,使保护建筑一劳永逸地发挥影响作用是完全可能的。泉州清真寺只剩四壁,澳门大三巴也只剩一堵山墙,仍然是个重要的景观点,被妥善保护;武汉的黄鹤楼被移地新建并没有影响其历史文化价值。据此看来,原博物馆广场中心的尼古拉教堂,曾经是哈尔滨的城市象征,可否在原址上复建,让历史文化遗产得以延续?若能实现必将再次引发索菲亚教堂式的社会效应。"

在最后一个自然节,他建议"开展对保护建筑的抢救性研究工作"。他这样写道:

"除了重视对保护建筑的形象保护投入之外,尚应组织社会学术力量、动员健在的历史知情人和大专院校的师生开展对保护建筑的抢救性研究工作,市政当局提供一定的经费,对保护建筑进行全面测绘,形成有学术价值的研究文献,从而充实市政建设档案,这种文字性的保护措施,对城市建设与发展,对丰富历史文化宝库,对造福子孙后代将是一项功在千秋的义举,希望有关部门能予以考虑。"

可以看出,常怀生先生写的这篇短文开门见山、直言不讳,丝毫也不隐瞒他关于"保护建筑与建筑保护"的观点,充分体现了一位建筑学专家、学者的"保护建筑与建筑保护"情结、专业素养和历史责任感。

五、八个月之后的贺年回复

在我的电脑里,有一封常怀生先生写给日本东京大学名誉教授高桥鹰志先生的信。2005年8月30日,常怀生先生打电话找我,说他想给高桥先生写一封信。常先生让我记录他的讲述,翻译成日语,整理成信。原因是在2005年新年常先生收到了高桥先生的贺年卡,但因老伴去世和自己患病,一直也没有给高桥先生回信,他感觉非常失礼,所以要写一封信说明一下情况。这封信由我打印后寄出,日文的电子文件原稿就留在了我的电脑里。现将这封十五年前的日文信译回到中文,内容如下:

致高桥鹰志先生:

收到了您今年元月的贺年卡,非常感谢!

实际上,去年是我今生中最不幸的一年。

去年年初,我的妻子因重病去世了。另外,从2004年9月开始,我因为脑血栓导致半身不遂,住了两次院,合计进行了7个月的长期治疗。虽然渐渐恢复过来了,但是现在右手还是难以握笔,字也不能写,右脚不能行走。思维和语言方面没有障碍。其他一切皆好。

因此,正月的时候没能给您写贺年卡寄出,收到您的贺年卡后也没能马上回信。实在是非常失礼!

为您越来越健康感到高兴!

谨呈

常怀生

2005年8月30日

从这封信中,我们可以了解到2004、2005年常先生与病魔做斗争的情况,也可以读出他对收到高桥先生的贺年卡的感谢和未能及时回复的愧疚心情。

高桥先生是国际知名的环境行为学学者,是我在东京大学留学时的导师,指导我完成了博士学位论文和博士后研究。常先生是我在哈尔滨建筑工程学院读研时所学环境心理学课程的主讲教师,是环境行为学会(EBRA)的首任会长,是我参加EBRA的介绍人、引路人。高桥先生对于常先生在中国创建EBRA给予了极大的帮助,提出过许多宝贵的建议。在1996年创建EBRA的过程中和EBRA的发展过程中,常先生与高桥先生结下了深厚的友谊。1998年7月底高桥先生亲率日本代表团来青岛,与以常怀生先生为代表的中国代表团一起召开了"'98'建筑环境心理学学术研讨会"(实际上这是一次"全国建筑环境心理学学术研讨会暨中日双边学术研讨会"),共同写下了中日环境行为、环境心理研究学术交流的开篇。2002年,高桥先生又一次亲自率领日本代表团来上海,参加了在同济大学举行的、常怀生先生任大会主席的"EBRA2002环境行为研究国际学术研讨会"。大会期间,以常先生为代表的EBRA成员和以高桥先生为代表的日本"人间–环境学会"(MERA)成员一起进行了联谊活动,共同写下了环境行为、环境心理研究国际学术交流的新篇章。

在日本,过新年时,亲戚、朋友、同学、同事之间互寄贺年卡是一种常见的习俗。常先生曾经在日本访学,对日本的习俗非常了解。他在身体健康时,每年新年都会给日本友人寄送贺年卡,收到来自日本的贺年卡也都及时回寄贺年卡表示感谢和祝福。在元旦收到高桥先生的贺年卡,身患重病、还处于康复之中的常先生还想到要回信说明为什么没有及时回复。常先生这样为人处世,使我深受感动、深有感触,值得我永远学习。

结束语

2016年10月15日,"EBRA2016环境行为研究国际学术研讨会"在重庆大学召开。大会授予常怀生先生"EBRA杰出贡献奖"。常先生由于健康原因没有出席这次大会。会上由我宣读了《常怀生先生颁奖词》,代常先生领取了"EBRA杰出贡献奖"的奖牌。下面我想用我撰写的《常怀生先生颁奖词》来表达对常先生的敬仰和缅怀。

常怀生先生颁奖词

邹广天

生于辽宁,长于吉林,奋斗在黑龙江,功劳在全中国,影响在全世界。改革开放,只身东渡访学。他山之石,引回我国攻玉。开设新课,呕心播撒良种;指导学生,沥血培育栋梁。

著书立说,大作皆成经典;厚积薄发,《哈尔滨建筑艺术》声名远扬;奋笔疾书,《建筑环境心理学》横空出世;研以致用,《环境心理学与室内设计》再绘新篇;领衔主编,《老年人建筑设计规范》开山指南。

立足哈建,建"环境心理学实验研究中心"。放眼全国,创中国"环境行为学会"。首任会长,十载不遗余力。运筹帷幄,四季奔走各地。促全国学术研讨,成中日双边会议,奠国际学术研讨会之基。

致力建筑教育,致力近代建筑,致力老年建筑,致力环境心理。蜚声国内,享誉国际。回忆往事,如数自家珍宝。勉励后辈,充满衷心期待。大家风范,可谓功勋卓著;一代楷模,颁奖予以铭记。

2020年10月17日至18日,EBRA2020环境行为研究国际学术研讨会在西安建筑科技大学如期举行,大会采用了线上线下结合的形式,取得了圆满的成功。2020年10月27日,中国建筑学会全体理事会审议通过了关于设立中国建筑学会环境行为学术委员会的申请提案;11月12日,中国建筑学会下发通知同意以哈尔滨工业大学作为挂靠单位筹备召开中国建筑学会环境行为学术委员会成立大会。谨以这两个好消息告慰常怀生先生。

2020年11月26日
哈尔滨工业大学建筑计划与设计研究所

黄佳老师

忆恩师黄佳老师

黄　佳（1931年12月1日—1998年1月26日），1931年出生于辽宁锦西，在锦西完成小学和初中教育，16岁(1948年)参加革命，进入冀察热辽军区干校学习，1949—1955年任职于军委中央警卫团宣传队，其间(1951—1954年)作为调干生在中央美术学院绘画系学习，1955年底被派到山西省农业厅从事展览设计工作9个月，1956—1959年在北京铁道学院(现北京交通大学)建筑系任助教，1959年2月接受支边任务调入哈尔滨铁道学院，随即调入哈尔滨工业大学土木系(后改为哈尔滨建筑工程学院建筑系)任教，历任助教、讲师、副教授，1961年陪同吴作人先生与中国美术家协会组织的"东北旅行写生团"赴大兴安岭、牡丹江采风，1978年与史春珊老师等赴云南西双版纳采风，1986年春独自赴西藏采风，历时半年左右。1990年离休，同年独自骑自行车赴黑龙江采风。1998年因病在北京去世。(注：生平信息根据黄佳老师家属提供资料整理)

1961年黄佳老师陪同吴作人先生（中间坐者，右后为黄佳）与中国美术家协会组织的"东北旅行写生团"赴大兴安岭、牡丹江采风

1986年黄佳老师赴西藏采风

建筑80级学生与黄佳老师在画室合影

我记忆中的黄佳老师

张路峰

时值母校百年校庆,各种回忆老师的文章如潮水般纷至沓来,读罢感慨万千,同时也打开了我自己的记忆闸门。回想自己大学时代的老师们,虽时隔已近40年,各种片段情景仍历历在目。在众多老师当中,最早对我产生很大影响的要数黄佳老师。我是1980年秋季入学的,黄老师是我大学时代的美术老师,也是入学后的第一任班主任。我对黄老师的最早记忆,是入学几天之后在美术教室(我们习惯称"画室")举行的美术加试。记得当时的题目是画一个陶罐。题目发下来后,同学们分成几组围在陶罐四周画了起来,画室里很安静,只听得铅笔的沙沙声和老师巡视的脚步声。因为我入学前有一点美术基础,这个题目对我来说比较容易,所以很快就画出了个大概模样。这时黄老师走到我身后,拍了下我的肩膀说:"就这样吧,不用画了,你就当美术课代表吧。"事后我问黄老师,刚画了那么几笔怎么就能看出来水平?他说我起稿是用的直线,没有顺着陶罐的曲线去描,一看就是学过的。那年我才16岁,第一次独自离家,来到一个千里之外的陌生环境,心里很是忐忑。黄老师这番话的肯定对于颇不自信的我是一种莫大的鼓励。

在接下来的日子里,我开始掌管画室的钥匙,上课前要负责开门,帮老师摆教具,下课后要负责打扫教室,最后关灯锁门。在寒冷的冬天里,孤独的我在画室里找到了精神的慰藉,度过了一段美好而幸福的时光。其实在考大学之前,我本来立志要学美术的,所以内心一直深藏着挥之不去的美术情结。这种情结在我开始接触建筑学专业课程之前发挥了很好的作用,成了一种入门的优势。在没有课的时间里,晚上或者周末,甚至美术课修完以后,我仍然经常出入画室,把里面的石膏像画了个遍,维纳斯、大卫、被缚的奴隶、莫里哀、伏尔泰、拉奥孔……当时也纳闷我们画室里怎么会有那么多、那么全的石膏像,后来才了解到,那些石膏像都是黄老师亲自去各处采购来的,比专业美术院校还全!受苏联影响,当时中国的美术教育崇尚"契斯恰科夫"体系,讲究画长时素描,一幅画要画几十甚至上百个小时,其实我当时并不理解为什么要这样画,只是喜欢而已,现在回想起来,那是一种非常有效的造型训练,对一个人观察认知能力、提炼概括能力以及再现表达能力的提高都有着重要的作用。很可惜我那些长时素描习作后来都不知所踪了。

黄老师接手我们班时,应该还不到50岁,但在我眼中,他俨然是一位"老先生"。这位"老先生"可谓既慈祥又严厉,对待我们就像对待自己的孩子一样。入学那年由于宿舍接楼施工,开学比较晚(记得录取通知上是10月15日开学),入学后不久便进入了漫长的冬季。黄老师每天早上督促我们起床跑步,天还没亮就到宿舍敲门,进屋就开气窗(注:哈尔滨的窗户是双层的,冬天要用纸条把缝隙封起来,只留一个小扇可以打开通风,俗称"气窗")。有同学贪恋热被窝赖着不起,黄老师就抄起桌上的冰凉茶杯盖塞到他被窝里……这一招颇为有效,以后同学们一听黄老师敲

黄佳老师的人像素描习作（一）

黄佳老师的人像素描习作（二）

黄佳老师的人像素描习作（三）

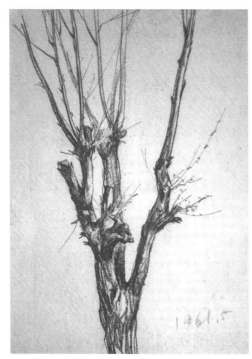
黄佳老师的树木写生习作

黄佳老师的动物写生习作

门就马上跳起来。我们开始是绕着宿舍楼周边的街道跑，后来就往江边跑，跑到防洪纪念塔再跑回来。我自小不爱运动，体弱多病，但经过这几个月的"魔鬼训练"，一整个严酷的冬天我竟然连感冒都没得过。当时并不以为然，直到现在才体会到黄老师家长般的良苦用心。

在教学方面，黄老师给我们创造了最好的学习条件，让我们接触到了最好的学术资源。他并非只教我们一些绘画技法，更重要的是把我们带入了一种艺术的境界。记得一个下雪天，黄老师带领我们全班徒步去江边的青年宫看美术展览，一边看一边讲解。具体展览内容不记得了，但在回来的路上，弥漫的雪粉打到脸上，周围的景物是模糊的，人都成了黑影，昏暗的天空下，老榆树的树枝也是黑黑的，张牙舞爪伸向天空，非常入画，印象极为深刻。还记得有一次，黄老师带我们班全体同学去黑龙江省博物馆画动物标本，那些不会动的鸟兽静静地等着我们写生，黄老师在一旁提醒我：要画出活的感觉，不要当静物画。印象深刻的还有一次，我在教室里画窗外一棵冬天的树，黄老师告诉我，不要从树梢开始画，要从树根开始画，要默想着树从地里挣扎着长出来……我还清楚地记得他当时的表情和手势：皱着眉、努着嘴，用大拇指比画，使劲地在空中画那棵看不见的树。黄老师常常会把他的艺术家朋友请进课堂，给我们放幻灯、搞讲座，并现场作画。记得走进我们画室的艺术家有本地的油画大家李秀实，有从外地来哈办画展的国画大家卢光照和崔子范等。那时候见识有限，并不知道这些人是多大的腕儿，多年之后才知道这几位在全国美术界的名气和地位，颇为黄老师之用心和我辈之幸运感慨不已。

黄老师是个优秀的美术教育工作者。他并非职业画家，一生中也没有留下很多作品，留下最多的是他为教学示范所做的习作，其中很多是同一个景物在不同光线下的色彩关系小稿。从黄老师那里，我学会了如何用艺术之眼来观察世界。第一学年结束后，放暑假前的一个月安排的是水彩实习，我们班的实习地点是太阳岛。在一个月的实习中，我印象最深的是这样一个情节：我在画风景写生的时候，选取的是逆光的视角，画着画着，黄老师走过来示意我先停一下，让我回头看看顺光下标准的蓝天绿树的景色，然后掉过头再看逆光，问："现在你看树还是绿的吗？天还是蓝的吗？"我才恍然大悟，瞬间我看到了玫瑰红色的天，还有暗蓝色的树！于是赶紧把画了一半的画撕掉，另纸重画。从黄老师的教导中我领悟到，画画不是要描摹客观景物，是要画出对景物的主观感受；画面上的色彩不追求绝对写实，而是重构一种相对关系，千万不要概念化地理解和表现对象。当年黄老师给我们看过一些他自己的画作，画面色彩让我至今印象深刻。印象最深刻的是他在西双版纳采风时的一幅风景写生，画面上是晨光中的竹楼和竹林，色彩非常生动，可惜我无法用文字再现这个画面。

1984年，我毕业留校。这件人生大事和黄老师也有着很大的关系。当时的毕业去向是全国分配，同学们都在争抢去北京的那几个名额，本来我也想争取一下，但系领导的决定是让我留校当老师。我当时只有20岁，心智很不成熟，对于未来的发展没有什么主见，再加上几位我非常敬重的任课老师轮番做说服工作，最后我同意留下了。在说服我的老师中，起了主要作用的就是黄佳老师。记得当时黄老师到宿舍去找我，和我一起绕着宿舍楼所在的街区散步，走了一圈又一圈，谈了很多，具体不记得都说过什么内容，但最主要的意思是说我还太年轻，在学术上还有很大的可塑性，还有很大的发展潜力，如果直接去社会环境中工作容易过早被定型，还是应该在高校的环境下过渡一段时间……最终我决定留下，成为一名教育工作者。当时没想到，这一临时决定成了我终身的职业。如今，我已经在教师的岗位

黄佳老师的水彩习作（一）

黄佳老师的水彩习作（二）

黄佳老师的水彩习作（三）

黄佳老师的水彩习作（四）

1961年黄佳老师陪同吴作人先生与中国美术家协会组织的"东北旅行写生团"赴镜泊湖采风作品

1961年黄佳老师陪同吴作人先生与中国美术家协会组织的"东北旅行写生团"赴大兴安岭采风作品

上连续工作了近40年。

初为人师，自己心理上完全没有准备好，那个年代也没有岗前培训，完全不知道怎么去做一名老师。在这方面，黄老师对我的影响和指导是很具体的，我在后来的教师职业生涯中，也一直以黄老师为榜样。刚留校时被安排在建筑初步教研室，给李行老师当助教。新学期一开学就走进了一年级(84级)的教室。我内心还没有意识到身份的突变，直到有一天黄老师偶然路过我正在上课的教室。那天我在给学生辅导作业，他悄悄走进来让我跟他出来一下，跟我说的大意是：你现在是老师了，要有点老师的样子。第一，进教室要穿正装，衣着不能太随便(我当时穿着运动服，因为早晨跑完步去食堂吃饭后就直接进教室了)；第二，个人形象要端正，不能留长头发(那个年代年轻人普遍受港台流行文化影响，我那段时间头发比较长)；第三，要讲点师道尊严，和学生要保持一定距离(当时我和班上学生的年龄差不多，甚至有人比我还大一岁，我给他们改图或示范时，曾有人不经意地把手搭在我肩膀上，被黄老师看见了)。这三条意见我一直记在心上，成为我后来教师生涯的职业守则。

黄老师的形象已经牢牢地存储在了我的记忆深处：他总是一身灰蓝色半旧中山装，兜里总插着几支钢笔，经常戴着个围脖，平时总爱略低着头，皱着眉，抿着嘴，目光炯炯有神，不苟言笑，但在画室里给学生辅导作业时，或者在课下和学生谈论起艺术话题时，他的话匣子就会打开，眼睛会放出光，会神采飞扬地讲个不停。1998年黄老师病逝于北京，享年67岁。黄老师教过班级的同学和我一样，都对黄老师的教学和人品印象深刻，难以忘怀。2013年夏，在黄老师逝世15周年之际，84级校友苏丹，也是我作为老师接触的第一个班的学生(现任清华大学艺术博物馆副馆长，清华大学美术学院教授)发起一个纪念活动，请雕塑家魏二强为黄佳老师塑了一尊胸像。年轻的雕塑家并没有见过黄老师本人，仅凭几张小小的黑白照片去创作立体人像颇有难度，于是苏丹找我一起去雕塑家的工作室，根据我们的主观记忆去帮助雕塑家补足形象信息，修改塑像初稿。这尊青铜雕像已经永久安放在土木楼的走廊里。每次回到母校，我都会去黄老师塑像前伫立片刻，黄老师微俯着脸颊，紧抿着嘴唇，目光深邃地望着我，那正是他凝固在我记忆中的模样。

2020年8月1日
北京

本文图片由张路峰、黄戈洋提供。

雕塑家魏二强为黄佳老师雕塑的胸像

张路峰绘制的黄佳老师半身像

20世纪70年代末黄佳老师主创的土木楼主席像

黄佳老师在西双版纳的写生作品

教师的严与爱

张伶伶

百年校庆之际，原哈建工同事、现中科院大学张路峰发来他的画作：黄佳老师的半身像。虽然是手机转拍，不算太清晰，但是一瞬间还是震撼到了我。路峰的画一直以概括、简练、准确、抽象而著称，这张近四十年的画仍然具备他的特点：传神！也引起我对黄佳老师的思念……

黄佳老师是我进入大学最早遇到的老师之一，专门教授我们班的美术课。黄老师体态适中，不苟言笑，两鬓少许白发，天凉时他会戴上帽子，再冷时也会加上围脖；黄老师端庄严肃，身健有力，这跟他常常在外写生有关。他平时基本上穿的都是那件蓝色中山装，领口永远都是整齐系紧，或许这也是教师自律之严的形象使然。现在回想起来，中山装也是那时大多数老师的标配服饰，唯一的区别是其他老师上衣口袋通常插一支笔，而黄佳老师总是有两三支钢笔或铅笔在他的上衣口袋，这可能是他做美术教师的特有习惯。

黄老师授课是严谨的，甚至有些一丝不苟，看得出是长期养成的习惯。每当上课时，他会早早打开画室门，摆好教具，挂好范画。他大多会先讲一番当天的教学内容或任务要求，然后每个人再行就位。我们班二十几个人，年龄相差较大，原有的美术基础参差不齐，接受程度也不太一样。一般情况下，黄老师会巡视几圈，挨个人看一遍，转完之后会找到有问题的学生并在那儿坐下，先对那位同学说几句，然后就开始亲自动手画。这时大家会不自觉地围拢过来看黄老师的示范，默默地看着一幅画渐渐有了模样……在大家赞叹的那一刻，黄佳老师才会有微微的、不易被察觉的舒缓。当然，他看到某位同学画得比较顺畅之时，会比较开心，也会叫大家围拢过来讲解一番，甚至有种不易察觉的爱惜。黄老师的严谨是大家公认的，黄老师的爱惜也会有人赞同。这就是我初次接触到他时留下的印象，也是我认定的老师形象。

那时画室都在公司街三楼南端。其中有两间轮流上课使用；中间较大一间摆放着各种教具：石膏像、瓶子、罐子和各种衬布等等。那时刚刚恢复高考不久，市面上几乎没有教具可售。我们的石膏像都是在黄佳老师的细心保护下得以留存，显得十分珍贵。听说哈尔滨其他院校或者青少年宫有些活动也曾来此画石膏像，特殊情况下的少量外借也是小心翼翼地用衬布包裹严实。最大的一间教室作为教师备课和创作室使用，里面有些画架和画作。一次偶然的机会进入了大画室，在衬布之下有幅巨画，揭开一角竟然是主席画像！后来才知道会不定期地给主席像补色，在那个年代，整个哈尔滨市能画主席像的人屈指可数，可见黄佳老师的绘画功力。也就是说，从20世纪60年代末到80年代末的近二十年间，黄佳老师是土木楼主席画像的主创人。

进入到色彩学习阶段，我们中的一些人更显吃力，黄老师花费的精力也更多了。他主要训练我们对色彩的理解和认识，鼓励我们大胆用色。我们有时会把阴影区的色彩画死、画僵、画黑，他就反复强调在阴影区关于暖色的蓝、

黄佳老师在西双版纳的写生作品（一）　　黄佳老师在西双版纳的写生作品（二）

1979年黄佳老师（第二排左三）与建筑77班在千山写生时的合影

玫色的红、深色的绿的使用等等。这种开启式的教学打开了我们的视野，让我们体会到了观察色彩的奥秘。真正让我们震撼并理解色彩的运用是假期开学的时候，三楼的走廊和画室挂满了黄佳老师西双版纳写生作品。人物写生本是黄老师的长项，印象更多的是西双版纳独特的风景，在黄老师奔放的笔下变得生动而绚丽，色彩太美了。尤其各种绿色的铺垫、群青的使用、玫瑰色的点缀令人遐想，而且第一次体会到各种灰度的运用之意味。或许因那个久远的年代看不到这样的色彩，而成为心中最美丽的颜色而记忆下来。遗憾暂时没有找到那些写生画，但愿有朝一日推荐给大家。

1979年，我们美术写生去了辽宁的千山。当时限于经费，坐绿皮火车，自带行李，居于山中。黄佳老师年近半百，他与我们一样同行、同吃、同住。我们每天选择不同的景区，早出晚归、爬山越岭、风餐露宿。那时对黄老师产生了别样的认知，一是很钦佩他的身体，可能长期写生锻炼的缘故；二是敬重他的态度，跟我们一起摸爬滚打。经过这次写生，黄老师的教师形象在我们心中更加丰满完整。

黄老师很爱学生。在画室经常在静静地讲解之时，不知道什么地方"哐当"一声画架被弄倒或者画罐被弄翻，黄老师总会诧异地一惊，转而抿嘴淡然一笑继续他的讲解。黄老师很惜才，对绘画好的学生总是千方百计地挽留，我们班的刘德明和郑炘被黄佳老师看中并提前做助教跟班上课。虽然一位留在了学校，一位去了东南，但是他们对绘画的热爱或许与黄佳老师当初的影响和鼓励分不开。

黄老师离休的时候，我们正经历着成长的磨砺，更谈不上有什么成绩回报老师。每当夜深人静的时候，扪心自问何为人师，眼前总会浮现出黄老师的影子。在他离去的二十二年里，仍然感受得到黄佳老师的严与爱。

2020 年 8 月 5 日
天作建筑

本文图片由张伶伶、黄戈洋提供。
文章来源：微信公众号"天作建筑设计"
文章链接：https://mp.weixin.qq.com/s/Tn865TFZcZFiYlIMGke6Gw

 抗美援朝时期的黄居祯老师
 哈工大就学期间的黄居祯老师

忆恩师黄居祯先生

刘德明

黄居祯 男,1929年3月1日出生,1998年8月9日去世。籍贯江西省上犹县。文化程度大学。1949年8月—1949年10月参加工作;1949年10月—1952年5月参军,在部队任宣传干事,其间参加抗美援朝战争;1952年6月—1954年9月军委统一调动派送到哈尔滨工业大学建筑工程专业学习;1954年9月起先后在哈尔滨建筑工程学校建筑系、黑龙江工程学院建筑系、哈尔滨建筑工程学院建筑系任教,其间(1956年9月—1956年12月)在重庆建筑工程学院学习;1969年起担任黑龙江省建筑学会理事;1983年9月获得副教授职称;1994年荣休。

黄居祯老师（右）与斯慎依（左）和耿善政（中）两位老师合影，耿善政和黄居祯两位先生同为黑龙江工程学院合并进哈尔滨建筑工程学院时过来的老师

著名的秋林公司加层改造前

著名的秋林公司加层改造前后，加层改造设计是黄居祯老师参与的作品

工作中的黄居祯老师

在东欧国家访问交流时的黄居祯老师（二排右一）

对黄老师印象深刻的第一面是本科二年级首个课程设计。过去的第一年专业课一直都是李行和李婉贞两位老师教。新学期设计课三位面貌较生疏的老师走进教室，通过自我介绍知道分别是邓林翰、黄居祯和斯慎依三位先生。三位老师的共同特点都是身形瘦削、面容沧桑。建筑学专业设计课上老师对同学都是一对一地指导，看到我们设计方案做得不到位的，老师不只是口头指导，往往直接动手改图和示范。因此我们建筑学专业设计课师生间的交流强度远高于以上大课为主的其他专业，师生间的关系也更加亲密。三位老师早年间遭受过磨难，身体都不算好，但一上起课来，却都精神饱满、循循善诱、妙语连珠，倾注全部的热情。

黄老师对待学生十分热情，无论课上课下都能很快和学生打成一片，誉满校友圈。我们77级同学总共31位，大多是从农村知青点或工厂考上的大学，年龄、经历差别很大，突然改变的命运把大家聚到一起。课间黄老师经常和学生聚在一起聊天，他略带江西口音的话语和笑声极具感染力，现在有些同学还会惟妙惟肖地模仿，成为大学生活难忘的快乐回忆之一。

1982年我本科毕业后留校，1983年考上研究生。当时建筑系硕士导师和每年录取的学生很少，跟哪位先生读都是统一安排，我先被分配给张家骥先生，但不久张先生调离哈建工去了当时新组建的苏州城建学院，我才改投到黄老师门下，成为黄先生的硕士开门弟子。

黄老师的研究方向是商业建筑，哈尔滨南岗秋林公司那座保护建筑的改扩建设计就是黄老师参与的作品。这个1867年俄国人创建的百货公司1900年就进入哈尔滨，是国内最早的百货公司。几经辗转后于1908年最后落脚于南岗大直街专门修建的二层营业楼。后又三次扩建，终于建成环绕大直街、果戈里大街及阿什河街长达173米的大型商场。大直街与果戈里大街的转角处为主入口，上方是造型饱满精美的穹顶。这座建筑无论从功能上还是建筑形象上一直都是哈尔滨的城市名片之一。1978年起陆续进行了几次扩建改造，具体工程设计任务由政府商业部门自己的设计院承担，黄老师以技术顾问的形式合作，在方案上给出很多建设性的意见。

那个年代硕士研究生培养还能得到国家按人头下拨的经费，三年中每年一千多元。当时物价低，这个经费能满足研究生学习期间的实验或调研支出。当时的研究生论文从选题到论证基本都要建立在充分调研了解现实需求、解决现实问题的基础上，论文中的每张照片都要自己拍摄，每张图都是自己画。另外，当时没有网络，本地图书资料也不够，做课题基本都得去北京国家图书馆查阅文献资料，在那里一泡几天，用手抄、翻拍加复印的方式记录需要的文献、数据和案例。之后黄老师又带着我——当时他唯一的学生去国内主要城市商业区调研参观，一路南下至广州。途中几乎每到一地都会有校友、同学、同乡来和黄老师相聚，足见黄老师与人交情之深厚。我们的调研工作因此也得到校友们提供的很多便利。

1985年学校承接了建设部下达的派教师赴美国麻省理工学院学习城市设计的任务，由于时间紧迫，我作为英语基础较好的年轻教师之一被选中备考EPT准备出国，论文研究工作临时中止。在美国学习期间，黄老师还始终关心我在外的学习生活情况，与我探讨怎么把新学到的西方城市设计理念和之前确定的商业建筑研究方向结合。最终我完成的硕士学位论文写的是城市商业中心区的非地面层步道系统，从对商业建筑的关注扩大到对城市商业中心公共空间系统的关注。论文结合我国当时商业购物亟待解决的交通矛盾等环境状况，结合我在美国麻省理工学院访问学习时对美国和加拿大城市中心区的非地面层步道系统的考察，提出可供我国商业街区结合人防工程建设的改造中值

1985年笔者和导师黄居祯老师一起调研期间合影

黄居祯老师和校友在北京长城饭店

1985年校庆期间黄居祯老师（第二排左一）和部分建筑系同事及返校校友合影

20世纪80年代哈建工部分资深教师与来访学者合影
前排左起：程友玲、梅季魁、林炳尧、郑忱、宿百昌
二排左起：侯幼彬、邓林翰、郭士元、智益春、李行
三排左起：黄居祯、斯慎依、刘志和、常怀生、黄佳

得借鉴的理论和实践经验。这样的研究角度在我国20世纪80年代还很少,是具有前沿性的学术方向。黄老师给了我很多支持和鼓励。

黄老师在工厂街的家是我们好多同学都去过的地方,老师和师母会准备一桌好酒好菜,让我们这些远离家乡的人改善生活,感受到家的温暖。我和我夫人的姻缘就是在这样的家宴上由黄老师及其女儿(我夫人的高中闺密)给促成的。

1994年,黄老师刚带完我们几个硕士就到了退休年龄,带出的学生包括张路峰、邵龙,还有位师妹秦丽。

黄老师退休后大部分时间都出国去和在海外的子女同住,但只要在国内就常来学校转转,我们有时会在旁边小店陪他喝点儿小酒聊聊他的退休生活和学校里发生的新鲜事儿,他总是关心着我们的生活和事业。十分不幸的是,1998年黄老师在加拿大探亲期间突然因病医治无效去世,年仅69岁。黄老师离开得太早,以至现在偶尔和系里的年轻同事们说起我们系的老教师来,知道黄老师的人都很少。但对我们这些亲身接受过黄老师教诲的同学校友们来说,黄老师的音容笑貌永记在心。

感谢黄玉平师弟(黄居祯老师次子)提供的部分照片和信息。

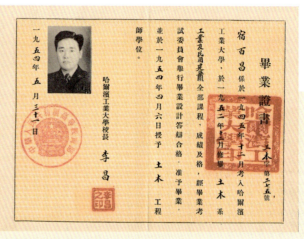

宿百昌先生毕业证书（宿老师长子宿勤提供）

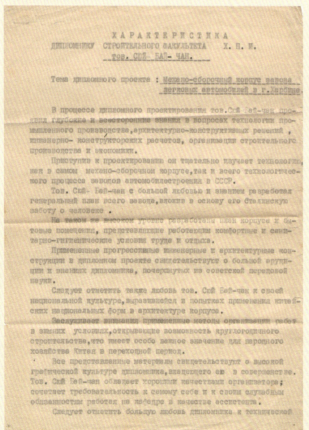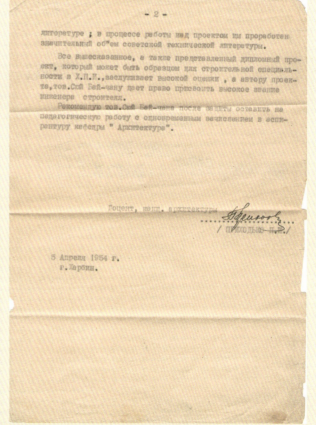

指导教师、苏联专家、副教授普利霍吉柯副博士对宿百昌先生的毕业设计评语（宿先生长子宿勤提供）

回忆恩师宿百昌先生

陆伟 张姗姗 孙清军 卜德清

宿百昌（1925—2012），汉族，籍贯山东荣成，中国民主同盟盟员。1952年哈尔滨工业大学土木系工业及民用建筑组本科毕业，1954年获土木工程师学位，留校任教，历任助教讲师、副教授、国家一级注册建筑师。曾任哈尔滨建筑工程学院建筑系工业建筑教研室主任，建设部高等学校建筑学及城市规划类教材编写委员会委员；1985年获建设部从教30年荣誉证书。1990年退休，退休后担任哈尔滨建筑大学建筑学院教学督导委员会委员；1993年指导的最后一名研究生毕业，一生从教40余年。

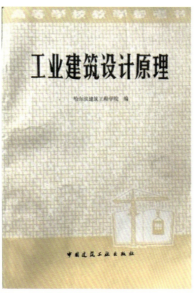

《工业建筑设计手册》《工业建筑设计原理》《单层厂房建筑设计》（引自白晓鹏回忆文章：工业教研室介绍）

宿老师带建筑78班认识实习（陆伟提供）　　宿老师带78班学生参观首都机场（陆伟提供）

工业建筑设计及其理论的先驱者

1955年留校任教的宿百昌先生是哈工大早期"八百壮士"之一,担任哈尔滨工业大学工业建筑教研室第二任主任。20世纪50年代,新中国成立伊始,百废待兴。然而,科技落后,欧美发达国家对我国实施技术封锁。哈尔滨建筑工程学院成立之初就在建筑系设立了工业建筑教研室,通过学习苏联的工业建筑知识,为新中国工业建筑的研究、设计和教育体系打下了坚实的理论基础,成为我国现代化工业建筑研究体系的主要力量。

由初仁兴、孙萃云、周凤瑞、宿百昌等人翻译撰写的《工业建筑设计手册》,其素材以苏联的现行规范、设计实践以及科学研究的最新成果为依据。该书在中国工业建筑设计的发展中起到了奠基石的作用。由宿百昌先生主编的建设部全国统编教材《工业建筑设计原理》是当时全国建筑类高校建筑学专业、工民建专业(土木工程专业)、城市规划专业必选的教材。由华南工学院、天津大学、哈尔滨建筑工程学院、西安冶金建筑学院合作编写的《单层厂房建筑设计》全国统编教材,宿百昌先生参与了部分章节的编写工作。宿百昌先生还参与了《建筑设计资料集》(第二版)工业部分的编写工作。

20世纪80年代,宿百昌先生担任工业建筑教研室主任,推动了工业建筑教研室的发展和壮大。他睿智而深刻,善于捕捉实践中理论与设计的矛盾并加以解决,推动了中国工业建筑理论和设计研究的深入发展。伴随着改革开放,现代洁净技术被引入我国,宿百昌先生率先开展现代工业建筑中洁净技术的发展与应用的研究,并和智益春先生将其研究拓展到现代生物洁净技术研究,应用于动物实验室建筑和现代医疗建筑之中,在国内取得了领先的研究成果。宿百昌先生带领工业建筑教研室成员以及研究生团队参与设计了众多实际工程,包括纺织厂、无线电洁净厂房、中科院北京实验动物中心等多项工程。

宿百昌先生为建筑学专业、工民建专业(土木工程专业)、城市规划专业开设"工业建筑设计原理"课程,为我国培养了大批专业技术人才。20世纪80年代在高校教师人才极度匮乏的情况下,宿百昌先生培养的研究生全部输送到高校任教,成为高校建筑学专业教学和科研的骨干力量。

爱徒如子,师恩似海

陆伟(大连理工大学建筑与艺术学院教授、博士生导师):我初识宿百昌先生是大学实习的时候,从大学二年级的认识实习到毕业实习。宿老的幽默诙谐,与学生同吃同住给我们建筑78班同学留下了深刻的印象,那时孙清军学兄(哈尔滨工业大学建筑学院教授)已留校任教,协助宿百昌先生带我们的毕业实习了。

后来跟着宿百昌先生做毕业设计,攻读建筑设计及其理论专业的研究生。读研时跟着宿百昌先生的研究方向——生物洁净实验室。宿百昌先生思维敏捷,知识丰富,对研究生的培养大胆放手。我在北京研究生实习期间,完成了中国医科院SPF鸡实验中心和中科院裸鼠实验中心的方案设计,为我的工程设计实践能力奠定了坚实的基础。智益春老师那时刚从日本留学归国,他为我们研究生开设的"建筑计划学"课程给我日后的研究带来了深远的影响。智老师为我设计的生物洁净实验室和硕士学位论文的撰写提供了大量的日文资料和悉心的指导,使我难以忘怀。

研究生毕业后我去了由齐康先生兼任系主任、刚刚成立一年的大连理工建筑系任教。齐康先生特别重视年轻教师的培养,所以我有机会参加每年的全国建筑教育会议。会议上常常都能见到宿百昌先生和大学时代的老师们。每每都会得到先生的谆谆教诲和亲切关怀。

20世纪80年代末，和宿百昌先生参加全国教学会议（陆伟提供）

和宿百昌先生在南京参加全国教学会议（陆伟提供）

宿百昌先生和夫人乘坐日本新干线（陆伟提供）

陪同宿百昌先生参观东京迪士尼（陆伟提供）

宿百昌先生退休后，和师母同去日本探亲和旅行。我当时在东京大学留学，带着先生和师母在东京参观。我每次回母校时，也都会去宿先生家里看望先生和师母，受益颇多。先生爱徒如子，师恩似海，令我永生难忘。

张姗姗（哈尔滨工业大学建筑学院教授、博士生导师）：我从本科、研究生到工作，跟随宿先生很多年，获益匪浅。大学时听宿先生讲课，同学们戏称为"工业相声"，他用生动幽默的语言把一门技术性很强甚至枯燥的课程讲得深入人心，真是难得。读研时宿先生引领学科领域的前沿方向——洁净建筑，指导我完成《医院建筑洁净医疗空间设计研究》的硕士论文，奠定了坚实的专业基础，支撑我沿着这条路行进至今。先生退休后每月定期回学院，都会来看看工作在教师岗位的我，送来专业杂志或书籍，谈笑风生地聊聊天，每次总不忘带上几块糖，像一个看孩子的老父亲。私下里我称先生"伟导"（伟大的导师），先生思维敏捷、不骄不躁、淡泊名利，是我的榜样，师之楷模，是一位优秀的学者和教育家，一生平凡而伟大。

卜德清（北方工业大学建筑学院副教授）：我是宿百昌先生的关门弟子，在我读研究生期间他已接近退休年龄。先生对我的态度总是温和的、宽容的和充满爱护的，在我学业、生活和思想方面给我很多帮助。20世纪80年代末的学生都很穷，导师经常让我到他家里讨论学术问题、汇报论文进度。每每都会让师母准备好一顿丰盛的晚餐，让我在冰天雪地的冰城感受到一种温暖。他总是面带慈祥的微笑，目光炯炯有神，充满智慧。毕业多年之后，我返回母校看望他老人家。从我们的交谈中，我一如既往地感受到先生的思想宽度和他的睿智。他语重心长地给我指出："现在在高校当老师一定要有博士学位，你是否考虑读个博士？"真是一语千金，为我指引了人生方向。现在想起来这种感受，觉得中国的一句老话很有道理：一日为师，终身为父。

传承。我们师兄弟都很敬佩我们的导师。先生的人生观、价值观和人格魅力潜移默化地影响着我。后来我也当了别人的研究生导师，在我带研究生的时候也会常常想起先生对我的态度。正所谓言传身教，我也把这种态度转移到了我的学生身上。我们师兄弟几个人性格迥然不同，但是我发现一个惊人的现象，从我的师兄师姐身上也能隐约感觉到我们先生的影子，以及那种慈祥、宽厚和充满智慧的目光。转眼之间我们也都到了快退休的年龄，我们几个师兄弟的基本价值观和先生都有几分相似之处，人生轨迹也基本相似。

智慧。先生能够把一件很复杂的事情轻松地用一两句话讲清楚，我觉得这一点很神奇，于是向他请教秘诀。他说："需要你所掌握的知识从横纵两个方向形成一个网格，自成体系，你所讲的那个知识点就是这个网格上的交叉点。"当时我眼前一亮，觉得明白了。但是随即又暗自惭愧，我当时所掌握的知识哪有那么多啊！

斯慎依先生

忆恩师斯慎依先生

斯慎依 1929年生,浙江诸暨人。1953年南京工学院毕业;20世纪50年代末支援东北建设来到黑龙江;1972年进入哈尔滨建筑工程学院任教师;1987年调任青岛建工学院;1989年因病去世,享年60岁。(简历由斯慎依家属提供)

建筑77班毕业照
前排左起：黄居祯、黄佳、韩原田、斯慎依、郑忱、常怀生、赵锁山、邓林翰、陈举

斯慎依老师在讨论庆港大酒店方案
左起：林炳尧、邓林翰、斯慎依、刘松茯、刘塨、张路峰、李婉贞、张伶伶

我的硕士导师斯慎依

金广君

1982年春季学期,我作为中国实行学位制的哈建工首届攻读硕士学位的研究生入学了,还是在那栋熟悉的"土木楼"。导师是斯慎依先生,我既是他的开门弟子,又是他的关门弟子。

那时报考研究生填写报考志愿与现在有所不同,除了要选择学科专业之外,还要选择这个学科专业中的某位老师作为导师。那时考研究生是要明确想考哪个导师的研究生,导师的研究方向及招收名额在招生计划中都有明确的说明。

我报考的学科专业是"建筑设计及其理论",那时建筑系老师们的研究方向都是按建筑功能类型来划分的:有体育建筑、博览建筑、图书馆建筑、医院建筑和住宅建筑等等。听说斯先生毕业于南京工学院建筑系(今东南大学),读大学时我们使用的教材和参考书许多都是由这个学校的老师编写的,许多教授都很知名,如刘敦桢、杨廷宝、童寯、钟训正、齐康、黄伟康等,我对这所学校非常仰慕,所以就选择了斯慎依先生作为我的导师,他的研究方向是"图书馆建筑"。

那时候我也是挺惧怕导师的,和导师之间接触与交流的机会仅限于与学习相关的那些事儿,直到后来才得知导师一些零零散散的信息:斯先生在读大学时比齐康院士低一届,由于那时候学生不多,许多课程都是在一起上,所以上下几届学生互相之间都很熟悉;他在班里的年纪比较大,学习非常努力;如今他大多数同学都在江浙一带工作;老家是浙江省诸暨县(今诸暨市),当时家境还不错;日本侵略中国时,全家曾经迁到南京和重庆。

上面说的这些事儿都是听师母或先生的同学说的,斯先生却从未提起过。

关于斯先生的其他信息,我至今也不清楚:斯先生为什么来到东北?什么时候转到哈尔滨建筑工程学院的?后来为什么又去了青岛建筑工程学院(今青岛理工大学)?我毕业后只给先生做了半年助教,就去上海参加外语集训,然后就出国了。回国时先生已经去青岛工作了,直到1989年先生去世前我们再没见过面。所以毕业后与先生相处的时间很短,非常遗憾。

由于那一届建筑系的硕士生只有我一个人,入学后我除了有面向全校研究生的外语和自然辩证法两门公共基础课以外,建筑系的专业课都需要等到下一届研究生入学后才开课。所以第一学期我主要做两件事:一是跟着邓林翰、斯慎依、刘志和三位先生学习建筑工程设计,我主要是画建筑扩初设计图和接下来的建筑施工图,一个过程跟下来,我对建筑设计的过程与方法、对建筑空间和材料都有了更深刻的认识——尺寸标注、细部做法、材料使用、空间效果,以及如何引用"地方建筑设计规范"。二是先生托人给我办了一个黑龙江省图书馆(简称"省图")的借书证,要我经常去省图借书和看书,还要把这栋建筑的平面图给画下来。目的是让我了解图书馆各部门的功能关系、视听媒体、管

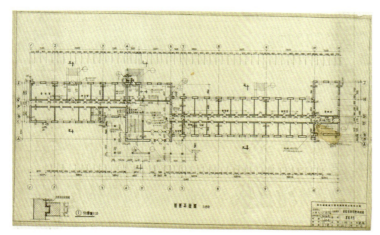

黑龙江省社会科学研究院办公楼建筑施工图

20世纪80年代的黑龙江省图书馆

20世纪80年代的《随笔》杂志

金广君硕士毕业答辩
答辩委员会主席姚宇澄，委员郑忱、黄居祯、刘志和、胡逸民

导师斯慎依在金广君的答辩现场

理方式、读者使用规律，特别要学习图书馆学方面的知识并收集资料。那时候哈建工没有独立的图书馆建筑，只在土木楼的后楼有几间书库和阅览室，藏书不多，使用和管理都不规范。先生说不去使用和体会一个独立的图书馆建筑，就无法做图书馆建筑设计的研究。在后来的研究中，我越来越体会到现场踏勘和亲身体会的重要性，终身受用。硕士期间我跟随邓林翰、斯慎依、刘志和先生一起进行工程实践，学习绘制黑龙江省社会科学研究院办公楼建筑施工图。

第二学期开学后，我开始和下一届硕士生一起上课。斯先生和邓林翰教授一起给我们上"建筑环境视觉理论"课，结课形式是结合课程内容每人写一篇小论文，我写的题目是"建筑环境视觉的叠加效应"，是从城市景观角度写的。小论文交上去不久，先生约我到教研室，指出要修改的几个地方，具体修改哪些我记不得了，只记得他建议我有时间多读一些小说和文学作品，并推荐了一本叫《随笔》的刊物，是半月刊。从那以后，我就一直定期买《随笔》，读那里的文字也非常欣赏里面的插图，后来就养成了爱思考和写随笔的习惯，每天都想要写点什么，这就是为什么我退休后依然还在"码字"：经营"日有所思集"和"城市设计信息搬运工"公众号。

1983年春季学期起，我的学位论文研究范围由"图书馆建筑"聚焦到"高等学校图书馆建筑"，此后斯先生先后带我去北京、沈阳等地参加了数次全国图书馆学界召开的学术会议，结识了许多高等学校图书馆的馆长和图书馆建筑专家，为我后来到全国许多地方高等学校图书馆建筑做实地调研打下了非常好的基础。

斯先生又带我去他的母校收集资料，在那里拜访了他的一些老同学和老朋友，记得有齐康、黄伟康、沈国尧、姚宇澄、鲍家声等知名教授和建筑师。这次调研收获最大，在这些老先生的指点和帮助下，我与斯先生商定了学位论文的最终题目：图书馆建筑空间的灵活性与扩展性研究。

1983年9月，我开始了针对高等学校图书馆建筑的详细调研，这次调研时间很长，将近两个月。收集设计图纸、使用数据，进行访谈和实地拍照。调研之前斯先生详细审查了我的调研计划和调研提纲，并提出了许多建议。为了方便我拜访和请教专家，还写了数封亲笔信让我带上，所以我的毕业论文调研做得非常顺利。

那时候研究生写学位论文，没有开题、中检和预答辩这些环节，都是导师一个人的事，每个导师对研究生学位论文各个环节的指导都非常认真。斯先生让我做了一个"学位论文写作计划"，写作计划确定后，先生和我各保存一份，我严格按照计划做，斯先生严格按照计划检查，这一工作模式也成为我后来指导自己研究生学位论文的工作习惯。

我的中小学教育是在1968至1977年间，我的基础教育比较薄弱，斯先生对我的学术论文不只是一般性地指导，许多地方都是一句一句修改，甚至纠正错别字。

我硕士毕业后留校任教，在民用建筑教研室，和斯先生在一个教研室。同在一个教研室的还有同学张伶伶和刘德明，那时我们都是"单身狗"，经常在一起打桥牌。得知斯慎依和黄居祯两位先生也喜欢打桥牌以后，我们时常约两位先生来学校一起打桥牌。斯先生玩牌非常认真、非常稳，精于计算和判断，对别人叫牌和出牌的失误总是无奈地笑一笑，基本上不发脾气。

留校后第一次进入学生教室是给斯先生做助教，是建筑学83级的幼儿园建筑设计课。那时候教室里没有多媒体，斯先生讲设计原理时，我要把事先画好的挂图一张张挂在黑板旁边，挂图的内容是斯先生布置并检查过的。此外，斯

哈建工首届硕士毕业生合影，第二排左三为金广君

1985年建筑设计教研室部分教师在松花江边度周末，后排左七为斯慎侬老师

打桥牌是20世纪80年代流行的益智活动

张伶伶与青岛理工大学许从宝、刘崇、王润生等老师一起查阅1987—1989年的电子资料

1988年斯老师及夫人与女儿斯琦和儿子斯超一家的全家福（斯超提供）

先生还要求我按照设计任务书先试做，画出整套图纸给学生做示范，第一次做老师压力还是蛮大的。

1985年秋季学期起，我开始全力以赴为去美国麻省理工学院访学做准备：和郭恩章先生一起去上海接受外语培训，去北京和沈阳等地准备各种手续，1986年7月起身去了美国。

1987年底从美国回来，得知斯先生去了青岛建筑工程学院很高兴，因为斯先生的气管不好，每逢冬季咳嗽起来让人看着揪心，青岛的气候对他身体有好处。此后和斯先生经常有书信往来，知道他荣升为建筑系主任，教学、科研和行政工作加在一起压力比较大，建筑系的教师队伍缺口也很大，让我一度有去青岛给他做助手的冲动。

1989年斯先生病逝，当时我想去青岛送先生最后一程，无奈未能成行，这成了我永远的遗憾。

2020年8月29日
深圳

文中图片由金广君、张伶伶、刘万里提供。

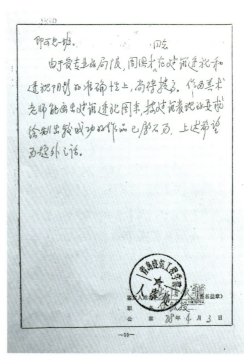

斯慎依老师从哈建工调入青建工的介绍信

青建工对斯慎依老师的任命

斯慎依老师给周洪才老师写的推荐意见（第一页）

斯慎依老师给周洪才老师写的推荐意见（第二页）

补记斯老师

张伶伶

  百年校庆之际，许多老师、同事和校友引发了回忆潮，为百年校庆充实了许多有意义的内容。老同学金广君写了斯慎依老师的有关内容，字里行间让我感触颇深。

  斯老师教授我们的是图书馆设计课程。记得斯老师戴着高度近视眼镜，也穿中山装，常年戴着帽子，可能身体欠佳总爱出汗；上课时他很认真，从图书馆的功能和流线讲起，逐渐谈到空间和形态。一般情况下，他不否定你的想法，更多地引导你尝试其他可能；斯老师因气管不好，咳嗽得厉害，一旦咳嗽起来，要许久才能停下来，这时汗流得更多；每到这种时刻我们都有种束手无策之感，劝他休息一下；工作之后，对斯老师的认真精神体会更多，主要是事先备课方面给我留下深刻印象。

  广君的文字里充满了遗憾，作为斯老师唯一的研究生，毕业后去美国学习，返回时斯老师已经离开学校，不久去世，再未谋面。他心里的痛楚我非常理解，同时限于他目前的现实情况又很无奈。在理解广君心境的同时，也有一种感动，况且还有那么多的未知和问号。

  我迅速联系了青岛理工大学的有关人员，希望能在档案资料中得到一些答案。得到一些不太明确的答复后，我利用开学前的最后一个周末赶去青岛，毕竟自己的确认才可让广君放心。

  到达青岛的第二天上午，我在青岛理工大学的"滨海人居环境学术创新中心"见到了斯慎依老师的儿子——斯超。我俩见面格外亲切，斯超的脸型和眉宇之间依稀有斯老师的影子，只是比斯老师要魁梧得多。我们聊起许多事情，限于年代和他当时的年龄，也都是一些大概印象。斯慎依老师20世纪50年代初毕业于南京工学院建筑系，后通过东南大学老师确认是1953年毕业的，并留校工作了一段时间；之后支援东北建设，应该在1958年院系调整时期来到了黑龙江大学(一再确认不是黑工院)；后至五常县长安农社十二户大队；1972年返回与建筑类专业相关的哈建工，安排在哈工大的学生宿舍"筒子楼"暂住，至1978年前后搬入哈建工教化职工楼。1987年斯超从哈建工土木工程专业毕业，斯老师因气管炎年龄越大越发不适应黑龙江的气候，加上当时的青岛建工积极筹备建筑学专业，就申请调离了哈建工。

  据青岛建工的老师回忆，斯老师在青岛建工依然执着认真，作为筹备建筑学专业的负责人殚精竭虑、废寝忘食、努力工作。后来又有哈建工的周洪才、王镛、罗文媛和冯志行几位老师陆续加入青岛建工的建筑学教师队伍。在斯老师与大家的共同努力下，1988年青岛建工正式开始招收第一届建筑学专业本科生，斯老师也完成了使命。

  我去之前，青岛理工大学有关方面已经做了大量工作，但一天下来在青岛理工大学的档案馆也没有找到斯老师的档案，在1987年至1989年的几千张照片中也没有寻找到斯老师的影像，但斯老师对青岛理工大学建筑学专业的

聘任、任命高级专业技术职务人员名单

填报时间 87年11月 日

单位	姓名	性别	出生年月	参加工作时间	何年何校毕业	专业或专长	学位	政治面貌	行政职务	原职称（专业职务）	聘任、任命专业技术职务及时间	原月工资额	聘任、任命后拟定工资额	备注
青岛建筑工程学院 (调教师)	邓欣仁	男	31.5	53.8	56年北京大学	马列主义	—	党员		副教授	87.10 副教授	140.—	140.—	
	贾世兴	"	30.11	53.9	53年山东大学	中文	—	—		讲师	"	131.—	131.—	
	丁永志	"	31.9	50.2	50年华东大学	政治	—	党员		"	"	113.—	122.—	
	赵宗英	女	29.5	49.8	49年南京金陵女大学	体育	—	—		副教授	"	140.—	140.—	
	刘伟	男	37.5	56.9	62年山东体院	"	—	—		讲师	"	97.—	122.—	
	於志宇	"	28.6	53.9	53年东北工学院	建筑学	—	—		副教授	"	140.—	140.—	
	钟俊	"	29.3	50.2	55年华南工学院	"	—	—		讲师	"	113.—	122.—	
	斯慎依	"	29.10	53.9	53年南京工学院	"	—	—		副教授	"	140.—	140.—	
	孙咪裳	"	29.8	52.9	52年同济大学	土木系	—	—	付处	讲师	"	160.—	160.—	
	张思洲	"	29.1	55.9	55年	工民建	—	党员		副教授	"	131.—	131.—	
	张亚志	"	22.6	49.5	53年浙江大学	"	—	—		"	"	140.—	140.—	
	葛人寿	"	33.10	53.9	53年	"	—	—		讲师	"	140.—	140.—	
	罗洪畴	"	31.7	53.8	53年华东水利学院	水工结构	—	党员		副教授	"	122.—	122.—	
	孙辉海	"	33.4	57.8	57年武汉水利电力学院	农田水利	—	"		"	"	113.—	122.—	
	翁飞	"	28.9	53.7	53年北京大学	化学	—	—		"	"	131.—	131.—	
	姜桂文	"	40.3	64.8	64年贵州工学院	轻金属冶金	—	—		工程师	"	113.—	122.—	

青建工斯慎依老师高级职称聘任单

贡献是大家公认的。在寻找的整个过程中,加上斯超的回忆,我们已回答了许多疑问,同时也知道了斯老师身体欠佳、长期咳嗽的大致背景。我们可以体会到那种无奈、痛苦和压力。

返回的途中我的内心是不平静的,不仅仅是因为没有找到档案或影像,令我感动的是斯慎依老师的顽强和努力!

2020年9月5日
天作建筑

特别感谢
青岛理工大学人事处、档案馆
青岛理工大学建筑城乡规划学院
许从宝院长、刘崇副院长、王润生老师
东南大学建筑学院葛明老师

文章来源:微信公众号"天作建筑设计"
文章链接:https://mp.weixin.qq.com/s/rikbp9ADfDrtl3nKHEa8gw

李行老师

怀念恩师李行先生

邵 龙

李 行 男，1931年生，中共党员，浙江宁波人。1949年进入圣约翰大学建筑系(两年后该系合并到同济大学建筑系)；1953年毕业后支援东北建设分配到哈工大土木系基础教研室任教，期间就读苏联专家研究生；1959年起历任哈建工教师、建筑设计基础教研组组长、教授；后创立"现代三性建筑创作研究所"；1993年退休。2017年病逝，享年86岁。

(简历由李行老师家属提供)

李行教授指导 1981 级建筑系同学在松花江边调研参观

李行教授在讨论设计方案

李行教授指导的建筑初步作业：门廊

哈工大建校百年之际，我再一次深望着建筑学院这幢有历史厚重感的主楼，禁不住心潮起伏、感慨万千。1981年我就读于哈尔滨建筑工程学院建筑学专业，毕业后留校任教，一直有幸得到李行先生的悉心指导，他渊博的学识和严谨的治学态度深深地影响着我的一生。

20世纪80年代，我国的建筑教育开始复兴，建筑设计初步课程是面向建筑学专业开设的一门专业基础课程，是建筑设计主干课程的启蒙教育。李行老师扛起了建筑基础教育建设这面大旗，创建了哈工大建筑设计基础教学体系，在我国建筑院校中独树一帜，为哈工大的建筑教育做出了重要贡献。

念我母校，惠我实多，记我师长，育我实多。琅琅晨吟，孜孜暮读，循循善诱，谆谆教诲。恩师的谆谆教诲是母校留存在自己心底磨灭不掉的印记。

打破传统，授之以渔

建筑设计初步是建筑设计的入门阶段。授课对象为大一新生，他们基本没有接触过相关的专业知识，因此，该课程不仅要传授基本的专业基础知识，更要激发学生对专业学习的兴趣。先生非常注重对学生积极主动性的激发和引导，将教学理念从传统的"授之以鱼"，转变为"授之以渔"，让学生在课堂教学中发挥主体作用，教师则起引导作用。

先生改变传统的教学观念，打破传统的"以教师为中心"的教学理念，转变为"以学生为中心"的教学理念，课堂教学从以"教"为主体，转变为以"学"为主体，以学定教。一系列建筑初步作业从工程字仿宋字训练开始，经过塔斯干柱式水墨渲染，平面构成训练，绘图工具的组合训练，建筑门廊的水彩渲染，一直到小商亭的设计，都以问题为导向，从简到繁，从黑白到色彩，从临摹到设计，一步步深入学习，激发课堂活力，有效提高课堂教学质量和学生的学习热情。

理论联系实际。建筑设计初步课程教学是将设计课题练习和理论讲授相结合，传统的设计课教学中，在布置新课题练习时，常常是一次性集中讲解本课题的学习要点和相关理论知识，后续的设计辅导过程中，基本很少再进行理论讲解。先生将理论知识讲授穿插进每次的课程教学中，在每次的草图点评后都结合理论讲解，保证教学结构松弛有度，保证课堂教学效果。除了在课堂进行讲解外，还经常亲自带我们到具体场地中进行讲解。

逻辑思维能力不仅是学好数学必须具备的能力，也是学好建筑学科、处理日常生活问题所必需的能力。多年以后，每当回忆先生的教课，无不充满崇敬之情。先生对教学极端认真负责，概念严谨，逻辑清晰。

先生讲课，内容充实，条理清楚，旁征博引。作为老师，先生可说是十全十美。记得先生在讲授"什么是建筑"这一基本概念时，手捧着一大摞参考书走进课堂，首先发问：什么是建筑？当时我想，这样的问题多简单啊！只听先生从古至今，从维特鲁维的《建筑十书》讲到现代主义建筑和后现代主义建筑，以及各个时期、各个层面对建筑的理解。

多年后，我在讲授现代景观理论的时候，先生严谨的逻辑思维和教学方法给了我很大启示。其主要教学目的是阐释什么是景观。先生无论讲解什么问题都讲得有条有理，第一点这样，第二点那样。枯燥，容或有之，但绝非不得

东北抗日联军汪亚臣将军之墓设计（哈烈士陵园 1955年建）

东北抗日联军陈翰章将军之墓设计（哈烈士陵园 1955年建）

a 江面造型效果

b 正面造型效果

哈江畔冷餐厅设计 1980年建

合肥电讯枢纽大楼中选设计 1995年

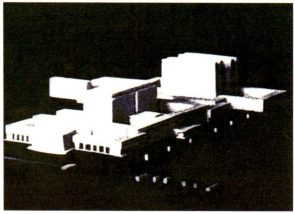
"北图"规划设计竞赛三中选综合方案之一——哈建工方案 1975年

要领。先生常常直抒己见，言之有物。他从不模棱两可，不怕直言对自己有什么牵累。在事实根据方面，尤其是见于各种百科全书和参考书的事实，对他是无可指摘的，只在解释和鉴赏的问题上你还可以跟他争论。

言传身教，为人师表

古人云，"经师易求，人师难得"。先生留给我们最宝贵的精神财富就是言传身教和为人师表。先生善于把握人才成长规律。先生曾说过："种子自身是有生命力的，可以自然生长。但培养就不一样了，在适当的温度、阳光、水分、肥料条件下，能够健康成长并获得好的收成，就是培养的真正含义。"

建筑设计初步课程教学是以设计课题练习和理论讲授相结合，为保证教学结构张弛有度，保证课堂教学效果，每次课程先生都安排我们课前试做试讲，通过实践联系理论，发现教学的重点和难点，有针对性地进行教学设计。先生总是我们年轻教师的"第一听讲人"，并提出宝贵的意见，这样既保证了教学效果，也使我们快速成长。就连我们走进课堂时的仪表先生也亲自把关。培养青年人成长，是两代人事业传承的大思考。对于上一代，我们是下一代；对于下一代，我们又是上一代。前人栽树后人乘凉，我们不但要乘凉，更要栽树。

如今，在先生的影响下我已成为一名人民教师。我一定把先生渊博的学识、严谨的治学态度、言传身教的宝贵思想继承下来，把我多年的经验也传承下去，为教育事业添砖加瓦。我愿把这首歌献给先生：长大后我就成了你，才知道那个讲台，举起的是别人，奉献的是自己。

2020年11月16日
哈尔滨

上海之晨

上海老街头

校园（昔日约大）红旗——上海解放

忆恩师史春珊先生

史春珊 男，出生于1935年7月，别名村杉，辽宁沈阳人，擅长环境艺术。1962年毕业于中央工艺美术学院装饰工艺系。

2020年4月28日4时15分，优秀中国共产党党员、中国室内设计协会原副会长、中国工业设计协会常务理事、我国环境设计教育开拓者之一，哈尔滨工业大学建筑学院退休教师史春珊教授，因病医治无效，于哈尔滨不幸逝世，享年85岁。

1987年研究生答辩（前排右起：史春珊、刘志和、李光耀、李行、刘岳山、李婉贞、刘大平）

缅怀史春珊先生

施 樑

哈尔滨工业大学100周年华诞前夕，恩师史春珊先生却和我们永别了！

心情万分悲恸，与先生交往36载的历历往事、先生的慈祥的面容，浮现眼前；先生的谆谆教诲，萦绕耳畔。浊绪纷呈，怆然命笔。

缅怀史春珊先生的治学和育人，不仅是对他的深切追念，也构成校庆活动的一项内容。

要理解史老师的治学，不能离开"中央工艺美术学院"和"哈尔滨建筑工程学院"，尤其不能离开哈建工建筑系的"建筑设计基础教研室"。

中央工艺美术学院可谓中国的包豪斯，此不细说①。哈尔滨建筑工程学院是国家建工部的重点高校之一，"建设"类学科专业之齐全、实力之雄厚，亦不赘言。

哈建工建筑系的"建筑设计基础教研室"，是我所知道的建筑院系中独树一帜的教研室。如若更加直接、明了、准确地表达其实质，该教研室可名之为"建筑历史与理论·建筑设计基础·建筑美术教研室"。

多学科专业交叉、碰撞、融合的学习和工作背景，对史老师发展和践行他的学术思想所产生的作用不容忽视。

史老师一直未曾间断研发活动。他的治学和育人，总体可概括为探究且践行"美的科学(science of beauty)②"，特别是在造型形式美领域的知行合一。

对造型形式美的开拓性研究

史老师认为，造型和形式美是有规律可循的，造型是一门科学。他反对把"审美"（形式美）混同于"艺术"，致力于秉持科学的态度、用科学的方法对纯粹造型的形式美进行开拓性、前瞻性、基础性的思辨研究，为"美的科学"在中国的传播和发展做出了重要贡献。

难能可贵和令人钦佩的是，史老师关于造型形式美的大部分研究，是在谈美色变、信息闭塞、资料匮乏、手段落后的时代和条件下完成的，足见先生的学术勇气、过人胆识和对前沿问题的敏锐洞察，以及研究工作的筚路蓝缕。

时光过去了近半个世纪，如今的科研条件之优越远非昔比；然而，史老师对造型形式美基本规律的总结和归纳仍然没有被超越。

---

① 读书时，史老师向我介绍过他的工艺美院老师和一些同学，并推荐我研读庞薰琹、郑可先生的作品。2000年，他与大学同窗韩美林、丁绍光、黄维中、乔十光、姚奎、张世彦、张一民、秦龙、张奉杉在北京等地共同举办了画展。参见：不忘同窗情深艺谊长[N]. 光明日报，2000-07-23。

② 此处"美的科学"并非传统意义上的"美学"。

2018年,史春珊老师与扬州大学苏锰老师等考察扬州老城(郭燏烽提供)

史春珊老师参加设计作品展

2019年,接受哈工大建筑学院教师采访
(来源:哈工大官网 走近史春珊教授[OB/OL].(2019-05-28)[2020-06-10].http://today.hit.edu.cn/article/2019/05/28/67620)

20世纪80年代,史春珊老师作为中国展示设计协会黑龙江分会首任会长开展多学科交叉的学术活动

把"美的科学"引入建筑学科

改革开放前及改革开放初期,建筑学科领域造型形式美教育和相关理论建设相当薄弱,"建筑装饰"研究在建筑类学科领域几近空白,在艺术类学科领域仍在起步。

史老师顶住多方面的压力,积极把"美的科学"引入建筑学科,在建筑教育中探索形式构图理论教学,并于1984年开始在"建筑设计"名下培养"建筑装饰"方向的硕士研究生,成为国内建筑院系环境艺术教育的拓荒者。

在史老师看来,"建筑造型"是建筑的可被人直观感知的物化形式,其中包括了"建筑装饰";建筑装饰是建筑造型的发展和深化,其目的在于提高建筑的"美度";建筑装饰的表现形式多种多样,范围十分广泛,几乎涉及所有造型艺术形式,并应用于建筑的各种实体和空间环境。这里所谓"装饰",与被阿道夫·卢斯(Adolf Loos)同"罪恶"相提并论的装饰完全不是一回事。

史老师的建筑装饰思想深刻而富有洞见。比如关于"壁画",史老师曾说:"与其称之为壁画,不如称之为画壁来得贴切。";其中的道理,甚至在今天也不为许多专业工作者所真正理解。

把"美的理论"用于设计实践

史老师没有止于纯粹基础研究。他善于把研究成果应用到造型或形式创造的设计实践当中,通过应用检验和锻造理论,从而成为为数不多的理论联系实际,精于思、敏于行的知行合一者。

史老师曾多年担任中国建筑学会室内设计分会副理事长,长期从事室内设计工作,颇多室内装饰/设计方面的著述,获得室内设计终身成就奖;因而,人们所知晓的多半是从事"室内设计"的史老师。事实上,史老师的设计实践范围十分广泛,除室内设计之外,尚有工业设计[1]、景观设计、室内外壁画设计、环境雕塑设计、装帧设计、陶瓷艺术设计等。此外,史老师还对技术发明饶有兴致,并拥有发明专利和实用新型专利[2]。

传道授业

为了训练造型和动手能力,史老师要求学生坚持每天画速写。不过他认为,宁可"眼高手低",不可眼低手"高"。因此,他更加重视对学生思维能力以及发现问题、分析问题和创造能力的培养,强调学生的全面发展。

步入晚年,史老师对世界的实然和应然更有彻悟,对己对人对事表现出极为从容的泰然、淡然、超然。他告诫和提醒晚辈:认识任何事物、做任何事情,都应该实事求是;不要把自己看得太重,离开任何人,世界照样运转。

2020年7月24日
南京

本文图片均由施樑提供。

---

[1] 笔者曾跟随史老师在伟建厂参与汽车和飞机的内饰设计。
[2] 如:一种冬季水上冰雪景观制作方法(公开号:CN1206661A)、地下导轨有线电车装置(专利号:CN201020227368.9)。

在宁安主持学术活动，前排居中是史春珊老师

史春珊老师在学术活动现场挥毫

2003年，史春珊老师出访印度

2000年，史老师在"同窗"十人作品联展现场

史春珊老师——执着的探索者

张伶伶

史春珊老师病逝是在初春四月。

尽管我知道他身体那个阶段一直不太好，但听到这个消息还是十分震惊！那段时间国内疫情比较复杂，只能举行小范围的告别仪式，史老师的家人婉拒了大家的送别之意，也是不愿增加更多的麻烦。虽然我不能为史老师送行，不免有些伤感，然而这也是史春珊老师一生追求简朴、不尚虚名的真实写照。

我读大学的时候就认识了史老师。我印象中他是一位身材高大、风度潇洒、笑容可掬、充满活力的人。最初的印象是他去西双版纳写生归来的画展。在20世纪70年代末期，画展瞬间让整个土木楼充满绚丽的色彩，引起不小的轰动。他的画风力感十足，在追求形式美中彰显造型的功力，让人耳目一新又为之震撼，给我留下了深刻印象。

说起来挺幸运的，我们当初接受的入门教育由建筑设计基础教研室完成。美术训练除毕业于中央工美的史春珊老师外，另一位是毕业于中央美院的黄佳老师；渲染训练是毕业于圣约翰的李行老师和毕业于清华的李婉贞老师；史学训练则是毕业于清华的侯幼彬老师和毕业于同济的陶友松老师。这样的一个豪华阵容可谓每个人都大放异彩而又各具特点。虽然史老师在这样的组合中承担着"基础"的内容，然而这样的"基础"扎实而丰满，常常推动着我们的建筑设计思维的变化，触动着我们设计构思火花的闪烁。史春珊老师对基础教育观念的理解和把握，今天看来是大胆而超前的，具有相当的勇气，或许也是史老师时值年富力强之际吧。我们之所以在建筑教育的最初阶段融入了艺术思维进而"科学化"，尽管这是一种看不见、摸不着的东西，但却一直潜在地、不知不觉地影响着我们。回头看来在当时的背景下，这是多么难能可贵而又行之有效呢！如果用今天倡导的"平台教育"分析，或许这是一种雏形吧。

史春珊老师身体力行，他主持参与了许多工程设计工作。既有建筑工程，也有室内设计；既有城市雕塑，也有空间壁画；既有城市环境设计，也有公共艺术产品……他所涉猎的领域介于城市、建筑、空间和艺术的转换或融合，这种跨边界产生的效应，有时会令你产生联想，有时会让你感到领悟，给人以启发。虽然这种联想或感悟并非今天追求捷径般的"立竿见影"，但对日后的我来说却受益匪浅。

工作之后，我与史老师的接触更多了，也更能理解他的教育思想和他倡导的实践意义。同时庆幸自己受教于这样的一批老师所给予各自不同的观念带来的影响。随着时间的推移，我也在不同的教育岗位上历练着。转眼，当初年富力强的史春珊老师退休了，如同他的性格一样，没有接受挽留。退休之后的史老师经常来学院，他仍旧充满活力，也谈到他正在忙着的著作、项目和与韩美林、丁绍光、乔十光等人的"同窗展"之类的情况。每次见面，史老师都会给我很大的鼓励和鞭策。他曾不止一次说："没有看错你，好好干。"这些殷切的话语，言词不多，但其中透着的坚定与力量一直是我前行的动力。

离开哈尔滨的日子，我们见面的机会越来越少了。虽然通过几次电话，也从其他同事那儿打听到史老师的近况。

2017年，史春珊老师参加学术活动

史春珊老师与夫人

史春珊老师与夫人、女儿

后来有人说，年龄大了，不太出门了。但我心中的牵挂犹在，时常想起仍是活力奔放的史老师。不承想，再未有谋面的机会了……

送别那天我给史老师的女儿发了信息，一时不知道说什么。最后只说：史春珊老师是一位好老师，他对我的影响和帮助难以忘怀。史春珊老师离开了我们，施樑师弟几次来电话追忆往事。我说，史老师仍旧是那个高大潇洒的老师，他仍旧是探索建筑教育的前行者，他的开拓精神和执着永远值得我们学习。

我想史老师已经没有了束缚，他仍旧会按自己的意愿行走。

2020年5月5日

天作建筑

本文图片均由史子玉提供。
文章来源：微信公众号"天作建筑设计"
文章链接：https://mp.weixin.qq.com/s/hVn_YLoobL5cOgDz1orcrQ

1978年，孙萃云先生指导课程设计

回忆恩师孙萃云先生

娄仲恒

孙萃云 1931年11月生于北京。1953年3月毕业于清华大学建筑系，留校任助教、讲师。1961年调入哈尔滨建筑工程学院建筑系，历任讲师、副教授、教授。国家一级注册建筑师。1995年1月退休。退休后任黑龙江东方学院建筑系主任。曾主持设计了黑龙江东方学院校园规划、教学楼、图书馆等工程项目。

"一丝不苟"——学校设计院审阅施工图(摄于1996年)

"安享晚年"——退休赋闲在家(摄于2007年)

初遇先生大约是在1980年，她为我们建筑学本科班讲授多层工业建筑设计原理课。我清楚地记得先生梳着齐肩短发，穿着整洁，戴着眼镜，一副典型的学者形象。

大学毕业后我留校任教，被分配到先生所在的工业建筑设计教研室，得以和先生共事，相互了解。工业建筑设计是建筑系较早设置的科目之一。新中国成立初期，国家致力于建设大量工矿企业。工业建筑设计汇集了雄厚的师资力量，构建了我国最早的以标准化和装配化为特征的现代工业建筑设计体系。

1983年我荣幸地考取先生的第一个硕士研究生。那年月本科生每年就一个班，研究生更稀少。一般来说一位导师每次只招一个研究生，有点像"独生子女"。可以想象那时的研究生多受导师们宠爱。此后，先生陆续又栽培了段旺、刘波等数位研究生。

研究生学习期间，先生总是鼓励学生大胆阐述，她悉心聆听，循循善诱。由于我的基础教育薄弱，写作能力有限，显然不能应付论文写作。先生把我引到家里由先生的爱人——中文教授尚老师从谋篇布局开始给我讲授写作知识。

先生工作认真负责、踏实勤奋，为建筑教育事业耕耘了一生。20世纪80年代，时逢中国的大变革时期。经济浪潮冲击下，人心涌动和浮躁。做教师收入不高、生活窘迫。我自然也受到影响，心思动摇。记得先生说过：如果选择了教书这个职业，就要甘于清贫，心无旁骛。

先生为人处世谦逊淳朴，严以律己，宽以待人。写作此文时我才了解到，先生是早年为数不多的在清华大学接受过正规建筑学教育的。她从没和学生们提及过这些。先生的谦逊为人可见一斑。老一辈先生们大多都是这样为人低调。

先生是和蔼可亲的长辈又是良师益友。与先生相处总给学生以信任感，是那种亲人般的信任。

在治学态度上，先生永远是我们的楷模。她告诫我们要能坐冷板凳，不要急功近利，最重要的是把科研基础打好，扩大知识面。不能只是学什么教什么。

90年代初，我离开学校出国后一直和先生保持联系。我更怀念没有互联网的时代在台灯下铺开纸笔给先生书写境况、心得及困惑，阅读先生亲笔写来的问候和教诲。

先生退休后季节性地在哈尔滨和北京两地居住。先生的幼子尚曦沐是哈建工建筑学专业毕业，一直在北京工作生活。几年前我在北京和段旺一起有幸面见几次先生。段旺是先生1985年招收的第二位研究生，算是我的师弟。多年后我见到他，他满怀幸福地"抱怨"先生的治学严谨，令他在课程作业上无法偷懒应付。他的毕业论文是科学城规划。段旺感慨道，从论文选题到定稿倾注了先生的心血。他的论文评阅人之一是著名的清华大学城市规划教授朱自煊先生，也让他获益良多。段旺一直在北京中关村科学城建设集团公司工作，算得上学以致用了。

先生是一位学者，一个普普通通的知识分子。她没有留下多少鸿篇巨制，也不曾拥有各种耀眼的光环，但先生的精神与风范永存于学生心中。

在学校时只知道哈建工，以及有关哈工大与哈建工渊源的"江湖传说"。如今我的母校已成为举世瞩目的哈工大。是老一辈先生们一生的坚守和耕耘才有了今天的哈工大。他们应该被记住。

1987年冬季工业建筑教研室部分教师合影

1986年工业建筑教研室部分教师合影

后记：2020年11月初，建筑学院董慰老师给我发微信说，学院在编一本关于老先生故事的百年系列图书《传承·土木楼——哈工大建筑百年忆述》，有几位老先生包括孙萃云教授还没有材料，听说我是孙教授弟子，问我可否写一篇回忆孙教授的文章。能为母校做点力所能及的事是我的荣幸。感谢董慰老师给我这次机会。随后几天，我一得空就去回忆。11月5日突然得知截稿日期是11月20日时，匆忙草就此文。寥寥数语不足以表达学生对先生的感激之情。借此机会，祝愿先生健康长寿，祝愿母校再创辉煌。

2020年11月8日

新西兰

本文图以上照片均由尚曦沐提供。

郑忱先生参加学术会议照片

怀念郑忱先生

金 虹

郑　忱 1929年9月2日生于黑龙江省哈尔滨市。1947年8月至1949年7月在哈尔滨工业大学预科学习；1949年8月入哈尔滨工业大学土木系工民建专业本科学习；1949年5月9日加入中国共产主义青年团的前身中国新民主主义青年团；1950年6月17日加入中国共产党；1954年毕业于哈尔滨工业大学，获得工程师学位，留校任教；1956年9月至1958年8月在同济大学建筑系研究生班学习，任党支部书记；1959年5月调入新成立的哈尔滨建筑工程学院，任讲师；1959年5月至1963年于哈尔滨建筑工程学院建筑教研室任党支部书记；1963年至1966年任教研室副主任；1971年12月至1979年7月任党总支书记；1971年12月至1987年8月于哈尔滨建筑工程学院建筑系任副主任；1980年晋升为副教授，1987年晋升为教授；1994年12月退休；2019年8月30日因病去世。

郑忱先生照片（一）

郑忱先生照片（二）

在郑忱先生的学术生涯中，两年预科、五年本科、两年研究生，将近十年的学习历程，练就了扎实的专业基本功。郑忱先生任职期间，在教学、科研方面取得了丰硕的成就，是国内一位颇具影响力的专家。曾任中国建筑技术协会副主任委员(1981—2006年)，享受国务院颁发的政府特殊津贴。

初次见到郑先生是在建筑构造(二)的课堂上，郑先生慈祥的面孔、清晰的思路以及有板有眼的讲课方式，给我留下了深刻的印象。郑先生的研究方向是节能建筑，在当时属于比较冷门的方向，通过与他的交流，我认识到：我国严寒地区建筑能耗巨大，但关于建筑节能的研究还处于初级阶段，急需人才。因此在大四的时候我就树立了未来的研究方向，并报考了节能建筑方向的建筑学研究生。在我研究生还没毕业时，在郑先生及几位技术教研室前辈的努力下，我校的建筑技术科学学科获批硕士点，我因此成为哈工大建筑技术科学学科的第一批研究生，见证了建筑技术科学学科的起步、成长与发展。可以说，郑先生是哈工大建筑技术科学学科的元老，为我校建筑技术科学学科的发展做出了重要贡献。

郑先生是一位德高望重、靠实力说话的带头人。郑先生作为建筑技术专业委员会创始人之一，为建筑技术专业委员会的发展以及哈尔滨工业大学建筑技术科学学科的发展做出了重要贡献。在学术方面郑先生具有很高的站位和独到的见解，从不赶时髦，也不会拉关系、跑项目、迎合其他人等。他对某些人急功近利，甚至不择手段的做法极为反感，一再告诫我们："做科研是急不得的，不要受外界干扰，要耐得住寂寞。"在他的潜移默化下，我们也像他一样，默默地做学问。比起其他工作，我们更喜欢安安静静做科研，在知识的海洋里我们无比快乐。有人戏称我们不仅"体形"像郑先生，连"做派"也像足了郑先生。我们团队自20世纪80年代就针对严寒地区建筑节能进行了深入系统的研究，取得一系列科研成果。郑先生退休后我就接过了这杆大旗，到今年已经26个年头了。我们没有辜负郑先生的期望，从节能建筑拓展到绿色建筑和更大尺度的城市可持续环境，每个人都做得风生水起。每年我们团队的总结大会郑先生必到场，郑先生每次送给我们的都是鼓励和夸奖，先生多次说："这个学科能取得今天的成绩不容易，我为你们自豪。"

郑先生是一位为人正派、秉公办事的领导。他自1971年至1987年任建筑系副主任，是一位口碑极好的领导，从不摆官架子，也不为自己及家人谋私利。郑先生的女儿和儿子早期都在建筑系，但从没因为郑先生是领导而获得过任何特权。相反，从师母那里了解到，他们因为郑先生的缘故而失去了一些机会。为了不影响郑先生的工作又展示自己的能力，他们早早就离开了建筑系，现在都已在各自的岗位上取得了骄人的业绩。

郑先生是一位知识渊博、认真严谨的学者。他长期从事建筑技术科学的教学和科研工作，在很多方面都有建树，承担并完成了建设部"八五"攻关课题"节能木门窗研制"，编制《节能木门窗标准图集》，并实现成果转化，应用于国家节能示范小区中；主编《建筑构造》、中央电大教材《房屋建筑学》，合编《图书馆设计》，参编条目《中国大百科全书·建筑卷》《中国大百科全书·博物馆卷》等。郑先生的认真严谨是有名的。记得在我主编《房屋建筑学》时，请先生做主审，打开先生审过的书稿，我惊到了！几百页的书稿中几乎每一页都会看到先生写的意见和建议。也正是郑先生的认真严谨，才使得这本《房屋建筑学》后来被评为国家级规划教材。郑先生对学生的要求是很严的，先生时刻告诫我们，做学问来不得半点马虎和虚假，他强调："你的研究不仅要对你自己负责，还要对后人负责，因为后面的人会引用你的研究成果或在你研究的基础上进行。"记得我读研的时候，每次先生给我审论文的评语都是用铅笔

郑忱先生照片（三）

郑忱先生照片（四）

写一大段，先生说："我把问题给你们指出来，你们参考。如果你们不同意我的观点，也可以擦掉。"字里行间我们感受到先生的包容和对我们成果的尊重。先生的字就像人一样，刚劲、帅气，又透着一丝清秀。他不仅审查论文的内容和结构，对于语句不通顺的地方也会指出来，甚至连标点符号都不放过。

郑先生是一位善于启发、鼓励创新的师者。记得写学位论文时，每次和先生交流后都会产生新的想法，先生会循序渐进地启发我如何分析问题、解决问题，他通常会把主动权交给我们，从不会轻易否定我们的想法，对于我们的一些新想法还会给予鼓励。现在看到大家经常将层次分析法用于建筑设计的分析与研究中，实际上，早在35年前我就在郑先生的鼓励下，率先将层次分析法用于建筑设计的评价研究了。现在回想起来，我今天能在建筑节能、绿色建筑以及城市微气候等领域取得这么好的成绩，归功于先生为我们打下的专业基础以及构架的创造性思维。

郑先生是一位平易近人、和蔼可亲的长者。我毕业留校后，就留在了郑先生身边，先生像慈父一样在工作和生活方面呵护着身边的青年教师，每逢年节他都会请家在外地的青年教师到他家里吃饭。时隔30年后，曾经在技术教研室任教的蒋群力总工回忆这段往事时，仍然激动万分。我和先生一家相处得就像家人一样，每年的春节我都会准时去先生家看望先生和师母，30多年来从未间断过。每年的腊八、端午节，师母都会为我准备一份年糕、腊八饭、粽子等，有一次我因上课忙腾不出时间去先生家里取，先生就在黄河路校门口等我，看到他的身影，我的眼泪不由自主地就流出来了。郑先生退休后，依然是我们团队的一员，每年我们团队的年终聚餐都会邀请先生和师母参加，所以，我们团队的学生们都记得"师爷"的音容笑貌。本来2019年是要给先生过90大寿的，没想到先生的90岁生日那天，竟然是我们向他告别的日子，从此，我们和先生阴阳两隔。

这么多年来，先生的为人、学识以及做学问的态度，深深地感染着我们，这种精神一直留在我们团队中，"踏实做事，老实做人"成为我们团队的座右铭。

2020年11月16日

哈尔滨

邓林翰先生

忆恩师邓林翰先生

邓林翰 1931年7月出生，湖南耒阳人，中共党员。1953年，本科毕业于天津大学建筑系，之后进入清华大学建筑系攻读研究生。1956年，研究生毕业后任教于哈尔滨工业大学土木系，历任建筑教研室助教、讲师。1959年转入哈尔滨建筑工程学院(1994年更名为哈尔滨建筑大学，2000年与哈工大合校后成立新的建筑学院)建筑系，历任副教授、教授。曾担任建筑设计教研室主任、全国高校建筑学学科专业指导委员会委员，退休后担任学院教学督导委员会主任、学校教学督导委员会委员。2007年2月因病去世，享年76岁。

邓林翰先生（左）与刘志和教授研究问题

邓林翰先生与老教师们在一起

深切悼念恩师邓林翰先生

梅洪元

建筑学者邓林翰先生于2007年2月18日在哈尔滨与世长辞。先生的不幸逝世使我们悲痛万分。他一生致力于建筑教育事业，勤勤恳恳耕耘了半个世纪，为我国建筑专业的人才培养做出了巨大贡献。即使在生命的最后阶段，先生依旧坚守在他所挚爱的教学岗位上，悉心指导着年轻一代。我们所有得益于恩师教诲的学生怀着沉痛的心情悼念敬爱的老师。

先生是一位治学严谨、功力深厚的知名教授，同时又是一位严师。作为邓先生的学生，是既艰苦又荣幸的事情。在教学中，先生对学生的要求极为严格，容不得弟子半点懒惰；而生活中的先生又是和蔼可亲的长者，在警示、批评中不乏引导、帮助、鼓励和支持，让每一位学生受益匪浅。他常常一个人在晚饭后深入教室与学生谈心，倾听学生心声，而学生则从他的言传身教中深刻地体会到了学海无涯。

师从邓林翰先生读研的三年岁月，先生的无尽关怀令我至今难以忘却。在论文选题、资料储备、现场调研的各个阶段，先生都提出许多中肯的指导意见。在理论研究方面，先生敏锐的洞察力更是令人钦佩，常常在我研究陷入绝境边缘的时候，为我指出峰回路转的新方向。特别是在论文成稿之际，先生不顾身体虚弱，连续多日伏案思索、反复进行文字修改，一丝不苟的敬业作风永远铭刻在我的心中。

先生是国内著名的博览建筑专家，创作了多项国内外颇具影响的博物馆建筑，代表作品包括南通纺织博物馆、丹东抗美援朝纪念馆、铜川耀州窑博物馆等著名工程。先生擅长运用传统建筑语汇，综合处理现代博览建筑中错综复杂的技术问题，得到业界的普遍赞誉。先生专业底蕴丰厚，涉猎范围极为广泛，对于城市规划、古建筑保护修缮、风景区景观建筑设计等领域都有自己独到的见解，他创作的哈尔滨工业大学主楼历经50年风雨依旧是哈尔滨城市经典的标志性建筑。先生晚年作为资深专家，受聘于政府规划等多个部门，为哈尔滨城市发展建设提出了许多重要建议。

先生一生淡泊名利，始终默默地耕耘与奉献。先生宛如吐丝的春蚕，耗尽毕生的心血，将智慧的光辉化作无数精彩的建筑作品，化作漫天缤纷的桃李。先生为我们留下了丰厚的学术遗产，留下了博大宽广的胸襟。先生是我们永远的楷模，将永远激励我们奋进。

逝者如斯，恩师当走而无憾。

安息吧，敬爱的老师。

文章来源：梅洪元.深切悼念恩师邓林翰先生[J].城市建筑,2007(04):90.

邓林翰先生（左四）与建筑系中青年教师（左三为徐苏宁、右二为卫大可）考察阿城金上京博物馆

邓林翰先生（左四）与刘志和教授（右四）、唐岱新教授（左五）、杨熙坤教授（左一）等参加丹东抗美援朝纪念馆竣工庆典

邓林翰先生（左四）与研究生研究设计方案，左起刘劲松、李文东、鲍继峰、李大为

邓林翰先生已将他的使命与信仰注入了建筑作品之中，传承着、延续着、续写着新的华章

恩师如父——追忆邓林翰教授

吴爱民

能成为邓先生的研究生是我的荣幸，先生的谆谆教诲让我受益终身，他的音容笑貌始终留在我的记忆里，每当想起总会倍感亲切。记得读研期间，我一度对前途感到茫然，看不到方向，这种情绪令我无法振作，整日懵懵懂懂。先生看出我的困惑，便找我谈话。他语重心长地说："要珍惜自己呀！"言犹在耳。随着经历的增长，我逐渐理解了这句话的深意，愈发体会出先生的殷切期望和良苦用心。我们可能会碌碌无为，也可以活得更有意义，先生希望看到的是后者。毕业五年后，得知我要考博，先生很高兴，鼓励我要考出好成绩，争取重新回到学校，从事研究和教学工作。考试的那天，知道我顾不上吃午饭，先生亲自买了一份盒饭给我送到了考场。这一幕令我终生难忘！

先生谈吐风趣、诙谐，充满智慧。很多人以为先生是个古板的老夫子，其实先生很善于变通，观念也会与时俱进，不落窠臼。他总是能以一种积极的方式影响你。记得我考取了博士之后，并没有按照先生的意见留校任教，而是进入设计院工作，我担心先生不高兴，没敢讲出来。先生得知后，他的反应出乎我的意料。他说："设计院是我们这里最好的单位，多接触些实际项目，积累些工作经验，搞出自己的作品，这是很好的事嘛！"听他这么一说，我的心里就踏实了。在以后的工作实践中，我经常请先生当顾问，他总是欣然前往，从不推辞。

2002年我们为哈尔滨商业大学做校园规划和建筑设计，请邓先生来做指导。以往只知道先生是博览建筑的专家，商大这个项目让我对先生全面的专业素养和扎实的设计功底更加钦佩。老人家当时已年逾七十，仍然思路清晰、层次分明。他不仅谙熟规划和建筑设计，而且对植物的种类和搭配也了如指掌，又给我这个已经工作了十年的学生上了一课！

在一次交谈中，先生提到了他的一位弟子已经博士毕业，到上海同济大学博士后工作站工作。每当提到有成就的弟子时，先生总会绽放出灿烂的笑容。同济大学是我神往已久的地方，我曾在那里有过三个月的难忘经历，如今已是很遥远的回忆了。没有料到的是，一年多之后，我也来到了上海，成为同济大学的博士后。先生就像我生命旅途中的一盏明灯，总是这样无私地影响着我，引导着我。然而我为先生做过什么呢？我满脑子总是那些计划、目标，我总以为还有机会，如今终成憾事，未能见老人家最后一面。元月初三，追悼会结束后，先生的长子拉着我的手说："一定要留下来吃最后的这一顿饭，父亲生前最喜欢你们这些弟子，生病后怕影响你们的工作没有打扰你们，你们今天能来他一定非常开心，饭钱是他嘱咐特意留出来的，就算是他老人家最后请你们一次……"

惭愧！先生的品德、先生的智慧、先生的境界，弟子难以企及。但是您的一切将会长存在我们的记忆中，我们将尽心尽力做人做事，让恩师感到欣慰！

文章来源：
吴爱民.恩师如父——追忆邓林翰教授[J].城市建筑,2007(04):90-91.

1983年，邓林翰先生主持设计的南通纺织博物馆

20世纪90年代邓林翰先生主持设计的丹东抗美援朝纪念馆

20世纪90年代邓林翰先生主持设计的陕西铜川耀州窑博物馆方案的效果图

邓林翰先生与彭一刚先生既是多年的同窗、朋友，也在学术上多有交流，图为1979年于哈尔滨建筑工程学院召开的《建筑师》创刊编委会合影，前排左起为天大彭一刚、出版社王伯扬、哈建工邓林翰，后排左起为清华吕增彪、西冶刘宝仲、重建工白佐民、中国建筑工业出版社杨永生、华南刘管平、南工晏隆余、同济喻维国

桃李无言　下自成蹊
——追忆恩师邓林翰先生二三事

李啸冰

　　邓先生是建筑教育界的传奇人物，祖籍湖南耒阳，1956年清华大学研究生毕业后到哈尔滨工业大学土木系任教，以治学严谨、功力深厚而著称。他一生致力于博览建筑的研究，著有《博物馆学新编》《中国大百科全书·博物馆》等，并以代表作品南通纺织博物馆、丹东抗美援朝纪念馆、铜川耀州窑博物馆等实际工程，成为其个人学术生涯中璀璨的一笔。

　　先生博学多才，精力充沛，得益于与专业相关的广泛兴趣爱好和多年坚持不懈的体育锻炼。先生曾经凭借扎实的英语基础，代表学院只身出访德国，拍摄回第一手学术考察资料。不论是研究生班的足球比赛场，还是条件艰苦的工程施工现场，始终有先生健步如飞的身影……

　　能够师从邓先生，是我一生的荣幸。与先生相识的插曲，也让我铭记一生。我从天津大学毕业，来到哈尔滨攻读硕士研究生，与先生并不熟悉。只因为我的毕业设计为博览建筑，并获得当年全国大奖，建筑系将我推荐给先生。恩师送我的第一句话竟是鞭策我放下荣誉，从零开始，并坚持由学校组织对我公开考试才肯收下这名弟子。有幸成为先生的得意弟子之一已是后话，但恩师淡泊名利、简朴而纯净的生活态度，使我受益终身。

　　先生在学术上严格，甚至苛求，而他自己也往往身先士卒。在我的论文写作过程中，先生高瞻远瞩的指导不必赘言，仅仅在成稿阶段，恩师在研究室用方便面充饥，挤出时间为我推敲、修改和润色文字，就足以让我终生铭记！当年手写的5万字毕业论文，至今没有发现一处错别字和语病，足见先生的要求之严厉。

　　邓先生踏实严谨的治学态度、厚积薄发的专业积累、坦荡无私的生活准则，将是我们漫长人生道路上永远光辉的榜样。桃李无言，下自成蹊，这将是对恩师永恒的热爱和纪念！

　　先生，您并没有离开。可曾看到，您用心血浇灌的幼苗，早已经成为烂漫的春华秋实！

文章来源：
李啸冰.桃李无言,下自成蹊——追忆恩师邓林翰先生二三事[J].城市建筑,2007(04):91.

1983年，邓林翰先生工作照

笃实治学 志存高远的一代名师
——缅怀恩师邓林翰先生

薛滨夏

时光荏苒，岁月如梭，我们建筑86级学生，转眼已经从母校毕业整整30年了。虽然1990年一别，同学们在各自的工作领域中打拼、耕耘，很多往事渐渐远去，但每当回想起当年在大学求学的时光，记忆就像涓涓细流汇聚成长河，如潮水般涌来，正所谓历久弥新。这时，总会想起一位面庞清瘦、平易随和的老人，他就是我的恩师邓林翰先生。

1986年9月，正值中国乘着改革开放春风，加快经济建设步伐的时期，我们86级新生也带着各自的梦想，考入哈尔滨建筑工程学院建筑学和城市规划专业。基于20世纪20年代苏联办校的基础，哈建工那时已在全国大有名气，位居全国建筑学科老八校之列，那些在欧式风格的土木楼中奔波于各个教室的老师，也戴上了神秘的光环。哪位先生有理论深度，哪位老师设计水平精湛，或是表现图画得好，都成为我们课下经常议论的话题。进入高年级后，一位老师成为同学们关注的焦点，他就是邓林翰先生。我们86级学生对邓先生又是敬重，又是敬畏。说敬重，是因为邓先生为人平易，教学严谨，指导学生做设计视角全面，认真细致，能够从整体环境和设计背景出发，帮助学生理清设计思路和空间结构，从而抓住设计要点，显示了高超的设计水平和对建筑学科的洞见。说敬畏，是因为邓先生对待教学一丝不苟，且有很高的设计造诣，指导设计和评图时，目光犀利，一眼就能发现学生作业的关键问题和错误，所以在汇报和提交设计作业时，同学们不敢马虎，认真准备，这无形中也提高了大家作业的质量。邓先生这种敬业精神和对设计作品追求极致的精神，传承了哈工大建筑学专业规格严格、精于实践的优秀办学传统，这种苏式工程教育的规程，也是哈建工大土木学科名声在外，各专业学生在全国颇受欢迎的主要原因。

在秉持严谨认真态度的同时，邓先生也是位求新、进取的学者，怀有强烈的学习动机，勇于接受新鲜事物，积极参加对外交流。1983年，邓先生与重庆建筑工程学院黄天其先生被建设部选拔，作为教师代表第一次赴西德参加建筑界国际学术会议。在为期两个月的考察和交流期间，邓先生收集了大量珍贵的建筑图片和资料，尤其是关于德国博物馆设计的动态和城市历史文化与旧建筑的保护案例，回国后与同事们、学生们交流分享。我们至今还记得同学们挤在大教室里聆听邓先生讲座的盛况，邓先生言简意赅、点评中肯，幽默诙谐的语言常常赢得满堂掌声和欢笑。建筑学带有很强的原型学习的特点，需要借鉴前人的经验才能进步，国内高校在20世纪80年代国际交流还未全面开展，我们能即时了解国外的建筑设计动态，的确弥足珍贵。

邓林翰先生本科毕业于天津大学建筑系，之后进入清华大学建筑系攻读研究生，有幸得到著名建筑学家梁思成和林徽因两位先生的教诲和亲传。这种得天独厚的熏陶，极大地开阔了邓先生的视野，加深了他对建筑的理解，提升了设计能力和学术水平，更重要的是培养了实事求是、不畏艰难、科学严谨、自我奉献的工作作风和品德，形成了邓

1982年邓林翰先生（左一）与77班学生于正伦、贺芳、华夏、何萍等相聚北京

邓林翰先生（左二）与研究生刘劲松（右一）、李文东（右二）、李劲松（左一）讨论林巴塔河镇中央大街规划设计

邓先生的水彩画

邓先生的书法作品：王之涣的《登鹳雀楼》

先生在建筑教育和建筑设计领域坚定而踏实的工作风格。对业务的钻研使得邓先生在建筑行业取得很大成就，形成很大的影响力，和其他很多老先生一起，提升了哈建工的威望。作为我国著名博物馆、纪念馆设计领域专家，邓先生一生创作了众多杰作，很多地方政府和部门慕名而来专门请他做设计。

邓先生将实践经验融会在课程教学之中，因而使学生受益颇多。在学院组织我们参加博物馆竞赛时，邓先生牺牲自己的休息时间，专门为我们安排关于博物馆设计的讲座，配合学院的教学工作。邓先生对整体建筑环境的驾驭能力极高，能从环境地势和历史脉络的视角进行布局和选型，因而他创作的作品能够准确反映当地文化和地域特色，建筑角色定位合理，组织流线顺畅，功能分区明确，建筑形态的处理既带有传统的痕迹，又具有现代的新意，颇受各地欢迎和业界好评。1983—1985年间，他设计的南通纺织博物馆建筑组群，采用歇山屋顶的民族形式，辅以强烈韵律感的现代高侧窗，围绕中国传统院落格局错落展开，秀丽隽永，风格明快，深受人们喜爱。当时南通交通极为不便，没有机场甚至不通火车，邓先生为了方案设计往返数次，不辞劳苦，表现了认真负责的敬业精神。

1987年着手设计的陕西铜川耀州窑博物馆，邓先生付出很大心血，几度辗转前去铜川调研考察，最后选择了一处依傍群山的开阔平地作为馆址，当地政府欣然同意。1994年3月，博物馆修建前广场停车场，在环馆路入口南侧进行随工考古清理时，发掘出一组宋代半地穴窑洞式制瓷作坊，保存有成套制瓷工艺流程的文物遗迹。邓先生看后建议保留，给博物馆陈列展示增添了不可多得的遗址实体内容，从而使耀州窑博物馆增添了历史的厚重感，也证明了邓先生对环境的理解和把握，惊人地与场地的历史文脉一致。市领导和博物馆听取了邓先生的建议，将停车场改建到别处，并对现场采取回填保护措施，待日后具备保护条件再重新发掘展示。

1989—1993年间，邓先生主持，与刘志和老师合作，受邀参加了由中央军委牵头、国家七部委实施的丹东抗美援朝纪念馆扩建工程投标工作。一向低调的邓先生本着参与国家重要设计工作的热情，看中的是这次难得的锻炼机会，并未想到自己的方案能中标。当全国13个大型设计单位的方案送到北京时，邓先生主持设计的方案脱颖而出，中央军委经过多轮选拔，报送中央，最终确定选用邓先生体现民族风格的方案实施建设。邓先生不辞辛苦，立刻赶赴丹东开展调研工作，对方案进行进一步修改和完善。

丹东抗美援朝纪念馆始建于1958年，郭沫若题写馆名，1990年在风景壮丽的英华山下进行扩建，是中国最大的全面反映抗美援朝战争历史的大型国家级重大战争纪念馆，展现了中国人民志愿军英勇战斗、捍卫世界和平、保家卫国的事迹和精神。邓先生的改建方案，沿用了他成熟的中西合璧的设计手法，传统的民族大屋顶与品字形展馆简约的形体完美结合，古朴庄重、美观典雅而不失现代气息。纪念馆和纪念塔与英华山巍峨的气势完美地结合在一起，纪念塔高53米，象征1953年签订《朝鲜停战协定》，抗美援朝战争取得伟大胜利。在方案设计中，邓先生尊重并积极吸收年轻人的意见，纪念碑正对的那条轴线，因为山势比较陡，原来的直跑大台阶方案难以实现，邓先生采纳了徐苏宁老师的提议，用双分再合的形式解决了高差问题，同时在山下又形成一个广场和一个比较大的实墙面来衬托浮雕和字体，增加了整体格局的协调性和相互呼应。因为场址地形变化较大，所有的调整都经过剖面设计进行论证后，再制作模型进行推演，以确保万无一失。经过建筑、结构设计团队齐心协力的努力，最终圆满地完成了这一重要的国家级设计任务。

邓先生的设计方向不局限于博览建筑，同时也积极涉猎公共建筑、学校建筑等其他建筑设计领域，在设计中注

1987年，邓先生随中国建筑教育代表团访美，在纽约受到华裔建筑大师贝聿铭先生的热情接待

邓先生（前排右二）参加接待美国佐治亚理工学院建筑学院院长盖芬威教授及夫人来学校学术访问，前排左一为金广君教授、右一为唐恢一教授

20世纪80年代中期，邓先生组织建筑设计教研室部分教师在松花江边春游，左起为刘志和、张聿杰、邓林翰、徐苏宁、周立军、关宏明、刘松茯、赵华萍、李桂文（建筑80级周立军老师提供）

重功能流线的合理性，以提高建筑的使用效果。他认为建筑师应该很好地倾听用户的意见，体察他们的实际需要，从实际的场地情况和经济条件出发，不能盲目跟风、相互攀比。邓先生还特别强调尊重场地的自然环境和文化遗迹，要尽可能节约用地，避开原有的树木，保护原有的氛围。

虽然邓先生偏爱中国传统的建筑风格，但他并不保守，而是鼓励新一代建筑师在继承和发扬中创作新的作品。他常对学生说，建筑创作有自己的规律，但并没有一成不变的章法，无论风格还是手法，建筑师都应该兼收并蓄、融会贯通。邓先生丰富而精湛的建筑设计实践，对学生无疑是巨大的财富。在我的研究生学习阶段，有幸聆听了邓先生讲授的"建筑视觉理论"课程，一睹一代名师的风采。"建筑视觉理论"是介绍建筑视觉规律及其应用的科学，为建筑设计在平面布局、造型处理方面提供科学依据和可靠技术手段，以期达到理想的效果，内容包括基本原理、分析方法、视觉矫正和节点空间的应用等，对于建筑设计和城市规划设计都十分重要。这门课程凝结了邓先生毕生教学、研究与设计实践的感悟，十分具有启发性，对同学们帮助极大。

在课堂上，邓先生会花费很长时间亲自在黑板上绘制分析图进行分析，生动而形象，令人记忆深刻，提高了学习效果。40学时的课程结束时，邓先生总共绘制了60多幅图作为示例，包括悉尼歌剧院、北京天坛祈年殿、南京中山陵、哈尔滨市人民防洪胜利纪念塔、哈尔滨博物馆广场、哈工大主楼、苏州拙政园、苏州网师园，以及罗马市政广场等古今中外的著名建筑和开放空间的视线分析图，显示了他渊博的学识和精湛的技艺，令人受益匪浅。当时，我全程笔录了邓先生的课堂内容，20多年过去了，那本课堂笔记仍然放于书柜最重要的位置，我经常翻阅、学习，在近期承担涉及建筑设施选址布局论证的项目中，依然应用了当年学到的理论进行分析。

邓先生喜欢用比较的方法进行教学，这样学生会记忆深刻，更好地领悟学习内容。例如，他在课堂上以他主持设计的哈工大主楼为例，讲解了竖向变形、坡屋顶变形、水平方向透视变形的问题及其矫正的方法。按照邓先生的介绍，哈工大主楼的大台阶对主楼沿地面下凹的视错觉起到抑制作用，而主楼顶部的三阶退台塔楼，则特意进行了拔高，以矫正地面行人视角因屋檐遮挡产生的透视变形的问题，从而使得主楼显得挺拔高耸，突出了高大的形象。

邓先生为人和蔼，积极支持年轻人寻求发展。1990年刚毕业时，我计划到美国留学，请邓先生帮我写推荐信，邓先生有求必应，使我顺利地被4所美国大学的建筑学和城市规划专业硕士计划录取。1996年，因签证未获成功，我决定转而攻读哈建工的硕士学位，邓先生又予以积极鼓励，认为我有工作经验，一定能有更好的领悟，学有所长。读研期间，邓先生认真督促我的学习，帮我推荐了徐苏宁老师，并在设计课程上给予了精心的指导，给我很大的启发。研究生学位论文开题时，为了赶上进度，徐苏宁老师安排我在一位学长的博士论文开题会后，临时穿插进去，教室里坐了一排白发的老先生，有梅季魁先生、邓林翰先生、侯幼彬先生、郭恩章先生，徐老师做开题组秘书，那个场面有些令我局促不安，但我还是镇定下来，汇报了自己的开题报告，应用系统论作为科学方法论，从空间形态和人文形态层面解析建筑形态的演化机制。几位老先生首先肯定了我的探索精神和研究方向，但一致认为难度太大，担心作为硕士阶段的研究难以完成目标。开题评议会结束后，徐老师沉思许久，最后决定支持我的探索，并在后期给予了详尽的指导，并对我的论文进行修改，邓先生也提了很多忠告和建议。最终，经过深入的钻研和勤奋工作，我还是如期完成了7万多字的学位论文，邓先生和侯老师承担了论文评阅工作，都给了90分以上的高分。同学们很羡慕地说："这两位老师在学术方面都很严格，你能得到他们的认可真是不容易。"经过答辩后，我的硕士论文《建筑形态的构成与演

邓先生主持设计的陕西铜川耀州窑博物馆

1999年邓先生设计的昆明园艺博览会黑龙江天鹅园主体建筑和大门

丹东抗美援朝纪念馆扩建工程

邓林翰先生（右一）与刘志和参加丹东抗美援朝纪念馆竣工庆典

有邓先生签名的丹东抗美援朝纪念馆落成首日封（毛承国收藏、提供）

化》被评为优秀论文。而后，邓先生根据我的工作、学习经历和特点，建议我继续从事理论研究工作，将建筑设计的经验扩展到更宏观的城市环境尺度，并把我引荐给金广君先生，攻读城市设计方向的博士。在金先生的悉心指导和邓先生的鼓励下，我顺利地完成了博士论文《现代城市设计中的生物学思想研究》，并在邓先生、金先生、徐老师的关心和支持下顺利留校，做了一名高校教师，实现了我潜心研究、教书育人的梦想。

2007年初，邓先生被医院误诊为腮腺炎，在家静点，因他的家人都在国外和外地工作，我和邓先生的一位亲戚轮流前去照顾，老先生身体虚弱，但一直敦嘱我完成好"中外城市发展史"的新课建设，告诉我这门课因原授课老师调离，已中断两年多了，这门课在课程体系中十分重要，不能继续空缺下去。邓先生把他保存的《哈尔滨城市规划工作纪要》赠予我，希望我接好这班岗。静点疗程结束后，邓先生要我回去安心做好课件，没承想，后期再打电话，家里一直无人接听，我前去家中看望，敲门也无人应答，误以为是被孩子接去南方疗养。后来春节期间同学聚会，才听说邓先生患的是淋巴癌，后来紧急送去医院，但病程发展太快，已然故去，我心里十分难过，竟未能见上恩师最后一面。

邓先生已经离开我们十三年有余，但他的音容笑貌时常浮现在脑海，鼓励、温暖着我们后一代人砥砺前行，做好设计研究和教学工作。邓先生正直勤勉，设计造诣高超，教育培养了大批学子走上教学和建筑设计岗位，堪为我们的一代楷模。

回忆这些往事，犹如寻根一样，让我们追寻、挖掘出哈工大建筑学院发展进程中的脉络与印记，缅怀老一代教师与学人的风骨与情怀，传承他们的骄人功业和精神，滋养、哺育一代新人铸就新的篇章和辉煌。

2020年12月
哈尔滨

哈雄文像

哈雄文和他的建筑人生路
——纪念哈雄文先生诞辰110周年

邹广天

哈雄文 别名"涛声",英文名为"Ha Harris Wayne"。回族,九三学社成员,1907年12月12日生于北京,1981年9月13日病逝于上海。他是回族名将哈元生之后人,祖籍为河北河间(古称"瀛洲");其父哈汉章出生于湖北汉阳,也是回族名将。故其档案常写"原籍湖北""生长北京"。哈雄文1927年毕业于清华学校(或称"清华学堂",即清华大学前身),是1927届(丁卯级)毕业生。同年赴美国约翰·霍普金斯大学(The Johns Hopkins University)经济系学习,1928年6月入美国宾夕法尼亚大学(University of Pennsylvania)美术学院建筑系改学建筑学,1932年2月毕业,获建筑学学士(B. ARCH)、艺术学学士(B. F. A),是我国第一代走出国门学习和考察欧美建筑与城市规划的留学生之一。1932年在考察欧洲法国、奥地利、意大利、德国的建筑与城市之后回国。

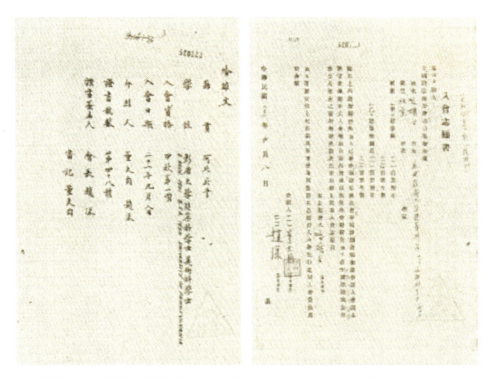

哈雄文加入中国建筑师学会的"入会志愿书"（1932年9月8日）
李微. 哈雄文与中国近现代城市规划 [D]. 武汉：武汉理工大学, 2013.

1932年9月8日，哈雄文先生由董大酉、赵深作为介绍人加入中国建筑师学会。他曾在多家著名的建筑师事务所任建筑师；曾在多所著名的大学建筑学学科任教授和领导；曾任国民政府内政部地政司技正、营建司司长；曾在我国近代建筑师的职业团体——中国建筑师学会先后担任理事、常务理事、代理理事长。离世前，其主要社会兼职为中国建筑学会名誉理事、黑龙江省第四届政协委员、哈尔滨市第五届政协委员、黑龙江省土木建筑学会理事、哈尔滨建筑工程学院学术委员会副主任委员、建筑系教授。哈雄文先生是我国近现代建筑与城市规划领域的设计大师、学术大家、职业团体的重要领导人、政府高级行政官员，是我国近现代高等建筑与城市规划教育家。

2017年12月12日是哈雄文先生诞辰110周年纪念日。为了更加清晰而翔实地记述其与建筑和城市规划相关的人生经历，笔者主要基于哈雄文人事档案材料，同时结合《中国近现代高等教育人物辞典》《哲匠录》《近代哲匠录——中国近代著名建筑师、建筑事务所名录》《南京地方志》等记述哈雄文的词条、张家骥撰写的《缅怀哈师雄文》、李微撰写的《哈雄文与中国近现代城市规划》等文献、关于哈雄文的各种散见的记载、相关师生的访谈笔录等，谨撰此文以纪念哈雄文先生诞辰110周年。

拳拳富国利民心

哈雄文先生早年由学习经济学改为学习建筑学，留学学成归国后就一直怀有通过建筑与城市建设等工程来"富国利民"的抱负。关于"富国利民"的抱负，主要体现在1950年7月他在复旦大学土木系亲笔撰写的一份思想总结。这份思想总结材料共6页半，采用的是钢笔行楷字体，写在"No. 3 粹华稿笺(20×25=500)"的绿格竖排稿纸上，蓝色的钢笔字文稿字迹工整、清晰，可以想象得到他当时写作的态度是极为认真的。封面为半页稿纸，上面写有标题"思想总结"和"国立复旦大学土木系　哈雄文　一九五〇年夏"，还有用铅笔字标注的"第十二小组"；正文篇幅为四页半，约2 380字，标题为"一年来的思想总结"；文稿的最后则是哈雄文的方形红色名章和"第十二小组"17名同组人员的亲笔签名。这份思想总结材料，是除了哈雄文先生公开发表的论文、座谈会发言之外，我们目前能够查找到的极为难得的哈雄文先生手书文稿，是我们了解中华人民共和国成立前后那一年来哈雄文先生内心活动的最好的佐证材料，也是了解和理解他的建筑人生路的最好的佐证材料。现将其全文转录作为附录(附录1)。

从哈雄文的这份思想总结中，我们可以看到以下几点：

第一，他首先阐明了自己的"平生抱负"。即他无论是做什么工作，都是基于所学的"建筑工程与市镇计划"，将"平生抱负"定位于"改善我们市镇城乡的环境、为大家谋居住上、工作上及文娱上的福利"。他的抱负与改善环境、为大家谋福利紧密相连。他所说的"毕业后""十八年以来"正是指1932年他在宾夕法尼亚大学毕业回国到1950年这一阶段。

第二，他说明了为什么"在解放的前一年""决然地脱离了反动派的政府"。即他发现当时的国民党政府对于"福国利民的工作是不感兴趣的"，没有建设经费实施建设计划，当时的环境使其"非常灰心""无法再奋斗下去"。在这里他使用了"福国利民"这一反映其抱负的重要词语。

第三，他分别从"政治觉悟""纯技术观点""个人英雄主义"三个方面进行了总结，谈了他在思想上的收获和转变；阐述了"建设政策正确不正确"的重要性；阐述了"为人民、为国家服务"的工程师才是"国家所需要的工程师"；

同济大学文远楼（黄毓麟、哈雄文设计，1953年建成）

《郑州市都市计划草案平面图》（哈雄文，1952年）

同济大学新闻中心. 百年土木 继往开来——百年土木系科发展图片掠影. 同济大学新闻网. http://news.tongji.edu.cn/classid-6-newsid-45103-tshow.html。2014年11月7日。

王鲁民. 郑州交通与城市发展. 2009年12月18日. 郑州市交通运输管理委员会网站，http://www.zzjtj.jov.cn。

阐述了什么是"无我"——"忘掉自己利害的立场为大众谋福利"。这里再次谈到了"为大众谋福利"的观点。

第四，他在总结"没能搞通的思想"这一部分的总结中，再次强调"因为旧书读得太多，国家至上、民族至上的意识充满了脑际，富国利民就是平生的抱负"。由此可知，对于哈雄文先生来说，他所做的一切事情都是基于其"富国利民"的"平生抱负"。所以，他在以建筑师、规划师、政府高级行政官员、专家、学者、职业团体负责人等身份工作时，始终勤勤恳恳、兢兢业业、贡献卓著。

作为建筑师和城市规划师，他曾经先后在董大酉建筑师事务所（1933年至1937年）、文华建筑师事务所（1948年至1949年）、联合顾问建筑师事务所（1950年至1952年）等多家著名的建筑师事务所从事建筑与城市规划工作。他主持或参与设计的建筑、规划作品有：上海铁路管理局大厦设计（董大酉、哈雄文，1936年）、同济大学文远楼设计（黄毓麟、哈雄文）、上海江湾新市区规划和建筑设计（董大酉、哈雄文）、郑州市城市规划草案设计（哈雄文）、武汉测量制图学院规划设计等。在董大酉建筑师事务所工作期间，他参与设计了许多由董大酉主持的建筑设计和城市规划项目，受到了具有"面向现实、拥抱'现代建筑'的设计姿态"的董大酉的许多影响是不言而喻的。在建筑设计方面，他尤其推崇现代建筑风格，无论是对称还是非对称的建筑方案，都形体简单但主次分明，造型简洁、利落，很少用装饰；非常强调在平面设计中合理、细致地处理功能、流线和分区，因此在同事和学生中获得了"哈平面"的美称。他重视建筑理论研究，在建筑形态创新方面，他主张"我们的新造型不是模拟古代的东西，也不是抄袭国外的新东西，而是要以新材料、新技术创造出有我国固有风格的新造型，要神似而非形似"。在城市规划、校园规划设计方面，他重视空间轴线的处理，重视功能分区，体现出了强烈的大局观、整体观和发展观。

作为政府高级行政官员，他曾先后担任国民政府内政部地政司技正（1937年9月30日）、营建司司长（1942年到职，1943年5月29日任职，1949年3月7日离职）。日本侵华战争爆发期间，他随国民政府迁往重庆。1939年6月8日（另有一种记载是1939年7月15日），国民政府在重庆公布《都市计划法》（附录2），该法由哈雄文执笔制定，是中国近代第一部城市规划法，是中国近代城市规划法制化的开端。他任营建司司长期间，主持"审查各地公共工程及都市计划"；1946年写作了《哈雄文回复南京都市计划现实问题意见希查照（1946年3月31日）》；同年4月16日，他与美国专家毛理尔（Arthur. B. Morril）、戈登（Normon .J. Gorden）一起应邀对《陪都建设计划初步草案》进行讨论和实地考察。同年8月25日，湖北省政府举行会议，决定邀请粤汉区、平汉区铁路管理局及中国桥梁公司共同组织成立武汉大桥筹建委员会之后，他陪同美国专家戈登到武汉视察并提出了关于武汉大桥建设的意见。他还与娄道信先生等一起编辑出版了《公共工程专刊》（第一集，哈雄文、娄道信编辑，1945年10月，内政部营建司发行。第二集，哈雄文主编，娄道信、卢绳编辑，1947年6月，内政部编印，内政部营建司发行）等内政部丛刊，留下了大量的珍贵文献。他主持绘制、出版了《内政部全国公私建筑制式图案》（第一集至第四集、第一、二、三集合订本，内政部营建司设计绘制）等标准图集，在推进我国近现代建筑的标准化方面功不可没。可以看出，他在城市建筑与规划的领导岗位上，重视的是建设立法、都市计划（城市规划）、建筑制式、标准图集以及如武汉长江大桥那样的重大建设项目。

作为学术大家，他撰写了《现阶段中都市营建行政的最低要求》（《市政评论》，1944年第3期）、《论我国城镇的重建》（《公共工程专刊·第一集》，1945年）、《新中国都市计划的原则》《公共工程专刊·第二集》，1947年6月）、《战后我国都市建设之新趋势》（《市政评论》，1947年第8期）、《漫谈市政工程建设》（《市政评论》，1948年第1期）《都

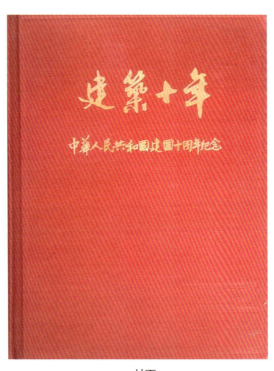 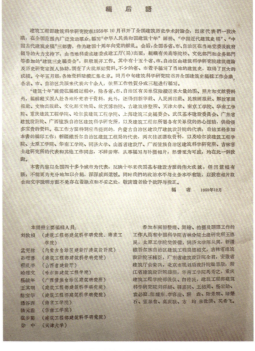

a. 封面　　　　　　　　　　b. 编后语和主要编辑人员

哈雄文先生参加编辑的大型画册《建筑十年》（1959年）

由笔者指导的硕士研究生、哈雄文研究特别助理尚德重拍摄于哈尔滨工业大学建筑计划与设计研究所所藏文献。

市发展与都市计划》(《市政建设》，1948 年第 1 期)、《当前都市计划之途径》(《南京市政公报》，1948 年 1 期)、《科学化的城市建设》(《市政建设》，1950 年第 4 期)、《对建筑创作的几点看法》(《建筑学报》，1959 年第 6 期)、座谈记录《建筑不仅是造房子而已》(《工程界》，第四卷第九、十期合刊)、座谈会发言摘要《关于建筑现代化和建筑风格问题的一些意见》(《建筑学报》，1979 年第 1 期) 等大量文章；与刘敦桢先生等人一起编辑了大型画册《建筑十年 中华人民共和国建国十周年纪念》，"以全国四十多个城市为代表"，热情地讴歌和反映了中华人民共和国成立后十年中"在基本建设方面的伟大成就"。由上可知，作为学者，他非常重视建筑理论的研究和实际的结合，重视探讨与城市规划和建筑设计相关的要求、原则、趋势、途径、矛盾、创新。

作为九三学社的社员，他曾任哈尔滨市政协委员会委员、黑龙江省政协委员会委员，积极参政、议政，发挥了一个民主党派成员和高级知识分子应起的作用。

作为全国或地方性职业团体组织的主要负责人，他曾担任中国建筑师学会理事、常务理事、代理理事长(1949 年 7 月至 1950 年 2 月)、上海建筑技师公会理事长(1951 年 6 月至 1952 年 3 月) 等重要职务，处于建筑专业社会团体组织的核心地位，发挥了重要的领导作用。

作为专家，他曾任上海市人民政府市政建设委员会委员等职，参与审查了各种建筑、规划、市政工程等方面的项目。1953 年他应邀考察浙江大学新校址。1958 年他到哈尔滨后，曾应邀对建设中的哈尔滨人民防洪胜利纪念塔提出建设性的宝贵意见。1975 年 9 月他参加了北京图书馆扩建工程方案设计工作会议。1978 年 10 月 22 日他参加了研讨建筑现代化和建筑风格问题的座谈会并发言。1980 年 8 月 12 日至 10 月 16 日，建筑、城建、园林界、文物、历史界、文学、艺术及其他各界人士 1 583 人在《保护、整修及利用圆明园遗址倡议书》上签名，哈雄文先生的签名列于其中。1981 年 9 月 13 日，他是在参与即将于当年 10 月在北京召开的国际阿卡·汗建筑学术讨论会的紧张而繁忙的准备工作中突然发病离世的，为建筑与城市规划事业奋斗到了他生命的最后一刻。

殷殷建筑教育情

哈雄文先生对建筑与城市规划教育事业具有深深的感情。他先后在沪江大学、中央大学、复旦大学、交通大学、同济大学、哈尔滨工业大学、哈尔滨建筑工程学院担任专职或兼职的教授或专业领导职务，为这些学校乃至我国的高等建筑和城市规划学科、专业的发展与人才培养做出了贡献。

他 1934 年 9 月至 1937 年 1 月在上海沪江大学建筑科任教授兼主任，"教授建筑设计及建筑绘图"；1939 年，应谭垣教授的邀请任中央大学工学院兼职教授，为迁到重庆郊区沙坪坝的中央大学(东南大学的前身)建筑系代课；1949 年至 1951 年，在上海复旦大学土木系任教授；1951 年至 1952 年在上海交通大学土木系任教授；1952 年 9 月至 1958 年 9 月，由于院校调整，随交通大学土木系到同济大学建筑系任专任教授，曾任同济大学建筑设计教研室主任、城市规划教研室成员。

特别值得一提的是，1958 年"为支援东北建设，到哈尔滨工业大学协助筹建建筑学专业"，他从同济大学调往哈尔滨工业大学，成为当时东北地区仅有的一名三级教授，成为哈尔滨工业大学、哈尔滨建筑大学(原哈尔滨建筑工程学院) 两校建筑学学科、城市规划学科的新一代学科带头人、顶梁柱。1958 年 10 月至 1959 年 1 月，在哈尔滨工业

a. 北京图书馆扩建工程方案设计工作会议与会者合影（1975年9月）
前排右起第11人为哈雄文先生

b. 合影照片局部中的哈雄文先生（前排左起第1人）
北京图书馆扩建工程方案设计工作会议照片
黄伟康.37年前的一次建筑师"奥林匹克".建筑人黄伟康的博客.http://blog.sina.com.cn/s/blog_50054bde01014wo6.html.2012年8月21日。

大学土木系建筑教研室任教授；1958年12月，中共哈尔滨市委组织部向中共哈尔滨建工学院党委下发《关于哈雄文同志职务变动的通知》，内容为"哈雄文同志任哈尔滨建筑工程学院工程系副主任"。于是，1959年1月他和哈尔滨工业大学土木系建筑教研室的教师们一起整编制调往新成立的哈尔滨建筑工程学院，出任工程系副主任、教授。同年，建筑学专业成立专业委员会(筹建建筑系)独立运作，他担任建筑学专业委员会主任，后又主持创建了城乡规划研究室并任主任。1961年，他与张之凡先生一起开始招收研究生、开展研究生教育，使哈尔滨建筑工程学院的建筑教育跃上了一个新的台阶。恢复高考之后，哈雄文先生又为哈尔滨建筑工程学院建筑学学科和专业的建设与发展做出了许多新的贡献。

哈雄文先生建筑设计教育方面，非常重视学生这一主体，强调教师做"示范性设计教学"，强调教师给学生改图，但不搞教师至上，不允许把教师的想法和意见强加于学生。50多年前，他对当时的青年教师张家骥明确提出过两条教学要求："一是要多听听学生自己的想法，二是必须在学生所做方案的基础上改图。""多听听学生自己的想法"，才能知道学生在想什么，才能够培养学生独立思考、独立发现问题和解决问题的能力。"示范性设计教学"和"给学生改图"，才能使学生看到教师在建筑设计思维和表达方面的专业素质、水准和要求，看到努力的方向。"必须在学生所做方案的基础上改图"，才能保持学生所做方案的特点和特色，"在学生所做方案的基础上"指导学生完善方案，使学生感到自己的想法得到了认可和尊重，进而激发学生学习的热情和创造力的发挥。现在看来哈雄文先生的这种建筑设计教育理念，可以说仍不过时，仍然是非常重要的、非常正确的。

巍巍高山仰慕之

笔者作为一名有幸于1978年考入哈尔滨建筑工学院建筑学专业学习的本科生，对于我们的老师们经常在教学和回忆录中提及的"哈先生"，心中始终充满了崇敬之情。在关于哈雄文先生的各种评价中，张家骥先生和常怀生先生的评价最具有代表性和权威性。当年作为哈雄文先生的助手随其来到哈尔滨工业大学、哈尔滨建筑工程学院的张家骥先生曾经在《缅怀哈师雄文》一文中对哈先生有如下记述："豁达大度，性格开朗，对人随和热诚，对后辈热心提掖，对学生诲人不倦，深受青年教师和学生们的爱戴和尊敬。"常怀生先生在《哈尔滨工业大学建筑学院春秋录》一文中对哈先生的评价是："他的严谨治学、精于耕耘、勤于敬业、为人师表的宗师风范深受广大师生的尊崇与爱戴。"

抗日战争时期，当中央大学建筑系发生"师资危机"而向他求援时，他欣然接受邀请作为代课教授，解了燃眉之急。

在1949年7月13日召开的中国建筑师学会理事会上，因理事长、常务理事陆谦受先生长期离沪、无法履行职责，大家公推他出任代理理事长的时候，他接受重任，带领学会积极开展了一系列卓有成效的工作和活动，直到1950年2月4日学会召开年会换届为止。

1958年，当哈尔滨工业大学派专人赴上海邀请他来哈尔滨支持建设东北建设、筹建哈尔滨工业大学建筑学专业时，他欣然接受邀请，来到条件艰苦的东北、来到哈尔滨、来到哈尔滨工业大学；当需要在基于哈尔滨工业大学土木系分立出哈尔滨建筑工程学院时，他又是欣然前往，并一直在这一岗位上奋斗到生命的最后一刻。1978年，当恢复高考后的哈尔滨建筑工程学院需要重建建筑学专业的时候，他置年事已高、体弱多病于不顾，再次挑起了学科建设的重任。

《关于哈雄文同志职务变动的通知》(中共哈尔滨市委组织部文件,(1959年12月)
李微. 哈雄文与中国近现代城市规划[D]. 武汉：武汉理工大学硕士学位论文, 2013。

作为朋友，他以诚相待，广交益友，既有许多在清华学校学习和美国留学时候的老友，也有许多在后来的工作中结识的朋友甚至是忘年交。1926年，在清华学校求学时期的哈雄文因好友周君的亡故感到了极大的震惊。1926年7月20日，虽然时间过去了三个月，但是他仍然怀着一种对友人的特殊情感，在清华园里以凄切的文笔写下并发表了一首9段、36行的自由诗《梦亡友周君》，今天读来仍然可使人感到他对友人的那种情深意切。1978年，在南京玄武湖，晚年的他与赵深先生、童寯先生、刘光华先生等曾在宾夕法尼亚大学建筑系留学的老校友相聚在一起，留下了一张能够见证半个多世纪深厚友谊的珍贵照片。

作为教师，他更是以满腔的热情投入到建筑教育、城市规划教育之中，在多所高校留下了他执教的身影和心血，培养了无数专业人才，时间跨度长达半个世纪。在目前能够找到的几张教学照片中有一张20世纪50年代他与哈尔滨建筑工程学院的学生们在一起的珍贵照片：十多位学生围在他的身旁，从大家的表情可以感受到当时那种和谐、融洽的教学氛围。

作为长者，还有一张珍贵的照片格外引人注目：端坐的哈雄文先生表情安详、亲切地怀抱着一个孩子。这个孩子就是张之凡先生的儿子张滨。从这张拍摄于20世纪60年代初期的照片，我们可以看出在哈尔滨生活不久的哈雄文先生已经与工作单位的同事及其家人建立了良好、亲密的关系。

结　　语

由于种种原因，以往对于哈雄文先生的研究严重地受限于史料的收集和梳理。随着档案调阅、相关文献和史料搜集、人物访谈等研究与分析工作的展开，哈雄文先生及他所走过的建筑与城市规划人生路线的轨迹渐渐地展现在我们面前。哈雄文先生虽然出身于少数民族名将之门和旧官吏家庭，但并没有随父从军，而是学了经济学，学了建筑学、城乡规划学和艺术学。留学归国后，他逐渐从一个旧中国的建筑师、城市规划师、主管国家城乡建设领域的政府高级行政官员、精通建筑和城乡规划专业的著名专家、学者、教授、职业团体组织的负责人，成为中华人民共和国的建筑与城市规划领域的设计大师、学术大家、教育家。

哈雄文先生的一生是具有传奇性的一生。在其74年的人生道路中，从1928年6月进入美国宾夕法尼亚大学改学建筑学开始算起，哈雄文先生与建筑、与城市规划相伴的岁月长达半个多世纪，走过了一条漫长的建筑人生路。他无论是在欧美还是回到祖国，无论是在和平时期还是在抗日战争时期、解放战争时期，无论是作为建筑师、政府高级行政官员、职业团体负责人还是作为高校建筑学专业的领导和教师，无论是在条件优越的上海还是在条件艰苦的哈尔滨，无论是身体健康还是疾病缠身，始终怀有的都是拳拳富国利民心、殷殷建筑教育情。哈雄文先生为我国的建筑与城乡规划事业做出了贡献、为我国的建筑与城乡规划教育做出了贡献。他的贡献，不是单一的，而是综合的；不是短时的，而是长期的；不是一般的，而是突出的。在哈雄文先生研究方面仍然有很多课题留待我们去研究、有很多未弄清楚的问题等待我们去解答。哈雄文先生和他的建筑人生路，将始终被后人铭记。

（致谢：感谢哈尔滨工业大学档案馆雷稚蔷副馆长在哈雄文先生档案调研过程中所给予的大力支持！感谢常怀生先生、侯幼彬先生、郭恩章先生、李桂文先生、赵光辉先生在哈雄文先生往事回忆过程中所给予的大力支持！）

哈雄文先生与赵深先生、童寯先生、刘光华先生在南京玄武湖留影
童明．祖父的像簿．2015年11月2日．http://www.bookdao.com/article/98871/。

附录 1

一年来的思想总结

哈雄文

我是一个建筑师,毕业后曾在三种不同的岗位上担任技术工作:自由职业者、工程行政官、教授。因为我所学的是建筑工程与市镇计划,所以平生抱负是在改善我们市镇城乡的环境、为大家谋居住上、工作上及文娱上的福利。十八年以来,我曾不断地参加工程学术团体、编写工程刊物,以引起人民与政府对这项重要建设的兴趣和注意。

抗日战争带来了千载难逢的城市重建工作。我正是在那时候担任了国民党政府内政部营建司长,满以为可以把多年来的抱负付诸实现,但是经过了四五年的努力,才发现那时的国民党政府对于这种富国利民的工作是不感兴趣的。尽管我们自己埋头苦干,尽管各地方需要技术上的协助,但是结果总是计划摆下来,经费批不准。那时的环境使我非常灰心,使我无法再奋斗下去。所以在解放的前一年,我决然地脱离了反动派的政府。

中华人民共和国成立后这一年,我个人的思想改造虽然没有做到一百八十度的转湾(注释:应为"转弯"),但确实收获了很多。因为个性是富于保留性的,思想的转变并不太快。经过一年来不断的自我检讨,思想慢慢在搞通,现在分几点来说:

1. 关于政治觉悟。因为受了家庭的影响,我从幼时即对政治不但不感兴趣,而且有反感。成人后,"士大夫"的观念更浓厚了,认为政治是污浊的,坏人可以做官,好人做官是要吃苦的。所以后来自己做了官,虽是技术官,虽是抱着我不吃苦谁来吃苦的决心,但内心永远存在着矛盾心理,认为玷污了自己。我从前对党的看法,也一样存在鄙视的心理,认为靠党来做事做人,是个人无能的证明。当一九四二年强迫受训入党时(注释:指在内政部营建司任职期间被强迫受训并加入国民党),直到今日,除了一部实业计划外,三民主义从未读过,开会活动也从不参加。对于共产党与共产主义更是一无所知。但是这一切心理与看法,今年一年来都改变了。我先用事实的表现去衡量中华人民共和国成立前后种种的不同、种种的进步,这种表现、这种进步更引起了我的好奇心理,我开始展读共产主义的书,进一步了解理论,我渐渐抛弃了"士大夫"超阶级的思想,采取人民的立场、主人的看法,共产党军队的纪律严肃,干部历苦负责,事事为人民,处处为国家,使我感觉到以往主观的错误,使我开始认识共产主义是建设性的而不是破坏性的,是为人民的而不是反人民的,我深深地了解新民主主义是走向社会主义的桥梁,尤能适合我们国家现在情况。这种政治觉悟与认识,在他人或须(注释:应为"或许")认为不稀奇、很平常,但在我个人是很大的收获、很大的改造。

2. 关于纯技术观点。技术高于一切,工程建设国家。这是我们学工程的口号。我们一向认为如要建设国富民强的国家,必须先做好工业建设,要做好工业建设,必须先有工程建设。这是天经地义。工程师们自己向来认为是建国的先锋,没有工程师,谈不到建设。到现在看来,我们这种看法仅是对了一半。不错,技术是要的,工程是要的,但是建设政策正确不正确,岂不是更重要?为谁去建设、建设后的享受者是谁,岂不是大前提?房子尽管盖得尽善尽美,但是住进去的不是人民而是少数剥削者,显然我们工程师的立场有了问题。以前我们忽略了这些基本问题而采取了纯技术观点,只要工程做得多、做得大、做得好、做得快,其余不问,就是犯了思想上的错误。我记得中华人民共和国

哈雄文先生与建筑工程学院的学生们在一起
徐苏宁.1985—2015 哈尔滨工业大学（哈尔滨建筑工程学院）城市规划专业成立三十周年.规划中国.2015,10,28.微信公众号：guihuazhongguo。

成立后我主持了一次上海建筑师大会，有一位建筑师发言说，从前工程师是靠资本家养活着的，现在没有资本家、没有工程，岂不大家要饿死？我当时答复他说，国家现在需要建设人才的数量，绝对不是从前资本家所能照顾的少数工程师就算够了。我们国家有这么巨大的工程建设摆在面前，我们绝不会无工可做，有工作就不会饿死。不过，大家要注意，我们要多学习、多准备，尤其必须站定了工人阶级的立场，为人民、为国家服务，这才是国家所需要的工程师。

3.关于个人英雄主义。在历史上，个人英雄主义演出许多悲剧。到今天，我是绝对相信群众是一切事业的基础。脱离了群众，只有失败，不会成功的。新民主主义的真谛就是以"无我"的精神，为人民服务。何谓无我，就是忘掉自己利害的立场为大众谋福利，无我也就是虚心，多学习，少成见，这一点我承认自己还得多下功夫。这种不能完全抛弃旧的思想包袱的累赘，不能勇敢地检讨自己的成见，都是个人英雄主义在作祟。总觉得自己从前所作所为确有不少地方站稳在人民的一边、群众的一边，因此而自大自满。譬如说，我多年来所主张的市镇计划政策，如市地公有、强迫征收公用地、公用事业收归公管、平民住宅计划等等，都是相当前进的，因而感觉自己是站在时代前面的。殊不知这些主张既不是独自一己的发明，又没有充分地促其实现，实际上可说毫无成就。这种好高骛远的作风、自命不凡的习气，完全是个人英雄主义的表现。在解放后，自己对自己重新估了价，才真懂得什么是虚心，什么是无我。

以上可以说，一年来自己思想斗争的小小收获。自己深深知悉，由于小资产阶级出身，接受新意识的过程是保留很多、进步缓慢的，但我认为这是好现象。工程师的态度本来应该是格物致知、实事求是，而且处处怀疑的。唯其慢，才能消化、才能坚定。但是没能搞通的思想也不少。自己也很纳闷，没有使我满意的答案，更使我平素的自尊心受了打击。例如：

1.领导太多太广，使我们自发自动的地方太少。上大课所听到的都是千篇一律，不够深入，不能满足我精神上的需要。

2.因为旧书读得太多，国家至上、民族至上的意识充满了脑际，富国利民就是平生的抱负。对于国际不够了解，对于国际主义更不明了。

3.土地为什么不国家化？

4.从前有产的、有个人的、有超阶级观念的我，现在变成无产的、工人阶级的我，这是一桩快事。但是转变得太快了，思想没有充分准备，生活上又无显著变更，这陡然增加了我的自愧心、不安心，觉得劳心者与劳力者尚未打成一片。

以上是我思想尚没有搞通的地方，原因可能是读书太少、不够虚心、太注重自己专门学识上的研究，而没有在更重要的思想问题上多下功夫。但是古人说过"欲速则不达"，希望明年的思想总结，我自己能够答复我自己的问题。

一九五〇年七月
复旦大学
（方形红色哈雄文印章）

董钟林　曹敬康　李新民　朱宝华　庄　鹏　李华帅　詹　敏　陈浩恒　沈　盘　巢庆临　俞　微　朱颐龄　徐子善　金通尹　许日武　何育辽　贾宝范

（原稿收藏于哈尔滨工业大学档案馆）

哈雄文先生与张之凡之子张滨
张滨. 我对父亲的了解原来不及他的同窗和同事. 张滨漫画的博客. http://blog.sina.com.cn/s/blog_7001590a0102x24w.html. 2017 年 5 月 21 日。

附录 2

都市计划法

第一条 都市计划法除法律另有规定外,依本法之规定定之。

第二条 都市计划由地方政府依据实际情况及其需要指定之。

第三条 左列各地方应尽先拟定都市计划:

一、市。二、已辟之商埠。三、省会。四、聚居人口在十万以上者。五、其他经国民政府认为应依本法拟定都市计划之地方。

第四条 前条规定之地方,如因军事、地震、火灾、水灾或其他重大事变致受损毁时,地方政府认为有改定都市计划之必要者,应于事变后六个月重为都市计划之拟定。

第五条 就旧城市地方为都市计划,应依当地情形另辟新市区,并应就原有市区逐步改造。

第六条 都市计划拟定后,应送由内政部会同关系机关核定,转呈行政院备案,交由地方政府公布执行。都市计划经核定公布后,如有变更,仍应依前项之规定办理。

第七条 都市计划公布后,其事业分期进行状况,应由地方政府于每年度终编具报告,送内政部查核备案。

第八条 地方政府为拟具都市计划,得遴聘专门人员,并指派主管人员组织都市计划委员会拟订之。

第九条 都市计划委员会之组织通则,由内政部定之。

第十条 都市计划应表明左列事项:

一、市区现况。二、计划区域。三、分区使用。四、公用土地。五、道路系统及水道交通。六、公用事业及上下水道。七、实施程序。八、经费。九、其他。

前项各款,应尽量以图表表明之。其第一款应包括地势、人口、气象、交通、经济等状况,并应附具实测地形图,明示山河地势,原由道路、村镇、市街及名胜建筑等位置与地名,其比例尺不得小于二万五千分之一。

第十一条 都市计划区域,应依据现在及既往情况,并预期至少三十年内发展情形决定之。

第十二条 都市计划应划定住宅、商业、工业等限制使用区,必要时并得划定行政区及文化区。

第十三条 住宅区内土地及建筑物之使用,不得有碍居住之安宁。

第十四条 商业区内土地及建筑物之使用,不得有碍商业之便利。

第十五条 具有特殊性质之工商,应就工业区内特别指定地点建筑之。

第十六条 行政区应尽可能就市中心地段划定之。

第十七条 文化区应就幽静地段划定之。

第十八条 土地分区使用规定后,其土地上原有建筑物不合使用规定者,除准修缮外,不得增筑。但主管地方政府认为必要时,得斟酌地方情形,限期令其变更使用,其因变更使用所受之损害,应补偿之。

封面

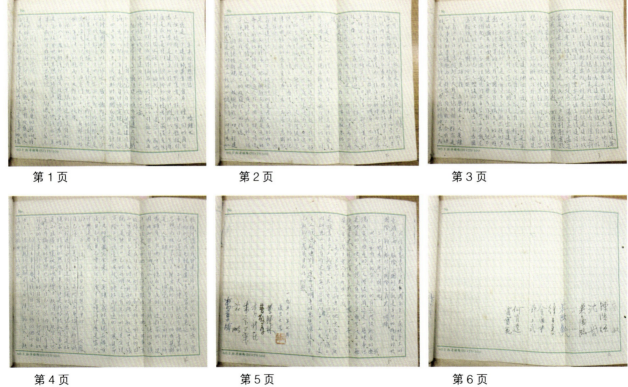

第1页　　第2页　　第3页

第4页　　第5页　　第6页

哈雄文《思想总结》手书文稿（1950年7月于复旦大学）
笔者拍摄于哈尔滨工业大学档案馆。

第十九条 市区道路系统,应按分区及交通情形与预期之发展布置之,道路占用土地面积不得少于全市总面积百分之二十。

第二十条 市区道路之纵横距离,应依使用地区分别定之。

第二十一条 市区主要道路交叉处,车马行人集中地点及纪念物建筑地段,均应设置广场,并应于适当地点设置停车场。

第二十二条 市区公园依天然地势及人口疏密,分别划定适当地点建设之,其占用土地总面积不得少于全市面积百分之二十。

第二十三条 市区饮用水以自来水为原则,其未能设备自来水者,其饮用水源应有卫生管理之规定。

第二十四条 市区饮用水源地域,不得有排水沟渠之灌注及碍害水源清洁之设置。

第二十五条 市区内中小学校及体育、卫生、防空、消防设备等公用地之设置地点,应依市民居住分布情形适当配置之。

第二十六条 市区垃圾粪便利用水道运出者,其码头应设于距市区一公里以外之地位。

第二十七条 市区公墓应于适当设置之。

第二十八条 都市计划得分期分区实施。

第二十九条 新设市区,应先完成主要道路及下水沟渠。

第三十条 新设市区建筑地段,应尽先完成土地重划。

第三十一条 本法施行细则,得由各省市政府依当地情形订定,送内政部核转备案。

第三十二条 本法自公布日施行。

(1939年)

注释

[1] 哈雄文. 上海市高等教育及学术研究工作者登记表.1949年10月31日填写. 存档于哈尔滨工业大学档案馆《哈雄文干部档案 正本》,编号:1-2。

[2] 王贵祥. 建筑学专业早期中国留学生与宾夕法尼亚大学建筑教育. 张复合主编,贾珺副主编. 建筑史.2003年第2辑第232页。

[3] 刘克屏.在哈雄文同志追悼会上的悼词.上海龙华殡仪馆,1981年9月25日。存档于哈尔滨工业大学档案馆。刘克屏,1960年3月28日,在国务院第98次全体会议上被任命为哈尔滨建筑工程学院副院长(彭凯的博客. http://blog.sina.com.cn/s/blog_a3f2f59901018ieb.html)。

[4] 张家骥(1932年—2013年2月4日),江苏淮阴人。建筑学教授。1956年毕业于同济大学建筑系并留校任教。1958年冬作为助手随哈雄文教授到哈尔滨工业大学,参与筹建哈尔滨建筑工程学院建筑系。1983年底调往苏州城建环保学院,任建筑系首任系主任、古建园林研究室主任。著有《中国造园史》(黑龙江人民出版社,1987年11月)、

哈雄文先生

张家骥. 缅怀哈师雄文. 原文载：同济大学建筑与城市规划学院编. 同济大学建筑与城市规划学院五十周年纪念文集. 上海科学技术出版社，2002. 引自：同济大学建筑与城市规划学院编. 历史与精神 同济大学建筑与城市规划学院百年校庆纪念文集. 北京：中国建筑工业出版社，2007。

《园冶全释》(山西古籍出版社,1993年6月)、《中国建筑论》(山西人民出版社,2004年5月)。笔者有幸在本科阶段,聆听过由张家骥先生主讲的住宅建筑设计原理课程,并在其指导下进行住宅建筑设计;硕士研究生阶段,聆听过由张家骥先生主讲的中国造园史课程,并在张家骥先生的指导下协助其绘制了一部分《中国造园史》的插图。2010年11月,笔者去苏州大学讲学,一到苏州就去张家骥先生家中探望,相聚甚欢。万没想到的是,那一次竟然就是与张家骥先生见的最后一面。还要提及的是,张家骥先生的夫人程友玲先生(同济大学61届建筑学专业本科毕业生)后来也来到了哈尔滨建筑工程学院,曾经担任笔者所在的建筑78班的班主任。在纪念哈雄文先生诞辰110周年之际,也向因哈先生奉调哈尔滨而相继到哈尔滨工作的张家骥先生、程友玲先生表达深深的缅怀之情。

[5] 哈雄文. 思想总结(《一年来的思想总结》).1950年. 存档于哈尔滨工业大学档案馆. 该文原件繁体字与简体字并用、右起竖向书写,无标点符号。原件曾被添加"、"符号用来断句。现转录为附录的文中标点符号为笔者所加。为阅读方便,改为简体字、横向排版;其中用词、用字均未做改动。在思想总结后签名的"第十二小组"人员共17人。"第十二小组"属于何种组织尚待考证。

[6] 中国建筑学会建筑设计委员会(原为建筑创作委员会),于1978年10月22日,在广西南宁召开恢复活动大会,并针对建筑现代化和建筑风格问题座谈、讨论。哈雄文先生作为哈尔滨建筑工程学院的代表参加了的座谈会,在发言中他还强调建筑与城市规划领域的法制化建设,指出"目前,建筑事业也需要进一步法制化。要颁布国家的建筑法、住宅法、城市规划法、区域规划法等。这些国家颁布的法律,对建筑事业是具有政策性、指导性、约束性的基本法律依据。要做到整个建筑设计、规划工作的权力与责任划分分明,这些原则性的、程序性的规定适用于全国,适用于全部业务范围,但允许各地方有补充的规定。"该发言发表在1979年第1期《建筑学报》。

[7]《建筑十年》的主要编辑人员:刘敦桢(建筑工程部建筑科学研究院、南京工学院),孟宪栋(内蒙古自治区建设厅建筑设计院),孙增蕃(建筑工程部建筑科学研究院),程礼平(山西省建设厅),哈雄文(哈尔滨建筑工程学院),杨毓年(广西壮族自治区建筑研究所),王其明(建筑工程部建筑科学研究院),陈宝华(建筑工程部建筑科学研究院),潘谷西(南京工学院),陆元鼎(华南工学院),张步骞(建筑工程部建筑科学研究院),徐中(天津大学)。

[8] 刘克屏. 在哈雄文同志追悼会上的悼词. 上海龙华殡仪馆,1981年9月25日. 存档于哈尔滨工业大学档案馆.

[9] 李微. 哈雄文与中国近现代城市规划. 武汉:武汉理工大学硕士学位论文,2013年,第22页。

[10] 据哈尔滨工业大学档案馆馆藏档案,1959年由哈尔滨工业大学土木系建筑教研室调往哈尔滨建筑工程学院的教师有:富延寿(讲师)、宿百昌(讲师)、初仁兴(讲师)、周凤瑞(讲师)、哈雄文(教授)、张之凡(副教授)、郑忱(助教)、李名德(助教)、曾蕙心(助教)、邓林翰(助教)、侯幼彬(助教)、张琪(助教)、梅季魁(助教)、田瑞英(助教)、郭士元(助教)、张家骥(助教)。该名单中没有出现的教师常怀生(助教)、郭恩章(宣传干事),是分别列在工程结构教研室、党总支办公室调往哈尔滨建筑工程学院的名单中。该名单中的"李名德"后改名为"李行",即李行教授,2017年7月9日逝世。上述许多老师是笔者所在的哈建工建筑78班的任课教师。

[11] 张之凡(1922年4月—2001年4月28日),四川省南川县(现南川区)人,祖籍湖北荆州,建筑学教授。中国共产党党员,民盟盟员。1945年毕业于重庆大学建筑系。1951年秋由重庆大学选派到哈尔滨工业大学研究生班进修。1953年至1954年间,在苏联专家的指导下,结合进修主持了哈尔滨工业大学新教学楼(现主楼)方案设计及机

械楼和电机楼施工图设计。1954年留哈工大任教,担任建筑教研室副主任。1956年被派往莫斯科建筑学院进修。1957年被评为副教授。1958年回国后,担任哈工大建筑专业委员会副主任等职务。1959年调往在哈尔滨工业大学土木系基础上成立的哈尔滨建筑工程学院,历任建筑工程系、建筑系副主任。1972年至1980年先后担任建筑工程系副主任、建筑系主任。1980年至1984年调往西北建筑工程学院任首任院长。曾任中国建筑学会理事。(笔者根据网络文献资料整理。主要参见参考文献[13]。)

[12] 张家骥. 缅怀哈师雄文. 原文载:同济大学建筑与城市规划学院编. 同济大学建筑与城市规划学院五十周年纪念文集. 上海科学技术出版社,2002. 引自:同济大学建筑与城市规划学院编. 历史与精神 同济大学建筑与城市规划学院百年校庆纪念文集. 北京:中国建筑工业出版社,2007.第131页。

[13] 张家骥. 缅怀哈师雄文. 原文载:同济大学建筑与城市规划学院编. 同济大学建筑与城市规划学院五十周年纪念文集. 上海科学技术出版社,2002. 引自:同济大学建筑与城市规划学院编. 历史与精神 同济大学建筑与城市规划学院百年校庆纪念文集. 北京:中国建筑工业出版社,2007.第132页。

[14] 常怀生,1929年10月27日生,辽宁省辽阳县人,建筑学教授。中国共产党党员。1950年考入哈尔滨工业大学,1956年在土木系工业与民用建筑专业后留校任教。1959年调往新成立的哈尔滨建筑工程学院,1960年担任学院图书馆副主任,1965年任建筑系党总支书记。1972年任建筑系副主任。1989年至1992年任建筑系主任。作为发起人之一创立中国环境行为学会(EBRA),任首任会长。著有《哈尔滨建筑艺术》(黑龙江科技出版社,1990年)、《建筑环境心理学》(中国建筑工业出版社,1990年;台湾田园城市文化事业有限公司,1995年)、《环境心理学与室内设计》(中国建筑工业出版社,2000年),主编《老年人建筑设计规范》(JGJ 122—99,中国建筑工业出版社,1999年,同年10月实施)。(笔者根据网络文献资料整理。)

[15] 常怀生. 哈尔滨工业大学建筑学院春秋录. 杨永生编. 建筑百家回忆录续编. 北京:知识产权出版社、中国水利水电出版社,2003年8月出版。第165页。

[16] 胡金钻. 中国建筑师学会后期活动纪实. 杨永生编. 建筑百家回忆录续编. 北京:知识产权出版社、中国水利水电出版社,2003年8月出版。第71页。

[17] 哈雄文. 梦亡友周君. 清华周刊.1927年第7期。关于哈雄文诗中纪念周君的有关情况尚待考证。

[18] 据郭恩章先生回忆,这张照片确是哈教授在指导学生做规划设计。学生中有韩元田、赵景海、罗甦等。可能是当时城市规划设计所的项目,是哈尔滨建筑工程学院城市规划专业筹备时期的项目。

[19] 张滨,1955年生于哈尔滨,原籍重庆南川,祖籍湖北荆州,是张之凡先生的儿子。著名漫画家,中国美术家协会会员,兼任中国新闻漫画研究会副会长。1992年获空军中校军衔。1993年为黑龙江日报社主任编辑,1999年晋升为高级编辑。2001年调到广州日报社。曾获国内外和国际漫画大奖赛各种奖项数十项。

参考资料

[1] 王贵祥. 建筑学专业早期中国留学生与宾夕法尼亚大学建筑教育. 张复合主编,贾珺副主编.建筑史.2003年第2辑.

[2] "哈雄文"词条.周川主编.中国近现代高等教育人物辞典.厦门:福建教育出版社.2012.第九画部分.

[3] "哈雄文"词条.杨永生编.哲匠录.北京:中国建筑工业出版社,2005.

[4] "哈雄文"词条.赖德霖主编.近代哲匠录——中国近代著名建筑师、建筑事务所名录.北京:中国水利水电出版社、知识产权出版社.2006.

[5] "哈雄文"词条.南京地方志.

[6] 张家骥.缅怀哈师雄文.原文载:同济大学建筑与城市规划学院编.同济大学建筑与城市规划学院五十周年纪念文集.上海科学技术出版社,2002.引自:同济大学建筑与城市规划学院编.历史与精神 同济大学建筑与城市规划学院百年校庆纪念文集.北京:中国建筑工业出版社,2007.

[7] 李微.哈雄文与中国近现代城市规划.武汉:武汉理工大学硕士学位论文,2013.

[8] 建筑工程部建筑科学研究院编.建筑十年(中华人民共和国建国十周年纪念 1949—1959).北京:建筑工程部建筑科学研究院出版,1959年12月.

[9] 常怀生.哈尔滨工业大学建筑学院春秋录.杨永生编.建筑百家回忆录续编.北京:知识产权出版社、中国水利水电出版社,2003年8月出版.

[10] 胡金钻.中国建筑师学会后期活动纪实.杨永生编.建筑百家回忆录续编.北京:知识产权出版社、中国水利水电出版社,2003年8月出版.

[11] 哈雄文.梦亡友周君.清华周刊.1927年第7期.

[12] 童明.祖父的像簿.2015年11月2日. http://www.bookdao.com/article/98871/.

[13] 张滨.我对父亲的了解原来不及他的同窗和同事.张滨漫画的博客. http://blog.sina.com.cn/s/blog_7001590a0102x24w.html. 2017年5月21日.

文章来源

邹广天.哈雄文和他的建筑人生路——纪念哈雄文先生诞辰110周年[J].建筑师,2017(06):109-117.

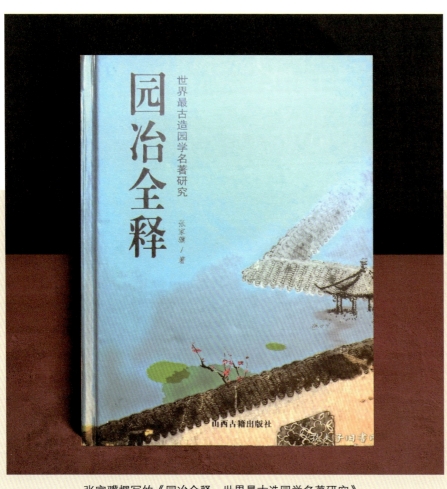

张家骥撰写的《园冶全释：世界最古造园学名著研究》

梅花香自苦寒来
——记学者张家骥

胡绳玉

张家骥 男,1932年1月生,江苏省淮阴市人。1956年毕业于同济大学建筑系,从事高等院校建筑教育与理论研究40余年,曾参加和负责筹建哈尔滨建工学院、苏州城建环保学院建筑系,任该院首届建筑系主任,并兼任上海城建学院、浙江工学院教授,山西古建筑研究所顾问。他学识渊博教学经验丰富,为建设部培养了大批建筑与园林设计人才。他对建筑设计的规律性有深刻的研究和独到见解,对中国古典建筑与造园学创建有较完整的思想理论体系,出版专著《中国造园史》(台湾有两种繁体字版本),1989年1月30日香港《大公报》载文评论:"这是中国第一部造园学力作。中国造园之有史,当以此书始。"《中国造园论》,是迄今第一部中国造园学系统理论专著,获第六届"中国图书奖"二等奖,《园冶全释》准确地释译了前辈学者未能解释的世界最古造园学名著《园冶》;个人编辑《中国园林艺术大辞典》等,多次获北方15省市、晋版优秀图书奖。正在撰写中国建筑的系统理论专著《中国建筑论》,他在中国传统建筑与造园学理论上的创建,为弘扬中国传统建筑与园林文化起到了不可磨灭的作用。

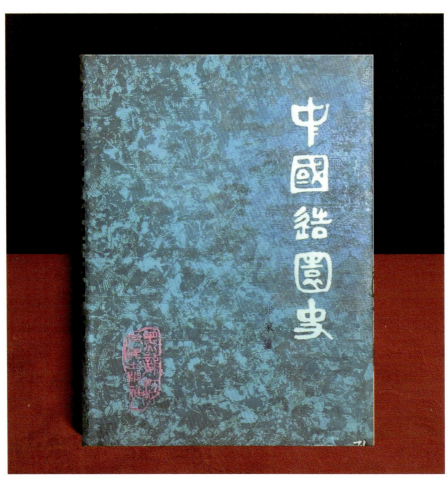

张家骥撰写的《中国造园史》

中国园林是世界造园艺术三大发源地之一，被誉为"世界园林之母"；中国造园的独特民族风格和卓绝艺术成就，早已彪炳于人类文明的史册。同样，中国的建筑文化，古往今来，辉煌灿烂。但是，长期以来在研究中国园林建筑时，谈园林形式的多，论园林内容的少，似乎中国园林，只有大小繁简之别、规划布局的不同，而没有什么质的区别，忽视了中国造园还有它的发展历史，园林建筑还有它的完整而系统的理论依据，就是过去曾经出版过的少数园林建筑史籍，也由于受到时代和认识的种种局限，只能说明历史遗存的建筑有什么、是什么，按朝代的时序来罗列史料，而不讲为什么，没有从历史唯物主义和辩证唯物主义的角度去揭示出中国园林建筑的历史发展规律。

苏州科技学院建筑学教授张家骥，半个世纪以来，在总结前人经验教训的基础上钩沉考究，探索求真，终于在改革开放的和煦春风吹拂下，以250万字的专著和近百万字的科研论文使中国传统的园林文化进一步得到发扬光大，建筑造园学专家张家骥教授开创性的工作和业绩，受到中外学者的瞩目和赞誉。

梅花香自苦寒来，这是一条不同寻常的艰辛之路。

同济才俊

张家骥，1932年1月出生在江苏淮阴一个西医之家，从小喜爱画画，每逢端午节，他画的判官，不仅小同学抢着要，就连左右邻居也来向他讨去贴在大门之上。到了中学，他又爱上了文学，经常写一些文学小品，还爱去演话剧。就是读书，也是闲书读得多，所以成绩一直上不去，老师常恨铁不成钢地批评他："人聪明，就是不好好念。"1948年10月，淮阴解放，正在读高二的张家骥，心情无比兴奋，他到市教育局去要求参加工作，当时淮阴刚解放，解放战争炮火正酣，人才实在匮乏，现在有这么一个要求进步的热血青年，教育局马上就派他去接管市里一所外国人办的教会学校，当时只有十六七岁的张家骥，竟然做了人民政府的代表，接管学校，担任生活指导股股长、教导主任等职，吃住都在学校。

新中国成立后，为了迎接经济文化建设高潮的到来，国家急需大批建设人才。1952年初，淮阴地区决定抽调3名干部去上大学，张家骥就是其中之一。6月，到扬州参加"苏北地区抽调机关干部进入高等学校补习班"培训，主要是学习数理化，考试不及格，就要被淘汰，而数理化恰恰又是他的弱项，3个月的培训，真正尝到了苦斗和拼搏的滋味。晚上，别人睡下了，他就到路灯下去看书，十天一次的去瘦西湖放松娱乐，他放弃了，没日没夜就是泡在教室和书本中。功夫不负苦心人，张家骥终于顺利过关。在填报大学志愿时，因为当时规定只能写华东地区的工科院校，他就选择了同济大学建筑系，看中了建筑系，是因为他知道建筑系要画图，而画图又是他的强项，画图画，他不怕，如此而已。但是建筑系的画图，和张家骥从小涂鸦的判官钟馗完全不是一码事，他刚进校时，根本不知道这一点，别人要画一上午的建筑图案，他20来分钟就画好了。老师发现后，就要他从点画线开始，从素描开始，一笔一笔老老实实地按正规要求去画，画画是他的最爱，过去毕竟还有些基础，现在又有名师点拨，严格规范，他的画艺大进。大二时，就有4幅作品参加了同济大学师生作品在上海中山公园内的展出，学校教室走廊上一些科学伟人画像，有的也是他的手笔，受到大家的好评，难怪他自己几本专著中的几百幅插图，几乎全是自己动手，幅幅精美绝伦，令人称羡。

进了同济后，张家骥不仅刻苦读书，而且很注意学习方法。建筑力学中的空间力系，他搞不清，回宿舍就用筷子搭起建筑图案，细心揣测，直到弄明白为止。书本中有问题，他就找来同一书名的不同版本图书，比较对照阅读，这样不仅弄懂了问题，也加深了记忆。四年苦读，张家骥由于成绩优秀，毕业时被推荐参加国家考试，当时全班只有4人有此殊荣，考试答辩通过后，被直接授予工程师称号。毕业后，他被留校，在建筑系民用建筑设计教研室担任助教。

他当助教时，不仅讲课出色，每年学校还要请他向入学新生介绍学习方法，深得学生喜爱。著名教授阮仪三提起他时，还总称张为启蒙老师，感激之情，溢于言表。和歌唱家朱逢博同班同学的程友玲，因为崇拜他而与之结为秦晋之好。不久，他被选派到上海民用建筑设计院主持"华东地区住宅典型设计研究组"任建筑组组长。1958年10月，张家骥被选派支援东北哈尔滨建筑工程学院，筹建建筑系，担任建筑专业委员会委员。张家骥在任哈尔滨建筑工程学院建筑系讲师、建筑设计教研室主任期间，曾在"三省住宅设计交流会"上连续宣读了有关住宅设计方面的三篇论文，他的《中国住宅建设概况》又在日本《早稻田建筑》杂志上发表，当时哈尔滨就有人称他是"住宅设计专家"。在教学与科研的同时，他还担任了哈尔滨市园林学会副理事长，首创哈尔滨市冰灯艺术节，是哈市冰灯艺术委员会的副主任。

姑苏春早

1982年12月，张家骥奉建设部之命参加苏州城建环保学院（现苏州科技学院）筹建工作，是该院首任建筑系主任、院学术委员会副主任、建筑园林研究主任。从东北来到苏州，就像一粒久已干枯的种子，埋进了肥沃的土壤，它再也不肯离开了。张家骥的夫人这时已经调到上海，可他就是不肯去，直到夫人故去，两人一直分居，上海城建学院（现已并入同济大学）只好聘以兼职教授。20世纪80年代，我国迎来了改革开放的春天，知识分子如久旱逢甘霖，沃土中的良种，在阳光雨露滋润下，很快茁壮成长，绽放出朵朵奇葩。

张家骥在同济大学读书时，曾到苏州实习，苏州古典园林和古建筑风貌，使他产生了极大的兴趣。到东北途经北京时，他对北京古建筑、故宫和颐和园的雄丽，又心驰神往，深为中国古代劳动人民创造出如此灿烂辉煌的文化而自豪，同时也有一种迫切研究古代造园和建筑文化的渴望。遗憾的是，当时却找不到一本系统的理论专著，和蜚声中外的园林文化遗产形成强烈反差的是，我国园林史论研究的园地十分冷寂。他决心要填补这一史论空白。30年来，他在从事建筑与园林设计教学工作的同时，一直没有停止过这方面的研究，手录笔耕，通宵达旦，几无间日，"寒窗结凌花，白壁映青辉。炉火不觉烬，曙光透帘幛"。书斋中的这段自书，正是他当时攻书不畏难的真实写照。1987年11月，50万字142幅插图的《中国造园史》在黑龙江人民出版社出版。

《中国造园史》脱出前人以诗文画论评析园林的窠臼，独辟蹊径：以时代为经，展示了中国数千年的造园历史；以古代名园为纬，展现了中国古代园林的多彩多姿；在把握史料史实的基础上，对园林理论做了高屋建瓴的比较分析，科学地揭示出中国造园历史发展的客观规律，鲜明地体现了作者在园林史研究中的"学术个性"和贯穿全书的史识史论。这是一部很有特色的中国造园史专著，受到业内人士普遍好评，它的出版被称为"中国造园史学科值得庆贺的喜事"。该书获北方15省优秀图书奖。1989年1月30日，香港《大公报》发表署名文章，称该书是"中国第一部造园史力作，中国造园之有史，当以此为始。"不久，台湾明文书局和博远出版有限公司，几乎是同时抢着做了再版，行销海外。

继《中国造园史》之后，张家骥的又一部力作《中国造园论》问世了。这又是我国第一部具有现代科学意义的造园学系统理论著作，它通过10个专题的论述，构成一个完整而系统的中国造园的思想体系。该书从文化与传统的概念及其与中国造园的关系，对各种园林的解释进行分析评论，从中西方造园具有不同质的规定性，对中国"园林"和"庭园"做出科学的定义，阐明了中国园林艺术对世界文化的杰出贡献和意义，最后一章还从"艺"与"道"的关系，结合个人的经验与心得，讨论了中国园林建筑师的修养与品德问题。该书1991年出版，第二年即荣获"第六届中国图书奖"的出版界最高荣誉，也是出版该书的山西人民出版社建社45年来首次获此殊荣。当时考虑到理论性的学术著作很少有人问津，只印了2 000册，谁知不久便销售一空，2002再版3 000册，这在纯学术著作的出版中是罕见的。《中国造园论》和《中国造园史》，是珠联璧合的姊妹篇，它们填补了中国造园学领域的史论空白，也堪称中国园林学上的史论双峰，对弘扬中国传统园林文化做出了卓越贡献。

风光无限

张家骥在完成了《中国造园史》与《中国造园论》两部专著之后，以他的睿智卓识又开始了对《园冶》的研究。《园冶》是明代吴江人计成所写的世界上最古的造园学名著，具有划时代意义，但是梓行后300多年来，在国内园林建筑学界却一直寂然无闻，1956年虽由中国城建出版社重印，但该书用骈俪行文又大量用典，形似"天书"，是一本公认难读的古书，更难正确理解运用。1981年虽有陈植先生《注释》问世，破译"天书"，但错漏不足之处，仍然很多。早在30多年前，张家骥偶尔见此书的抄本，如获至宝，即用工整楷书誊写手装成册，并整天抱着字典辞书，逐字逐句查找探究，在1963年12月《建筑学报》发表了《读〈园冶〉》一文，未曾料到第二年第2期《考古》杂志将该文列入1963年"全国考古学论著目录索引"中，复旦大学、四川哲学社会科学研究院资料室，又将它收入所编《中国古代史论文资料索引》一书，这不但对张家骥是很大的鼓舞与鞭策，而且更加坚定了他研究中国传统造园文化的信念，并萌生了译注《园冶》的意愿。1993年6月，张家骥著《园冶全释——世界最古造园学名著研究》终于在山西人民出版社出版面世了。该书不是局限在字面上去注释分析，而是从多元全息的深广度上去透视剖察，达到会意通神的效果，集学术与文学于一体，学者评述"他的译注较前人有很大进步，甚至有飞跃式的提高"，"超越前人远矣"。成了鉴赏中国古典园林，研究中国的造园艺术，以及从事中国园林传统风格设计的人必读的重要典籍。全书注释精确，译文流畅，分析透彻，文采斐然，荣获晋版图书一等奖，北方15省市优秀图书奖。

在完成以上三部专著的过程中，张家骥深深地体会到中国的造园艺术，是一门综合性很强的学科，涉及范围非常广泛，为了有助于弘扬中国传统园林文化，适应高等学校建筑、园林专业学生、广大园林建筑师和园林艺术爱好者阅读有关园林古籍、园林文学作品等史料，鉴赏和研究中国传统园林艺术的需要，又撰写并出版了《中国园林艺术大辞典》。《中国园林艺术大辞典》分12个门类收录设立的词汇达2 000余条75万字，并有手绘插图400余帧，这是我国第一部造园艺术科学的工具书，是第一部由个人独立编著的、具有首创性的中国园林大辞典。以个人之力撰写一部前所未有的大辞典，其工程之巨之艰可以想见，它和前面三部论著的问世，充分反映了张家骥在哲学、美学、历史、社会、宗教、伦理、经济、政治、考古、文献、文字等方面的渊博知识和在建筑、园林、文学、绘画等方面的浓厚修养与造诣，难怪乎我在这位工科教授书斋的六七个大书柜中所见到的，都是经、诗、子、集、文、史、哲、美等方面的书籍和杂志，更有一部廿四史，赫然在目！

有了这样丰厚的积累，在他的笔下，才能博引广证，信手拈来，古今中外，皆为我用；才能文思泉涌，下笔有神，做到文字精辟，语言流畅，逻辑性强，始终用唯物辩证法分析问题，研究规律，虽均为学术理论著作，却如行云流水般舒卷自如，毫无枯燥之感。我在听他摆谱中国园林建筑时，讲者娓娓道来，如数家珍，听者全神贯注，如醉如痴，中国园林的无限风光，就像一幅精美的图画展现在眼前，在这幅美丽的画卷中，一位身躯伟岸的白发学者卓然挺立，更显风光无限。

与时俱进

一走进张家骥书斋，迎面所见是"与时俱进"四个苍遒古拙带有金石意味的隶书条幅，这和他论著封面题签均出于自书一样，显示出其书法功底不薄，字如其人，字为心声。博学多才的张家骥在中国园林建筑学园地耕耘不息，开拓不止，年年有建树。2004年，又一部力作《中国建筑论》出版，这部80余万字450多幅插图和67幅彩色照片的论著，填补了中国建筑学理论的空白，它回答了中国长达数千年的封建社会为什么采用的大都是木结构建筑？建筑是不是艺术？"建筑"概念的本质性特征等问题；在对古代建筑类型的开拓研究的同时，建立了系统的建筑理论体系，揭示出中国建筑的历史发展规律，使"中国建筑"成为一门现代的科学。本书还有一个很重要的特点，就是它将建筑史料从睡梦中唤醒，成为设计在意匠经营中活跃的因素和借鉴，渗透在时代的传统建筑文化之中，因而具有很大的实践性。

张家骥最短时不到一年，最长时不过四五年，就要用笔撰写（而不是电脑写作）一部带有填补空缺式的理论专著，平均每天书写2 000字以上，其效率之高令人叹为观止。他在给一位朋友的信中说："我终于如三峡纤夫一样挣扎（的确如此）着，昨天全部完稿。写完最后一句，突然一阵头晕，在椅子上躺了一会儿。本想看一遍，修改字句，也不行，就算了。眼睛再不休息也得坏了，一写字就模糊，昨夜倒真正地睡了半年来第一次熟觉，梦也无力做了，真如小……"，这种献身精神，是中国人所讲的"痴""蛀书虫"，是西方人所讲的"下地狱的勇气"，正是这种献身精神支撑着他孤灯独守，寒窗伏案，耗尽半生心血。

张家骥是一位理论联系实际的学者，他来到苏州后不久，就主动参与苏州市的园林建筑规划设计工作，担任苏州城市研究会常务理事，发表过《论苏州文化古城的保护与建设》等文章，他的足迹遍及苏州大小园林及多处私家园林，单就著名国画家吴木家的残粒园，他就无数次实地勘测查究，绘制了平面图、俯视图、纵断面图、东立面景观、栝苍亭景观等多幅钢笔线条图，富有民族风格，极富艺术鉴赏价值。他还经常陪同建设部介绍来的中外专家学者，在园林下班以后进去参观浏览，这样可以使人真正地细心体会出苏州园林建筑深邃的内在之美。他现在兼任山西省古建筑保护研究所顾问，主持过江苏高淳泮池园、福建长乐塔山公园、浙江镇海九龙湖风景区等地规划设计工作，还应邀在国内多处高校、建筑园林部门讲学，曾为日本早稻田大学来华15名硕士和博士研究生做专题讲座，是国内外知名的现代造园学专家，建筑学、造园学教授。

1996年张家骥退休后，对他毕生所从事的研究工作，丝毫也没有放松。《中国造园论》再版时，新增了一个章节；现在为《中国造园史》的再版，又做了新的修正和补充。当初写《中国造园史》在很大程度上还是为了满足教学的需要，现在情况不同了，认识也发展了，他要把它写成一部无愧于中国第一部的真正造园艺术史。因此这种修正和补充，在很多方面几乎就等于是重写，工程之艰巨可想而知。值得欣慰的是，现在研究园林建筑艺术的阵地活跃起来了，张家骥桃李满天下，他的次子张凡已经是同济大学建筑系的博士，任教在他父亲当年的教室里，他为他父亲《园冶全释》作插图200多幅。受学界形势鼓舞，张家骥又在构思一部论述中国建筑美学方面的著作，暂拟题为《中国建筑艺术哲学》，这又是在开拓一个新的领域，又是在填补一个新的学术空白，难怪乎消息一经传出，上海的一家出版社就预先约稿了。张家骥平日深居简出，为探寻传统建筑与园林文化之堂奥，广搜博览，扒剔古籍，比较中西文化，经常工作到凌晨三四点钟，他在中国建筑、造园学领域内艰辛开拓的精神和填空补缺所取得的累累硕果，受到越来越多读者的关注和赞美。

（作者工作单位：江苏省苏州科技大学历史系）

文章来源：
胡绳玉.梅花香自苦寒来——记学者张家骥[J].文物世界,2005(03):56-59.

侯幼彬教授

土木楼：我的"超稳定时空"

侯幼彬

侯幼彬口述史《寻觅建筑之道》(侯幼彬签名版)

从1954年到2003年,我在土木楼待了整整半个世纪。

我第一眼见到土木楼时,因为它的新古典打扮,以为是一座有年头的老楼,其实它是前一年刚刚建成的。等到我了解哈尔滨近代建筑的一些情况后,才知道土木楼也很有它的历史。它的公司街后楼早在20世纪初已经建成,1904年开办的哈尔滨铁路技术学校,1920年开办的哈尔滨中俄工业学校,都出现在这里。值得一提的是,中俄工业学校设有铁路建筑科。中国的第一个"建筑科"始建于1923年的苏州工业专门学校,这是我国建筑教育的序幕。让人意想不到的是,在苏州工专创办建筑科的前三年,这里曾经在中华大地上奏出过建筑教育的前奏曲。

土木楼在建筑风貌上有一个有趣的现象,它的公司街老楼,初始采用的是突破古典形式的、被视为当时最新潮流的"新艺术"风格;而1950年后建的土木新楼却回到了新古典主义。不过这座新古典大楼,因为强化了正立面的大体量凹凸和两层高的基座层,有通高三层的文艺复兴式巨柱,有带罗马多立克柱式的门廊,显得很有气势。它紧邻着大直街,让人在它的跟前不得不抬头仰视,很有高山仰止的感觉。我对土木楼还是很喜欢的,待了半个世纪也没待够。

说起土木楼,让我最难忘的有两处:

一处是旧楼拐角的那个塔楼的内里空间。我好像听谁说过,斯维利道夫当土木系主任兼建筑教研室主任时,就在这里办公。1952年他卸任后,这里仍然是建筑教研室。20世纪50年代的哈工大建筑人物,包括土木系分工管建筑的副系主任张之凡老师,建筑教研室主任富延寿老师,一共近十人,都集中在这里。这里的空间很大,两个大间夹着两个小间,其中一个小间是专用的主任室。1955年我从基建处转到建筑教研室,也来到这里。我刚来,就赶上张之凡老师要去莫斯科建筑学院进修,他讲的建筑史课程急需人接替,正愁抓不到人,知道我热衷建筑史,就让我紧急"救场",我就这样匆忙地受命备课。这件事大大提前了我讲中建史的时间表,并且由此定格了我一生从事中建史的学科方向。当时开新课都得在教研室面对全体老师试讲,由全体老师把关、审查、提意见。我大概是在1956年初试讲的,这年我24岁。我的感觉,这种面对着老师的试讲比面对着学生的第一堂讲课还要紧张,我不知道自己是怎么过来的。土木楼里的这一幕,应该算得上是我人生中的一个重要节点。

我的另一处难忘场所是阶梯教室。我在土木楼的大大小小阶梯教室里都上过"中国建筑史"的合班大课。不记得从什么时候开始,我上课的阶梯教室活跃了起来。一个明显的变化就是听课人数多了,比额定人数要多不少。这里有因为考研来听课的;也有的是听过一遍,又来重听的。阶梯教室核心区的座位上总是摆满书包之类的物件,这是学生在前一天晚上用来占座的,这情景很让我有些感动。很多校友对我说,中建史这一课给他们留下的印象最深。我也想说,同学们在阶梯教室里听课的情景,给我留下的印象也最深。

在土木楼,我经历了李昌任校长的哈工大,经历了土木系独立出来组建的哈建工学院,经历了哈建工学院升格的哈建大,也经历了哈建大最后回归到哈工大。校名变来变去,土木楼这个"窝"始终没有挪动。这件事让我意识到,土木楼与"哈工大建院人"构成了"超稳定结构",土木楼成了我的"超稳定时空"。应该说,人与人之间也有"稳定结构",有父母子女之间构成的血缘稳定,有夫妻之间构成的姻缘稳定。超稳定时空是人生历程、活动场所的超稳定。稳定的好处是有利于长久的积淀和持续的发展;走向超稳定难免会有封闭和停滞的局限。这里面也有"缘"的问题,与一个个这样那样的"机缘"相关联。我在土木楼经历了时空的稳定和超稳定,一直到退休后定居北京,才走出土木

刘敦桢先生带领《中国建筑史》教材编写全体人员到南京瞻园，讲解瞻园叠石。拍摄于 1965 年 12 月 29 日。
自左至右：侯幼彬、乐卫忠、喻维国、刘敦桢、杜顺宝、陆元鼎、马秀之、杨道明、叶菊华

楼这个超稳定时空。我的"中建史"教学生涯就此止步,我的治学生涯从"中国建筑美学"范畴转入到"中国建筑之道"范畴。

难忘土木楼!难忘我的长达半个世纪的"土木楼人生"!

哈尔滨工业大学校史馆

回眸与展望
吴英凡

土木楼走廊光影

哈工大建校百年了，回忆起来，"土木楼"却游离于哈工大多年(1959—1999)。但是，哈工大与土木楼的渊源以及老哈工大学子们的土木楼情结，是无法跨越、无从分割的。经过41年的纠结，终于在新世纪里，重新融合。这在中国高校变迁史上，是个传奇。

土木楼建于20世纪50年代初。那时，欧洲现代主义建筑理论风头强劲，"国际式"正处于鼎盛时期。然而这座欧洲古典风格的教学楼，却在历尽苦难、百废待兴的中国北方城市哈尔滨悄然落成了。并且，从开始至今天，一直得到普遍的赞誉。建筑师们也与时俱进地修正自己的建筑审美理论和评价标准。

从土木楼沿大直街往西500米，跨过两个街区，就是哈工大在20世纪50年代的新校区。与土木楼同期，建成了朴实无华的机械楼和电机楼。它们与土木楼一起，成为哈工大三个主体教学楼，而土木楼则作为哈工大的主楼而存在。这一认知，已成为哈尔滨当时的社会共识。"土木楼"一词也成为无法改变的永恒。

我是1960年入学哈建工的，与土木楼的缘分已经一个甲子了。60年来，我多次有机会回访母校，土木楼从外到内一直保持原来的风貌，没有任何明显的衰微。楼内全现浇水磨石地面，尽显当年的殷实；天花板上的梁格，依从建筑审美和结构要求——"规格严格"；典雅的铁艺栏杆和木扶手，做工精美——"功夫到家"……所有这一切都风采依旧。一种永续的温馨，令你无比欣慰。感谢哈工大后来人的智慧和素养，在改革的年代，摒弃一切浮躁与奢华。更让人感到振奋的是，专业教育的突飞猛进。要知道，在很长一段时间里，土木楼内集合了土木工程学科下的所有专业，建筑学专业只挤在土木楼西翼南端的二、三两层。直到20世纪90年代哈建工二校区逐步建成，很多专业陆续迁出，土木楼才整体归属建筑学院，而尽显中外建筑系校园少见的气势。在建筑、规划、艺术等学科下，专业设置丰富多彩。原本就宽阔的走廊常年布展的各种学生作业，不时吸引你驻足观赏。常常是，从眼花缭乱到目瞪口呆，那一刻，我恍惚感到60年只是一瞬，由衷地感叹：后生可畏！

20世纪90年代，哈工大主校区继续向西扩展，哈建大建制下的二校区也规模空前。土木楼则孤悬于主校园之外，但其深厚的历史积淀愈显珍贵，成为哈工大名片里不可缺失的珍藏版。其最为珍贵的是建校伊始的土木楼老楼（广义的土木楼，应包括老楼）。它在20世纪20年代末，就已形成完整的半围合教学楼，至今仍气度不凡。当年的时尚与高雅，依稀可见。蜚声中外的老哈工大校园，完整地遗存至今。遗憾的是它被南侧临街的那栋宿舍楼无限抵近。显然，那是一个历史的无奈，一个现实的困惑。但我还是相信未来，以哈工大人的远见卓识和魄力，总有一天，那栋宿舍楼会被和谐地转移，让土木楼老楼的风采完美地绽放。

土木楼老楼，对于哈工大已身价倍增，应该给它注入新的生机和活力。为此，我有一个设想，那就是：给土木楼老楼的内院加个"盖儿"（约60 m×60 m=3 600 m² 即可）。这一想法，竟成为我的一种情结，拳拳之忱，念兹在兹。理由：

(1) 土木楼老楼的内院，目前是一个空旷而萧瑟的空间，整片的硬铺地更显冷寂。这样的校园氛围需要改变。如果能有这样一个类似"温室"的空间，则可以营造一个既生机盎然又静谧温馨的半室外景观环境，以及四季宜人的微小气候，适于冬季漫长的哈尔滨。

(2) 这个空间同时供公共教学、学术交流、成果展示等教学活动使用，也能作为哈工大博物馆的展品延续空间。其空间的设计理念应是开放的、流动的、可灵活分割的；同时，又是统一的、连续的、有组织的。总之，这是一个现代

土木楼门厅

感强烈的使用空间，并且能有效地弥补土木楼现有教学空间的封闭性。

（3）这个空间的顶部界面，即屋面支撑系统、水平幕墙系统、遮阳系统等应合理地创新并展示技术美。这个空间的物理环境应体现生态建筑的理念，并应用相关专业的最新技术成果，使之成为一个具体教学实例，在潜移默化中启迪学生的灵感。

（4）这个空间的周边界面就是土木楼老楼在内院方向的外立面，从而，让土木楼老楼的形态完整而连续地展示在这个空间内。并且，以城市更新、建筑遗产保护的理念和技法，完成传统与现代的建筑文化交融和时空跨越，使自身成为一个高品位的展品。

以上四点，同等重要、不分主次、没有先后。

这是一个很平实的设想，有些陈旧，也缺乏创意和足够的想象力。我也知道，若实现这一设想需要解决很多棘手的问题，好在这样的讨论并不紧迫，更不必需。但怀着一份美好的希冀，我还是无知无畏地抛出了这块砖。

在百年校庆到来之际，这就是一个即将进入耄耋之年的老校友，一往情深地投向土木楼的一次回眸、一次展望。

愿土木楼更美好！

同宿舍部分同学
前排左起：董黎、娄仲恒、赵运铎、朱幼宣
后排左起：金广君、赵伟

大学时的某一天

金广君

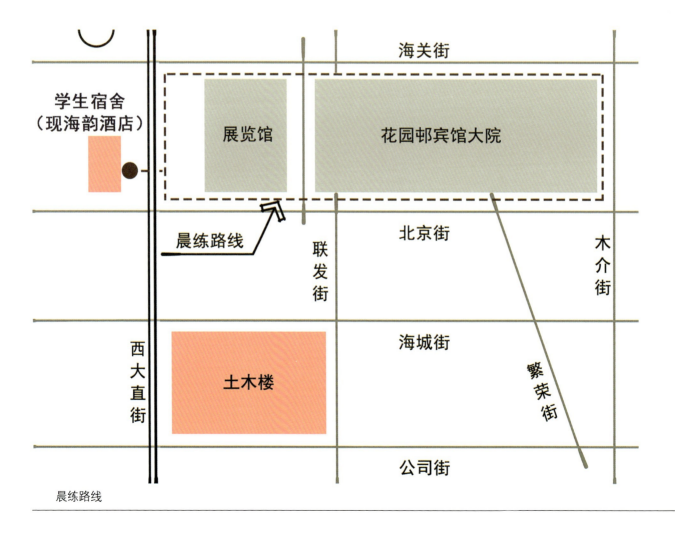

晨练路线

时间：1978年深秋

地点：哈尔滨建筑工程学院

人物：建筑学77级学生

早上5:00，起床，在宿舍门前面对大直街深呼吸、热热身，然后围着展览馆和花园邨宾馆围墙跑一圈。回到宿舍洗漱，盥洗室里人很多，需要排队等一下。

上午的党史课是大课，匆匆带上套袖、背上书包、拿起椅垫儿，先去303大教室看一会儿书，顺便也占个座。却发现前四排的中间位置已经放满了椅垫儿，只好坐在第五排的中间位置了。

7:00食堂开早餐，早一点儿去的话能买到热乎的窝头，却发现食堂的门还锁着呢！等了一阵子食堂门开了，冲进去取下饭袋儿，在卖饭口只排一会儿的队就买到了早餐。早餐是一盆儿玉米粥、两个窝头和一份咸菜，所以饭盆儿比较好洗。

8:10上课，回头发现大教室后面居然有人站着听课，暗自庆幸。党史课也没有教材，老师板书的字还是太小了，所以要认真听、快速记。课间休息时间有点长，因为有几位同学和老师就某个问题讨论了很久。

上午课有点"压堂"，到食堂时，"松肉"和"烧茄子"都卖没了，只好买一份"炒干豆腐白菜片"。

午餐后去水房打一大杯水，来到414大教室找个安静座位，先趴桌子上睡一会儿，醒来发现有人在黑板上写"该教室下午有课"，只好去409大教室了。409大教室许多桌椅都坏了，找一个桌椅结实点儿的座位，把桌子和凳子上的灰尘用椅垫儿擦一擦，然后坐下来写作业：英语、画法几何、理论力学……作业做完已经是该吃晚饭的时候了。跑去食堂发现，买饭的队伍已经排过了"二堂"。于是和大家一样，拿出英语单词本，边排队边背单词。

好不容易排到卖饭口，发现钱包里只剩下粗粮票了，只好再吃窝头。发现窝头是早上卖剩下的，比早上的窝头硬了许多。钱包里的钱票也不多了，明天上午必须去伙食科换钱票了。

晚饭后再回到409大教室，把中国建筑史的笔记整理一下。

晚上9:00才回到"专教"，发现许多同学的"江畔冷饮厅设计"已经提前上板了，可我上板前的设计草图还没经老师定稿呢，有点着急，设计草图明天上午一定要让老师看！

晚上美术教室开放，先去把素描作业做完吧。

保卫处又来了通知：学校规定，晚上9:30保卫处开始"清楼"，晚上10:00土木楼准时熄灯，任何人不得在土木楼里过夜。

晚上9:30回宿舍，此时大直街几乎没多少车流了。还好，过大直街不用担心汽车。宿舍的门厅本来不大，有几个学生在收发室窗口前等着往家打电话，所以有点挤。

寝室在走廊尽头，厕所是必经之路，只好屏住呼吸快走几步。

赶紧去盥洗室洗漱，顺便洗一下饭袋儿，食堂通知板上的通知说，过几天有上级领导来检查食堂卫生。

同寝室的八位哥儿们陆续都回来了，大家彼此打个招呼，按惯例聚在一起听一会儿邓丽君的"靡靡之音"。晚上11:00宿舍熄灯。上铺的一个哥儿们塞上耳机，我知道他是在听"美国之音"，我拉上床帘，打开手电筒，继续看《安娜·卡列尼娜》……

40年前在学校门前与同学合影

进了这扇大门就再也没有离开

徐苏宁

当年留校同学 40 年后的合影

1978年的高考，可以说是彻底改变我命运的一次人生考试。此前的1977年高考，由于消息知道得太晚，已经没有了准备的时间，匆匆上阵，也匆匆结束。因此，不甘心失败的我经过认真复习后，终于在1978年的高考中取得了370多分的成绩，这个分数在当年，已经超过了同济大学在黑龙江省的录取分数线。对于一心望子成龙的父亲来说，这个成绩让他有些忘乎所以，况且那时家中以及周围邻居也没人懂得该如何填报高考志愿，因此，我只能听命于强势的父亲：一表第一志愿报了清华建筑系，第二志愿报了同济建筑系，其他不服从。好在由于我的坚持没有让二表院校也如他所说全部空着，否则也就没有后面的故事了。现在说起来这事，估计任何人都能想明白，这样填报志愿是不明智的，但当时父亲的强势及全家人对于高考知识的缺乏让这件事就这样发生了。结果很自然，一表院校全部落空！由于我当年化学考得很好，所以档案被大庆石油学院的招生老师攥到了手里，非要我去他们那所学校，当年那也是一表院校啊！但是，我填报的志愿全都是建筑学，压根儿就没想过其他专业，更别提石油化学了。所以尽管招生老师一再动员、许愿，但我并不为之所动，当着招生老师的面还尽量保持冷静，只是理性地表达我的意愿，但回到家后则完全是另外一种状态：郁闷、生气、不吃饭。那几天，家中充满了压抑的气氛。父亲也慌了，亲自跑招生办和大庆石油学院招生老师的住处，磨破嘴皮说小话，反复多日，最终算是说服了对方，档案归还招生办，进入二表档录取。可是新的问题又来了，进入二表院校后，读哪所学校呢？万一再出现不满意的情况又该怎么办？我决定不再依靠家里人，自己的命运自己掌握。也就是这一决定，让我第一次迈入了哈尔滨建筑工程学院的大门。从道里的家中到位于西大直街上的哈尔滨建筑工程学院，现在看起来并不算远，但当时的感觉真的是怎么这般遥远？特别是当还不知道结果如何时，走在路上就颇有些"风萧萧兮易水寒"似的悲壮。当我终于站在了它的面前，第一次仰视这如此雄伟的建筑，第一次迈上那坚实的大楼梯时，心里顿时升腾起一种感觉：今生当属于此！找到位于二楼的教务处后，我向一位姓张的老师说明了自己的情况，他听说我的成绩是370多分，而且学过画画，二话没说，记下了姓名和成绩后跟我说，"应当没问题"，回去等通知书吧。短短几分钟，剧情大反转，我愣愣地看着他有好一会儿，不敢相信这事儿就这么解决了，我真的忘了当时是怎么走出那座大楼，怎么回到家的了。剩下的日子便是等待。不久之后，一个印着哈尔滨建筑工程学院字样的小信封寄到了家里，录取通知书到了。

　　四年后，我毕业留校任教，继续着与这座大楼的情缘。从第一次推开这扇厚重的大门寻找自己的人生道路开始便再也没有离开过它。

16岁的"老干部"张路峰

我的土木楼"后遗症"

张路峰

土木楼缩影（一）

从1980年到1999年，我在土木楼里学习、工作了19年。从一个16岁的大学生，成长为一个35岁的副教授，可以说这栋楼存储了我整个的青春记忆。这些年来，每次回到哈尔滨，都要到楼里走一走，抚摸一下那门廊大柱子上的凹槽，在大走廊的窗台上坐一坐，透过窗子向院里的操场望一望，去食堂看看那道名菜"松肉"还在不在……甚至在梦中，故事情节和场景也经常发生在土木楼。这栋楼严重地影响了我的建筑观甚至人生观：我喜欢带宽阔门廊和防风门斗的大门，喜欢进门后再上几步台阶才是正负零标高所谓登堂入室的程序；我喜欢那一米多厚的墙和带铜把手的双层木窗，坐在窗台上可以感受到大直街上车辆经过时玻璃的微震；我喜欢后楼走廊的木地板，晚上熄灯后摸黑走在上面故意发出砰砰的响声给自己壮胆；我喜欢图书馆走廊上的厚重阅览桌，坐在那里翻看那些百年前的外文过刊，窗外可见溜冰场上嗖嗖闪过的黑影；我喜欢四米左右宽的单面走廊，课间可以在走廊里嬉戏打闹甚至打羽毛球，还偶尔能看到有人在走廊上裱纸、做模型；我喜欢在美术教室上课时那种特别的氛围，大家围坐在一组组静物周围，只听得一阵阵铅笔排线的沙沙声，偶尔抬头一看，教具柜上一尊尊石膏像正在注视着你；我喜欢起坡很大的阶梯教室，最后一排和讲台正好差一层，教室前后都可以出入，颇为迟到早退者着想；我喜欢内外有别的"圈楼"，教学楼、图书馆、体育馆、食堂都在同一栋楼里，内部可以走通，无论刮风下雨都可以足不出户，院子里冬天可以滑冰、夏天可以踢球；我喜欢"马路大学"的绰号，宿舍楼、教学楼分别在大街两侧，相隔两个街区，而市中心近在咫尺……土木楼已经深深地凝固在我记忆的深处，甚至进入了我的潜意识。

如今，我离开土木楼已经20余年。当年教过我的老师大都已退休或离世，当年我教过的学生们也大都成了教授，而我本人也在教师的岗位上连续工作了36年。在教学和职业实践中，我常常感受到建筑环境对人的性情和行为的潜移默化的影响，也更加体会到丘吉尔名言"起初我们建造房屋，然后房屋塑造我们"的深意。对于一个建筑师来说，他的生活经验、旅行见闻、日常阅读、社会交往都会成为他的思想资源和创作素材。我感觉自己已经被这栋厚重的大楼给塑造了。我喜欢宽宏大量的厚重，喜欢斩钉截铁的清晰，喜欢豁然开朗的洞见，喜欢低调奢华的高雅！许多年后，当我看到那种面目模糊的轻飘飘的"纸壳"建筑，无论如何也爱不起来，总觉得哪里不对劲儿，有点接近用塑料杯喝啤酒、用纸杯喝咖啡一样的感觉，我想这就是走出土木楼的"后遗症"吧。

土木楼已经成为我的记忆，而记忆中的土木楼仿佛定格了一般，容不得半点改动。每次回到母校，都能发现一些恼人的"改造"：先是后楼贴建了一栋宿舍楼，挡住了最漂亮的历史建筑的立面，让我感到格外不爽，总产生拆掉它的冲动；然后是拆掉了院中间横着的食堂，让前后院一览无余，少了些空间层次感；最让人惋惜的还是连接前后楼的内部走廊被博物馆截断，"大圈楼"的概念名存实亡了；最微妙的变化是把原来的木窗换成了铝合金窗，虽然颜色保持和原来的一致，但窗格的划分却由原来的中分变成了偏分，古典端庄的气质有所减损；而最不可思议的变化是门牌号的重新编排！对于在这栋楼内生活和工作过一段时间的人来说，每一个房间号都是集体记忆的内容，303、409、414……这些阶梯教室的空间位置和它的号码是对应的，改变了房间号码，就是抹除了场所记忆。我相信这些与时俱进的"改造"在现实中总有它美好的动机和充足的理由，但却与我记忆中的土木楼渐行渐远。对于我来说，土木楼已不是一栋大楼，它是我遥远而美好的梦。

土木楼缩影（二）

我和土木楼

唐克铮

土木楼合院

我是在哈工大校园内长大的为数不多的建工子弟，我居住的建筑没有正式的名称，至今依然沿用最初施工现场的临时编号。我的邻居们都是行业的翘楚，无论是否被铸成铜像，都值得后人尊敬。作为直接的受益者，我始终铭记他们给予我的教导，没齿难忘。

然而，有一个标签始终贴在我的头上——"外单位的孩子"。生活在哈工大院里，有着各种各样的区别：游泳票，本校职工家属用红色，5分钱；我们外单位的，黄色，15分……时时处处都有哈工大子弟才能参加的活动。在我最初的记忆里，哈工大主楼和我没关系，建工主楼——土木楼才是我的精神家园。

土木楼的大门，优美的装饰和厚重的门板，在我童年的记忆里不仅仅是艰难的开启，每当我用尽力气推开这扇门的时候，从来没有被拒绝进入的畏惧。事实上，时至今日，我都没有一次被门卫拦住。对于童年的我，这扇门是我有权力推开的。很高兴，今天的门板依旧是50年前的，似乎连油漆也没换过——油漆肯定是新的，但颜色没变。这里有我太多的记忆，每一次都是愉快的。尤其是父母过世之后，我领着自己的孩子站在门前，半个世纪的回忆，往事历历在目，化作一种心情，我对着大门，报以一个微笑。

那个年代，看电影是最高级的娱乐活动，到了周末，电影开场散场，窗前喧闹的人流暗示着电影的精彩。而作为"外单位"的我，连眼馋的感觉都没有，太习惯了。也经常有邻居把多余的票给我们送来，这是格外的惊喜。但是，土木楼里的电影我是有机会看的。这是我童年里最开心的事情，从大直街一路走去，对巍峨的哈工大主楼视而不见，夕阳下，泛着红光的土木楼最是吸引我的目光。从大门到楼梯，明黄的柱子，精美的柱饰，光滑的扶手，黄佳老师改了多遍的油画，每一处都给我添加着好心情。二楼的木地板，跑上去咚咚作响。而十几年后的我去图书馆借书的时候，看着地上熟悉的木结疤，童年的蹦跳声犹在耳边。作为学生的我，只要有时间就会买张电影票走进礼堂；对于退休了的母亲，周末能去看场电影，是很开心的享受。说来感觉抱歉，有的时候，我会劳烦我们的生活委员帮我去买电影票。我们的生活委员是比我更善良的人，她有了家之后，就把自己的奶奶接去，颐养天年。由于小学经常借用哈工大的礼堂，我也常常出现在台前幕后，那里的角角落落都很熟悉。土木楼礼堂的舞台，作为学生的我，一次也未踏足。然而，这里，永远是我心中最神圣的殿堂。

2019年6月30日

1983年，周洪才老师给建筑82班做绘画示范

土木楼的旧时光
土木楼的周老师
——回忆我的大学

陈 列

1983年6月,建筑82班部分同学参加绘画实习期间在松花江畔的合影

前几天，我的师哥打来电话，说是为纪念母校建校100周年，希望我写一篇文章，回忆一下大学的生活，写一写当年教过我们的老师。对我来讲，可写的人和事很多，如梅季魁老师、郑忱老师、黄佳老师、何百洲老师等等，他们都可以算是我的人生导师，在我成长的路上给予我很多帮助和指引。不过，这篇文章，我想讲讲周洪才老师的故事。

我1982年考上大学，当时正是改革开放的初期，国家百废待兴，世界的科技水平不高，没有电脑画图这一说，一切全靠手工制作，故建筑学专业非常重视美术课，非常重视手上功夫。有一种说法，要想成为一名建筑师，必须首先成为一名画家。四年的课程中两年有美术课，虽然建筑系我们那届只录取30人，一个专业一个班，却有两位老师教我们。一位是黄佳老师，毕业于中央美院，个子不高，浓眉慧眼，年轻时肯定是帅哥，可惜过早去世(以后将专门写文章回忆黄老师)，另一位则是周洪才老师。记得第一堂美术课，周老师随黄老师一同进入了教室，周老师当时四十多岁，穿着一身灰色的衣服，戴了一顶灰色的帽子，一脸的严肃，操着一口大连腔。黄老师是主讲老师，他负责讲授绘画的要领，周老师则一言不发地画着我们要画的画。由于我是美术课代表，同两位老师的接触就多了起来，他们的言传身教，影响了我的大半生。大一暑假美术课实习时，我班分为两组，我被分在周老师的那组，实习时与周老师接触的时间更多了，时常听到他讲对艺术的见解和自己绘画的经历。

周老师1938年出生在辽宁省大连市的盖县，自幼喜欢画画，天赋很好，可惜由于地处偏远的农村没有受过专门的训练。高中毕业时，鲁迅美术学院在盖县招生，在学校老师的推荐下，他来到了考场。当时鲁美出的考题是创作题，二选一，周老师很快就做完考题，一看还有时间，顺手就把另一个创作题做了。当时的监考老师是鲁美的教授，他十分惊讶，走到周老师的身边，在周老师耳边轻轻地说："你被录取了。"接到录取通知书后，周老师异常兴奋，但他父亲却说"完了完了，学费怎么办"。在亲友的帮助下，他终于进入了鲁美版画系，可是他一点儿也不喜欢版画，大学期间精力大都用在了水彩画和水粉画上，毕业后辗转来到我校任美术老师。

他表面上是一个严肃的人，实际上却是一个非常幽默的人，是冷幽默，时常一本正经地开玩笑，一本正经地说起他经历的趣事，我还记得这么几个故事。他刚进鲁美时，和班里几个从农村考上大学的学生，好像是刘姥姥进了大观园，什么都是新鲜的。听说高年级画人体模特，他们特惊讶，异口同声地说："这不是耍流氓吗？"他们几个学生来到了画室门口，想看个究竟，无奈关着门，什么也看不到，着急得不得了。突然发现教室有个高窗，他们找来梯子，几个人扶着，周老师战战兢兢地爬了上去。突然，教室的门打开了，老师出来了，大喝一声，干什么呢！他们撂下梯子，撒腿就跑，后来受到了系里辅导员的严厉训斥。还有一次，他在大连海边画画，突然发现三个小伙子抢着铁锹向他奔来，他想："画画违法吗？多大点事，这么狠，用铁锹打我。这一铁锹砍下去不死也残，完了完了。"没想到，三个小伙子气喘吁吁地跑到他跟前站住了，满脸堆笑，毕恭毕敬地问了一句："师傅，我们家里修房子，挖点沙可以吗？"周老师平静地说："赶紧挖，挖完就走吧。"

周老师对学生非常好，但从不夸我们，也不严厉地批评我们，而是常常指出不足后，鼓励我们。他的绘画思想受苏联写实主义的影响，"画画必须要写实，要像，不像你画什么"？他看不上抽象派，认为抽象派太随意，怎么画都行。他时常说一幅画必须考虑整体效果，画画前，要眯着眼睛观察绘画对象，一幅画随时停下来都是完整的。批评我们画画，是画良心画，做无用功，不抓主要的，在细枝末节上瞎"鼓秋"。有一次素描课上，我们画石膏景物写生，他看了我的画后说了一句，太干净了，咱们不是打扫卫生。说罢，他操起6B的铅笔，在画中的最黑处涂了几笔，"害得"我把

哈尔滨工业大学土木楼细部

这幅画又重新画了一遍,以达到与最黑处的和谐。他常说:"画画必须多画,由量变才能质变,80级的张路峰一到假期就画大量的速写带给我看,你们画得太少了。"他十分敬佩徐悲鸿大师,说他学贯中西,国画中的笔墨、西画中的色感非常好,是学霸。有一次聊天,我说我在画报上看到一张徐悲鸿画的镜泊湖的油画,很有意境。他说徐悲鸿没有去过镜泊湖吧!后来我又查了一下画报,发现是我搞错了,是吴作人的作品,可见他对徐悲鸿研究之深。

大学毕业之后,我与周老师经常联系。他后来调到了青岛建工学院任教。我是青岛人,1987年我即将到非洲工作,临行前到周老师的办公室与他话别。他很高兴,我们回忆起了往事,他问起了我的同学的近况,脸上露出了笑容。他又给我看了他的水彩作品,神态中充满了自豪,说他评上了正教授。上课铃响了,他把我送到了楼下,紧紧地握着我的手说,一定要多画画,熟能生巧。我离开后,走了大约100米回头一望,他还没有离去,又向我挥了挥手。

转眼近三十年过去了,每次回青岛,我都与他电话联系,但阴差阳错始终没有再见面。现在周老师已经退休多年,在青岛安度晚年,画点画,看点书,过着自由自在的生活。衷心祝愿老师健康长寿。

大连实习——老虎滩留影（左起：黄更新、田健、王丽香）

三进土木楼
田 健

原哈建工建筑 82 级全班同学合影

也许是命中注定，我的人生与土木楼有着不解之缘。曾经三进三出土木楼，断断续续前后有15年之久，在自己的人生经历中，留下了最深刻的烙印。

一进土木楼，自然是大学本科阶段，可谓是误入土木楼，半途方醒。高中时最想读的专业是生物类专业，没想到高三下学期伊始，在备考的最紧张时刻，经常头痛，频繁去医院诊治。先是怀疑学习紧张、精神压力大造成的神经系统疾病，经过一个多月治疗毫不见效，后来才查明是鼻窦炎引起的头痛，吃了几服中药，明显好转。头痛消失，又发呕吐，不幸染上了急性甲肝，被迫住院。出院时已是五月末，距离高考仅剩一个多月的时间，我想放弃当年的高考，来年再考。学校老师反复劝说，我复习了一个多月，轻装上阵参加了当年的高考，成绩自然不理想，仅超过本科录取线50多分。成绩公布前填报志愿，一、二表各5个学校，我执意要全填生物类专业，并且在服从分配栏写上了"否"字，心想不理想大不了再考。我哥是哈建工77级给排水专业学生，刚毕业半年，反复劝说我，二表第一志愿填报哈建工。当时并没有报建筑学专业，后来才知道，学校不允许填写"不服从分配"，所以后来才拿到了哈建工建筑学专业的录取通知书。

临近开学，才知道建筑学专业要有绘画基础，并且入学后有美术加试。临时抱佛脚，时任赤峰市建筑设计院总建筑师戴国忠先生是哈建工建筑学专业60级毕业生，功底深厚，教了我一周的素描。入学没几天，果然加试素描，记得画的是石膏加静物。其实刚一动笔，便立见高下，当时我们班的王奎仁、陈列等同学，受过专业训练，作品获过奖，刚画不一会儿，黄佳老师便告诉他们，不愿意画就可以走了。反之亦然，一点基础没有的同学，也听到了老师同样的提醒。虽然熬了一天，通过了美术加试，但我心里清楚，我只是勉强通过而已。

当时哈建工建筑学专业还是四年制，我懵懂地混过了半程，庆幸的是没留级。精神低迷，完全不在状态，从心里瞧不上这个专业，甚至幻想过退学重考。最惨的是大二，上学期期末考试英语不及格，下学期幼儿园建筑课程设计只得了个及格。

大二结束，1984年暑期是工地实习，实习单位是大连一建。当时施工单位刚开始打破大锅饭，工人们奖金与工作效率挂钩。我们在工地碍手碍脚，影响师傅们的劳动效率，所以一到工地，有的师傅便调侃："还不去老虎滩？"后来除了集体活动之外，索性不去工地，直奔各处景点游玩。实习下来，直接的工地收获几乎为零，但间接收获却很大。一是在海边学会了游泳，初学者经常呛水，没想到海水竟然治好了鼻窦炎。另外，忘我的海滨游玩，把两年来的心理阴影冲洗得干干净净，身心状况大为好转。二是大连优美的滨海城市景观与典雅的近现代建筑，不知如何撬开了我迟钝的专业认知，突然有了种开窍的感觉，转而喜欢上了这个专业。

大连之行为我的转折奠定了心理基础，大三上学期我突然找到了感觉，首先是侯幼彬先生的中建史课，深深地吸引了我，使我从一个新的角度来认识建筑，学得非常有兴趣，成绩也不错。其次适值思想解放、学术争论、学术思潮风起云涌，大量的国外人文学术成果引进，令人耳目一新，对我们这一代人影响很大。侯老师的中建史课有别于其他院校的通常做法，除了传授中建史专业知识之外，运用"软科学"的思维阐释了建筑的"软传统"，为我们打开了一个认识建筑新的窗口。我开始对以后的课程设计有兴趣，有想法，虽然成绩不是太好，但毕竟入了门。

大学毕业后，我被分配到黑龙江省建筑设计院，工作之余，仍然保持着对建筑史论的兴趣。由于离母校近，和侯老师始终保持着联系，偶尔还会登门请教。在侯老师的指导下，我于1990年1期《新建筑》杂志上，发表了第一篇学术论文《建筑功能的相关性机制》。1992年，工作6年之后，重回土木楼读硕士研究生，导师自然是侯老师。适值建

原哈建工建筑 82 级同学玉泉山春游

筑市场火爆，我参与了不少项目的建筑设计，甚至还做过一点装修工程。侯老师一向治学严谨，善于创新。每次见到导师，我自然内心十分惶恐，觉得不能专心学习，从事课题研究，有愧于导师。没想到侯老师十分开明，直接问我："你有时间上课吗？如果时间紧，必须保证专业课通过，而且论文必须做好。"硕士论文选题"北方汉族宅第研究"，属于《中国美术分类全集·中国建筑艺术全集》（国家出版计划）二十四册之一《宅第建筑（一）（北方汉族）》的一些基础性研究工作。我想侯老师一定大失所望，后来此书正式出版，论文部分侯老师全部重写，我只承担了图片说明部分。

1995年硕士毕业，回到黑龙江省建筑设计院，1996年被派到大连分院工作，同年读侯老师的博士研究生，但工作太忙，推迟一年上课。1998年调回母校建筑系工作，之后和同学夏为创办工作室，进而接手一家设计公司，误入江湖越陷越深。博士论文一拖再拖，教学工作也不能全心投入。博士论文选题原想继续深入拓展民居研究，从方言、人口迁移、技术传播等角度入手，以类型学为依托，对中国汉族民居建筑发展演变做一系统梳理，并进而阐释民居原型与类型的深层关系。随着课题前期工作的深入，逐渐转向对经济与建筑关系的研究，并且脑洞大开，越深入越兴奋，直觉找到了一个解开中国建筑发展的关键节点。论文开题时，侯老师很高兴，对我大加鼓励。真正进入论文课题研究，才发现犯了眼高手低的错误。一是对于经济学缺乏系统学习，不能提供强有力的理论支持；二是缺乏基础性研究成果，几乎是白手起家，相关资料十分难寻。2000年我在北京埋头做了近半年的功课，搜集资料，写了十余万字，终未能结稿。

2003年设计公司业务重点转移，我做了一名北漂，哈工大建筑学院的教学工作难以为继。2005年年末，无奈辞去学校的工作，博士论文也暂时停止，做了一个可耻的"逃学者"。

虽然在土木楼前后有15年之久，经历了校名从哈建工、哈建大到哈工大的变化，由于硕士、博士研究生阶段已非全职，所以留存记忆最多的还是大学阶段。

我们是建筑学专业82级，1982年入学，1986年毕业。截止到我们这届，哈建工建筑系只有建筑学一个专业，每届一个班30人。全班同学来自13个省市，除江苏外，均为北方地区。其中男生22人，女生8人。在当时的工科院校里，建筑学专业的学生显得比较另类，一来是公共课较少，与外系联系相对少；二来是专业要求，课程设置又包括一些艺术类课，所以建筑系不乏一些个性突出的同学。对比其他年级来说，建筑82级的同学相对平和内向，班里气氛融洽，相互团结，少有矛盾。能生活在这样的一个温暖的集体里，是我们青年时期的幸事之一。

我们的大学时代，恰逢国家改革开放之初，思想解放，新思潮不断涌现，外来的思想与时尚泥沙俱下，改变了我们的思想，丰富了我们的生活。哈建工地处哈尔滨中心城区，商业环境繁华，文化生活丰富。商业活动与我们学生无关，周边影剧院之多堪称哈尔滨之最，半径两公里之内，遍布着十多家影剧院、俱乐部，休息时经常结伴去看电影，当时还有一大活动，即所谓看录像，就是一些非正规渠道的电影录像带，用录放机播放。我们班的宋谦几乎逢邀必去，有一次我们看了一会儿之后，他忽然拍腿惊叹：我看好几遍了！当时学校还流行跳交谊舞，不过我们班同学大都作壁上观，也有几位经常下舞池。最逗的是张健，如果当晚有舞会，下午便可见端倪，基本程序是先午睡，醒后打一瓶开水洗头，稍做梳妆，戴上一个假领子，穿上西装校服，精神抖擞地奔赴舞场。

大学时代青春时节，年轻人荷尔蒙外溢，自然少不了青春"囧事"。步入中老年行列，回想起来，抹不掉的是青涩的亮点。于学军是我同班一个宿舍的好友，自大学至今一直联系紧密，自然对他的情况十分清楚。他生活在典型的军人家庭，从小学寄养在姥姥家直到上大学。他思维活跃，剑走偏锋，不按常理出牌。刚一入学，就写自传体小说，深揭自己的青春思绪。学校举办歌唱比赛，他信心满满积极报名参与，没想到第一轮就被刷了下来，他愤慨伯乐难遇。

于学军、田健在旅顺

陶友松先生松花江畔的摄影课

问其原因，原来参赛的歌只会前几句，没有一首歌词能记完整。在食堂遇到心动的女生，哆嗦得饭盒差点掉在地上。他住在我的对面下铺，一天清晨醒来，他神秘地向我招手，原来是上铺同学的日记本，从床缝跌落下来，打开的一页恰好是记述自己的初恋，我们不顾禁忌，过瘾地看了几页。他不太浓厚的山东口音加上结巴，说"对"总是"啊……dèi"，我给他起了个外号"阿dèi"，没想到很快传遍全班。上体育课点名，总是十分尴尬，因为"到"字容易卡壳，点名顺序是陈原宏、陈列、于学军，学军几次卡壳之后，从点到陈原宏开始便默拼拼音"dɑo……"，点到他之后便脱口而出"到"。体育老师王春生先生反应敏捷，两次之后便知晓大概，点完陈原宏之后，转头盯着于学军不再发声，学军默拼"dào"再也忍不住，不等点到陈列，便大声喊"到"。

走上社会后，学军依然如故，在人生的道路上守正出奇，剑走偏锋。他是我们班第一个辞去公职下海的人，第一个脱离设计行业的人，以他的风格叙写了一篇多彩的人生。

土木楼里对我影响最大的自然是我的导师侯幼彬先生，无论是治学还是为人，都堪称"大家"，这是土木楼人的共识与集体记忆。1995年暑期硕士毕业，我陪侯老师进京到中国建筑工业出版社交稿。时任总编王伯扬先生出差，接待我们的是一室主任欧阳星耀先生。他初审之后，认为有些地方稍嫌"啰唆"，应该做些改动，但要稍等几天，等王伯扬先生回来后再做定夺。我心里大惑不解，因为侯老师的文稿我十分熟悉，真是想不出哪里多余。几天后王总编回京，欧阳主任带侯老师和我拜见王总编。王总编听了欧阳主任的简单介绍后，十分肯定地说："侯先生的文章免审，我们没资格审，连文字都不要改。"欧阳先生事后专程向侯老师道歉，解释自己脱离编辑工作多年，对学术界不够熟悉。当然见仁见智，不能一概而论，但从一个侧面反映出了侯老师治学严谨到了什么程度。

外建史老师陶友松先生则是另一番景象：博学多才，幽默洒脱。他的讲课往往是这样开始的：某个雨夜与夫人吵架，被赶出家门无处留宿，无奈敲开了某教堂的大门，与神父聊了一夜。时代背景、建筑特色、名人逸事娓娓道来……记得大三暑期在沈阳北陵、东陵古建测绘实习，陶先生经常在饭后领我们到园中散步，拍拍肚皮自称满腹经纶，古今中外，经典史集，信手拈来，妙趣横生。有次见陶先生在绘制一幅机械图，同学们十分惊诧，忙问究竟。陶先生说发明了一个"汽水机"，正在做设计并要申请专利。我们佩服得五体投地，历数陶先生的才艺：同济城市规划专业毕业，教我们的外建史，给哈师大研究生讲比较文学，写影评，教授建筑摄影。1989年我在黑龙江省建筑设计院深圳分院工作，院里组织到银湖游玩，大家神聊到博学多才的话题，我讲的就是上述的故事，不过只说老师没讲姓名。紧接着院里的一位老先生说，他接触过最博学的人，竟和我讲的有相似之处：同济城市规划专业毕业后分到省考古队工作，因为合住集体宿舍，发现他竟有一纸箱宗教研究类杂志书籍；自述大二时，南京鸡鸣寺招和尚，要求初中以上学历，他曾去报考，方丈问过三个问题之后，直言不能要他，不是他回答得不好，而是发现他比方丈懂得多。老先生讲完后，我忙问姓甚名谁，原来我们讲的是同一个人：陶友松先生。

最后一次离开土木楼已近15年了，每次想起母校，总有一种留恋，一份感激，还有少许酸楚，对于我这个三进三出、中途逃学者来说，又增添了一份深深的内疚与歉意！

2019年10月31日

晨曦——哈工大土木楼（照片来源：哈工大校友会）

晨与夜 七月
——写在哈工大建筑学院校友书画作品集付梓之际

王长刚

春眠 觉晓（作者绘）

寒窗 时光（作者绘）

课间 窗外（作者绘）

往事 如烟（作者绘）

专教：我的地盘我做主

张险峰

1987年岁末迎新联欢会上班长致辞

我 的 地 盘

在我们的学校还叫哈建工的时代，专用教室（简称专教）可是建筑系的专属。从大一入学到毕业设计，它一直陪伴着我们，是除寝室外，同学们使用最多、用途最广的场所。它既是小班授课的讲堂，又是存放文具的仓库，也是大课间歇中转休息的驿站，班级活动的会场。它是同学们的心理依靠，也是孕育规划师、建筑师的"产房"。

所谓专教，与一般学校的普通教室在大小、格局、配置上并无二致：教室呈长方形，靠外墙方向是三扇高大的木窗，一年四季任阳光尽情洒入；教室墙面刷着大白和齐肩高的灰色墙裙，地面是厚实的木地板，天棚垂下几组简洁的荧光灯管；正前方墙上是一块通长的磨砂玻璃黑板，四列课桌椅整齐摆放，整个教室从装修到家具都透着一种简约质朴之气，清爽而整洁。在那个物质普遍匮乏的年代，这种气派十足的室内空间和装修配置，已经令我们这些寒门学子大有登堂入室之感。最受同学喜爱的是那宽大的窗台，由于墙体厚重足有半米进深，完全可以平躺一条北方大汉。窗台下是老式暖气片，窗台上真可谓冬暖夏凉，非常适合坐卧休息。闲暇时，很多人都喜欢坐在上面打望街景、谈天说地、写生绘画，甚至还真有人在集中周熬夜或午休时在上面睡过觉。

其实，专教用于授课的时间并不多。我们是第一届城市规划班，前3年的课程设置都与建筑学一般无二，因此大部分课程都是跟建筑学两个兄弟班一起上大课，仅有少数基础课和专业理论课在这里上，比如高等数学、英语、道路交通、给排水、测量、风景园林、城建史、城市设计等。而因为建筑学一届有两个班，小班授课就更少。专教用于日常学习和备考的时间也不多，大家似乎更愿意去公共教室跟陌生人抢座位、"挤香油"，这道理就跟"书非借不能读也"差不多吧！当然也是为了给自己营造一个读书氛围。大教室看似人头攒动，其实都是陌生人在一起，秩序和学习的气场远远胜过专教。可在外系同学看来，建筑系的学生真是身在福中不知福。

相比之下，专教最重要的用场是设计课教学和做方案。这应该是建筑系拥有专教最直接、最过硬的理由。而拥有专教给建筑系学生带来的方便和自豪感，那是无以言表的，外系同学只有羡慕嫉妒恨了——当然恨的是自己为何无缘建筑系。

设 计 课

建筑系拥有"马拉松式"的设计课时安排，贯穿大学四年始终。每学期从第一周开始直至期末考试前，每周2个上午，一年要完成4个单项设计，加上集中周画图、快题设计和课下方案构思，仅此一科就占据了专教利用率的20%以上，更甭说毕业季的大半个学期都要扎在这里。有设计课就离不开图板、丁字尺、纸笔颜料、参考书等一应工具，因此专教也是收纳这些琳琅满目的学习用具的仓库。

设计课一般都安排在上午。这时，每张课桌都支上清一色的一号图板、架上丁字尺，桌边码放着铅笔、橡皮、针管笔、墨汁；随着教学的深入，水彩、水粉画法逐步加入进来，于是各种型号的毛笔、排笔、调色板、涮笔桶占满了小小的工位，教室里变得拥挤不堪。老师和同学都会养成一个习惯——慢起身、踱碎步、左瞧右看，生怕鲁莽间碰歪了图板、撞倒了墨水、踢翻了水桶。一旦这种情形出现可就麻烦了，破坏了人家辛辛苦苦画的图不说，甚至还有可能耽误人家交图，影响设计成绩，那可不是说句"对不起"就可以心安理得的。

1988年中秋节——规划85、86两班联欢后,部分同学合影

1988年中秋节——打牌

1988年中秋节——摆酷

虽然哈建工的城市规划教研室成立较早，一直以来却只有硕士培养计划。直到1985年才招收第一届城市规划本科班，而我班30人很荣幸地成为这一历史见证者，也很荣耀地成为哈工大规划人永远的大师哥、大师姐。由于是第一届城市规划班，而且沿袭的是建筑院校传统，采纳的是"同济模式"，因此在前三年的课程设置上与建筑学并无二致，只是到了大三下学期和大四才逐步增加规划相关课程，并带有较浓厚的设计学色彩。大学本科四年练就的手头功夫，为我们毕业后马上适应当时设计院以建设性规划为主力的专业工作带来了实实在在的好处。

设计课是同学与老师亲密接触的最佳时机；得到名师手把手的改图，更是弥足珍贵的机遇。设计课一般安排一位主讲老师和两位助理，每位老师各带10名同学，需要手把手地改图、磋商方案，是真正的师傅带徒弟。主讲一般都是资历较深的老教师，甚至是国内名师；助理大都是初出茅庐的助教，也有部分是在读研究生。多数同学自然都企盼分在名师门下，但也不乏有些同学更愿意分到年轻教师麾下，盖因建筑系教师大都才华横溢、风流倜傥、气质出众，对青年学子有极大的"杀伤力"。但无论大家心里怎么想，分到谁的手下还是要靠运气。

我们是幸运的一代，在踏入校门时，正值恢复高考才刚几年的光景，国家百废待兴，建筑事业重振雄风。在实现"四个现代化"的大旗下，知识和人才受到国家高度重视。历经磨难的老教师重返教学岗位，焕发了第二春，正意气风发干劲百倍；刚刚走上讲台的青年教师，正血气方刚冲劲十足。当年建筑系真可谓是人才济济、名师荟萃，师资队伍和教学水平在国内堪称一流。很多当年就已声名显赫的教授以及后来成为"大家"的中青年教师，都全力以赴投入本科教学第一线，与我们朝夕相处、言传身教，应该说我们赶上了好时代。

庆幸的是，在我为期四年的本科、两年半的研究生学习中，有幸得到很多名师的耳提面命，其中就包括我国著名的建筑教育家梅季魁、邓林翰、侯幼彬、智益春、李桂文先生，规划专业早期创始人郭士元、唐恢一、韩元田先生，以及我国第一批公派赴美研修城市设计并开展教学和实践的郭恩章先生；也有当年身为青年讲师、后来成为一代名师的"小"先生，如金广君、刘松茯、梅洪元等。据我的回忆和不完全统计，曾先后带过我班设计课、美术课的其他老师还包括：李婉贞、菊立复、孙清军、周洪才、江涛、宋晓龙、白小鹏、李艾芳、冯志行、王金、刘德明、刘乔昆、小赵老师(天大毕业的女老师，年代久远忘记了名字)，班主任黄玉兰、苑剑英，以及当年在读规划硕士的张春阳、郝之颖、郑东、武东伟等师兄师姐。哈建工与哈工大本是一脉相传的，哈工大"规格严格，功夫到家"的校训很好地被建筑系老师所传承，不但为我们打下了扎实的功底，更教会了我们认真做事、谦虚做人的道理。

空间营造

通过几年的空间设计学习，建筑系的学生普遍被培养出一种其他专业人并不敏感的"私密空间"情结和自己动手的欲望。开了智的人们，已经无法忍受在众目睽睽之下睡觉、看书、画图、私聊、吃独食、写情书。为此，即使在20世纪80年代物质匮乏的岁月里，也挡不住同学们丰富的想象力和创造力。在宿舍里，每个人都充分利用床单、蚊帐，甚至是废图纸，把床铺包裹成私密的"寝帐"，想群聊时帘子一掀立马加入"战团"，聊累了帘子一放就此"独立"。而这种情结随着资历的增长和小班课的减少，逐渐延伸到专教，并升格为一场空间营造的狂欢。毫无疑问，师兄师姐们的榜样作用达到了推波助澜的效果。

在专教里，由于没有床架做龙骨，打造私密空间就需要发挥更大的想象力。同学们八仙过海各显其能，像如今

1988年岁末班级大联欢——迪斯科舞会

1988年岁末班级大联欢——聚餐标配手把瓶

1988年岁末班级大联欢——规划85班几朵金花合影

的淘宝一样到各处去踅摸建造材料，把属于自己课桌椅的方寸空间围合起来，创造出五花八门、类似今天"工位"的专属空间来。围合材料主要是大图板和做模型用的泡沫板，用铁丝、绳子捆绑在桌腿上。这时拼人品的时候就到了，人脉广的往往能从毕业师兄师姐或老乡手里弄到几块大图板，这被看作一种本事而招致无数艳羡的眼神。

到了毕设季，这种狂热的营造活动也就达到了巅峰。整个教室被众多高度齐肩的小格子间所分隔，仅留出几条狭窄的通道和个别开敞工位，俨然一座迷宫。大家聊天时要从围挡后边站起来，坐下时是看不到人的。来找老乡的经常被这阵势搞蒙，需要门口的同学喊上一嗓儿，被叫到的立马从围挡后边冒出头来招呼一声，那人才能挤挤擦擦地从狭窄的通道"游"过去。

这种被学校默认的营造狂欢是建筑系高年级独有的"特权"。一方面是在专教上的课越来越少，另一方面也许是高年级学生具备了与管理者"议价"的资格吧。建筑系学生由于拥有这样的"怪癖"而经常被视作"另类"，但我们自己却乐在其中。

毕 设 季

最后一个学期是毕设季，所有课程都已结束，专教几乎成了我们生活的全部。同学们天天腻在一起，做方案、裱图纸、画图写字、做模型。双卡录音机里日复一日地播放着那些连曲目顺序都已滚瓜烂熟的流行歌曲，一曲未终已有人哼唱起下一首的前奏。当然那些热恋中的同学生活就要多姿多彩许多。

一群想象力丰富的年轻人整天泡在一起，就少不了整出许多新鲜事儿。其中之一，就是玩飞镖。不知是谁，以聪明才智发明了投飞镖游戏。这飞镖可非现成的工业制成品可比，其专利是因陋就简，把做模型用的厚吹塑板立在讲台前，用马克笔在上边画出靶圈，用一头尖的水彩笔做飞镖。投掷的时候，用拇指和食指捏住笔杆尖头，将笔头朝前瞄准，然后大臂迅速后引，用力向前甩出。那笔杆旋转着画出一道无比潇洒的弧线向"标靶"飞去，凿凿实实地扎在"标靶"上。力度大的同学可以将笔杆"力透纸背"，敲得玻璃黑板铛铛作响，这时就会引起一阵喝彩。这种玩法要根据个人的特点选择适合的笔和投姿，所以充满了技术含量，这也是其独特魅力所在。想想如今学校大都用电脑画图，学生已难解其中乐趣，也算是科技进步的一大损失吧。

在毕设季，大家的时间主要用来构思方案、画各种草图，老师也不是天天光顾，所以大家可以自由安排时间。于是很多人天天泡资料室、图书馆，查资料，找案例，灵感来了就马上跑回教室画上一通。实在没心情弄了，出门就可以逛大街，十多分钟就到了南岗中心区，那里有琳琅满目的冰点店、电影院、小餐馆、大商场，这是我们这所马路大学的特有福利，也算是没有校园的一个补偿吧。如此一来，就生出很多趣事。

一次，有位正处在热恋中的老兄，为了陪女友看场电影，在用针管笔打好线稿、水彩渲上蓝天后，就潇洒地挎着女友胳膊出门了，让紧张忙碌中的同学们羡慕不已。结果没过多久，渲染的蓝天处就由于干湿不均而被拉裂一条大缝。那位老兄回来一看就傻眼了，大半天的功夫算是白费了。很多人围拢过来，看着一脸郁闷的事主，有的幸灾乐祸，有的七嘴八舌出主意。不承想这位老兄把心一横、牙一咬，发狠地说：如果谁敢在图板上替他踹上一脚，他就重画！看着辛辛苦苦画好的底稿，谁能真忍心去踹啊？正当众人面面相觑的时候，人群中猛地伸出一脚直接踹向了图板，这位老兄于是心无旁骛，死心塌地重新裱纸去了。当时我就想，这两位都是干大事儿的料。果然，事后证明，这两位在

郭恩章先生和规划 85 班主任、当年的小先生金广君来看望同学

人生道路上都是敢闯敢拼的主儿。

在我们的毕设季，规划四个年级的专教被调到了楼层的一端集中起来。86级的师弟们显然比我们这些师兄更能折腾，不知从哪弄来了两排长条椅，把走廊尽端围成了我们两班的"聚义厅"，业余时间大家就聚在那里看风景、扯闲篇儿、一个人发呆。到了节庆日和周末，这里是最受欢迎的舞池。在师兄弟们的互动中，各种经验在耳濡目染中传递，友情在漫不经心间增长。

欢 乐 颂

专教还有一项重要的功能，就是联欢聚会。这类活动可以分成两个层次：一类是日常性的娱乐，以舞会为主；另一类就是重大节庆的会餐加狂欢。

建筑系的学生普遍比较贪玩、会玩，有些玩法也很有品位，比如办舞会就是建筑系的一大特色。高年级师兄师姐里有很多才华横溢之人，其中不乏"舞林"高手。在他们的带领下，全系同学一起翩翩起舞，一到周末愣是把平日里庄肃的教室、走廊都变成了喧闹的舞池，气氛热烈不输任何正规舞厅。此外，班与班之间、同年级班的联欢舞会也会偶尔登场，既调剂了单调的学习生活，也让邻居之间走动起来，当然也促成了一些成双入对的"鸳鸯"。彼时我才真正理解了"交谊舞"这个称谓的真谛。

狂欢活动主要集中在下半年的中秋节和元旦，又以元旦辞旧迎新大联欢最为隆重热烈。

每逢岁末，各系都要精心准备一场精彩纷呈的师生文艺大联欢，而建筑系总是能争取到宝贵的30日晚上在大礼堂隆重登场。这个时间节点很重要，因为大年夜是留给班级聚会和听钟声的，而倒数第二晚也就有了年根压轴的意味，更可以把欢乐的气氛延续下去，因此各系都要为此展开角逐。当然建筑系每年都会当仁不让拔得头筹，表现也自然不负众望，盖因建筑系的才子佳人实在是太多了！令我印象最深的如侯其明老师深情的独唱、84级服饰华丽的交谊舞表演、李行老先生的保留节目双口琴独奏、单霓演唱的日文流行歌曲等，跟专业演员相比也不遑多让。我班当年可是文艺宝库，奉献了众多脍炙人口的节目，如：关毅和陈伟新每年自编自导自演的默剧小品，精巧的构思和幽默的表演令人捧腹；年纪最小的徐刚同学，在社会上刮起霹雳舞旋风的那年，带领一众同学创作表演了精彩的霹雳舞，那陀螺旋转、太空舞步、炫酷表情，让人看得热血沸腾；陈荣同学朗诵自己撰写的诗词，又给人带来另一种意境深远的陶醉。而我班男神郑小刚和系花单霓的黄金搭档主持，更不知俘获了多少青春少年的心。

会演过后，就是班级聚餐和联欢了。每到这时，建筑系就傲视群雄了。没有专教的其他系学生，只能外出聚会或借用公共教室；而我们则可以专教为据点，发挥设计特长精心布置一番，在自己的一亩三分地上尽情折腾。彩纸拉花、大红对子是必需的；黑板上用艺术字写满祝福再涂抹一番；地当中用课桌拼成一字长龙便成了一张巨大的餐桌。

傍晚，食堂为各班准备好饺子馅、面粉，以及花样繁多的冷热菜套餐。和面、擀皮、包饺子是要自己完成的。长条桌上铺满大白图纸，大家围拢起来一起动手，擅长厨艺的自告奋勇承担起技术含量最高的和面、擀皮工作，其他同学都投入包饺子大战。精通某个环节技能的北方同学大显身手，一招一式透着干练，一下就变成了众人眼中的偶像，招致无数羡慕的眼神和当场拜师求艺。那些在家"饭来张口"的大公子、大小姐，也都放下身段投身劳动。动手之余，众人也忘不了要自我吹嘘和点评一番，其乐融融。不多时，铺了图纸的图板上就码好了各式各样的饺子，由同学送往

当年"大串联":建筑84、85,规划85、86班同学混搭在一起

食堂排队去煮。等热气腾腾的饺子端回，一只只平日喝水的瓷缸、茶碗、玻璃水杯灌满酒水，大家举过头顶一起吼声"干！"，于是晚宴正式开始。在80年代那个省吃俭用、买馒头稀饭都要粮票的年月里，一年到头似乎只有这一刻才能尽情挥霍、大快朵颐。

在这年终岁首之际，系领导和任课老师们自然也不会缺席。饭后，他们要挨着班地来拜年问候，平日板起的面孔在这一天也是笑得格外亲切慈祥。跟班级熟识的老师会坐下来跟同学们畅谈一番，无外乎专业性话题。

所谓醉翁之意不在酒。随着饭桌上风卷残云的进展，会餐逐渐演变为同学之间的拼酒，进而升级为班与班之间的走访互敬，再最后就演变为全系的大串联大狂欢。此时喝酒的杯子早已不知被甩在了哪里，人人手里拎着啤酒瓶子碰杯（这在哈尔滨的文化中叫"手把瓶"），再豪爽地咕嘟咕嘟灌上几口，似乎只有如此才能表达心中的快意和敬酒的诚意。我记忆中最惨的一次拼酒，就是跟班里一位豪爽的东北女侠喝酒，人家一仰脖便把一瓶堪比室外温度的哈啤一饮而尽，而我强撑着灌下一瓶后，就再也没有了先前逞强好胜的勇气，此时已是对"巾帼不让须眉"这句老话理解得无比透彻。这种独特的哈尔滨文化渗入建筑系的文化，留给我深深的记忆。酒到酣处，土木楼里满走廊都是三五成群、拎着酒瓶子找人碰杯的建筑系学生，熟识的就扎在某一角落高谈阔论畅饮一番。此时年级之间、班级之间已全无界限，兄弟情、老乡谊都弥漫在觥筹交错中。

深夜来临，各班的舞曲响起，烛光舞会开始登场。大家手擎蜡烛，伴随着迪斯科舞曲跺着脚、扭动腰肢，和着歌星声嘶力竭的嗓音齐声高唱，似乎就要把天棚掀翻，狂热的气氛再掀高潮。在这热烈气氛的感染下，新年钟声终于敲响。教室和走廊里发出震耳欲聋的欢呼，众多酒瓶再次激动地碰撞在一起。辛苦紧张的一年终于过去，令人期待的春节和长假就在眼前。

专教，是我们的地盘、我们的乐土，也是我们走向社会的跳板。无数次梦回专教，还是那些物件，还是那些谙熟的面孔，在我的梦中从未改变。

郑小刚

我和土木楼

郑小刚

哈尔滨建筑大学教学楼一角
（2015年回到当年学校的楼道里，从三楼尽端的窗户向南看到的景象。回到北京家里画了这张给我留下深刻记忆的水彩画。）

成　　长

人生应该有三次蜕变：单身独立生活、立业成家、至亲的离世。在哈建工的"土木楼"的生活算是我第一次蜕变。

那时候从北京坐火车去哈尔滨只能坐硬座，17次特快要坐约17个小时，出北京横跨四个省。现在想起来，虽然高中三年也是住校，但第一次独自离开家出这么远的门，还是挺佩服自己的勇气的。舅舅曾经插队到过黑龙江的军垦农场（和相声演员姜昆一个团），而我在改革开放的1985年为了上大学来到了这个东北大城市——哈尔滨。

新　　奇

久居北京，大街小巷串胡同，大街上建筑见得多了，大会堂、展览馆、火车站……老建筑故宫、天坛、颐和园……但一下子从哈尔滨火车站出来，感觉还真是新鲜，小一点的房子大都是黄墙红绿顶，多层的楼房就更复杂了，各种的尖顶、各式的石头柱子、各样的圆拱门（后来知道叫山花和柱式）林林总总出现在大街小巷，与北京的街道完全不一样的氛围。

当然，人也不一样。刚从火车站出来，以为这里经过的是刚刚散场的剧团演员，女士们都化了妆。拖着行李箱一路走一路看地步行到达学校宿舍楼，一路上遇见的全是"演员"，这下子知道了，不是"演员"，是时尚！这是个讲时尚的城市。

第一次看到哈尔滨建筑工程学院主楼——土木楼（上世纪早期的建筑，1906年），据说是欧洲的新艺术主义风格，一座典型的外国式样的教学楼，柱子、柱头、山花、线脚，高高的大门和厚厚的外墙……对我来说都是那么的神奇而真实，使人兴奋。

主楼里最具特点的是中间的双分式的大楼梯，一直通到五层（顶层），后来在几个电视剧里我一眼就认出来了，比如李幼斌主演的《红色追击令》。

结　　交

土木楼内部的空间很高，大厅、楼道地面大都铺装石材。在铺着木地板的教室里第一次遇见大学的全班同学——至今为止遍布全国联系紧密的朋友圈，高矮胖瘦（应该说当时物质生活不是很丰富，人还都比较瘦，没有大胖子）、男男女女（20多个男生、9个女生）、东南西北的一班人同在一个楼一个教室，共同学习、生活，又各奔东西，这就是缘分，不能预测，不可改变。大家毕业之后也经常聚一聚，见了面很亲热，天南海北，无话不聊，很开心。

第一天在宿舍楼前报到遇见的第一个向我打招呼的同学——热情、亲切、勤奋、好学的吕正华（后来娶了我们班的马青同学），一起到宿舍的还有王磊、周宏年、徐刚（年纪最小），还有建筑班的崔建林、李长城和徐明非，从那以后就经常在一起了，虽然不在一个班，但上大课三个班都在一起。

头一天到土木楼二层的班级教室去报到，一个胳膊上打着石膏绷带的同学（刘天泽）引起了大家的关注，瘦瘦的，弱不禁风的样子，一问，竟然是踢足球受的伤，大家都是一脸不相信的表情。

一个宿舍8个小兄弟

第一任班长是关毅，口才好，声音洪亮，据说有在广播站工作的背景，组织起活动有板有眼的，镇得住场面，大家都挺服气。

基础好的同学能力很强，功课门门优秀，毕业后走出土木楼更是出类拔萃！如万泰、险峰、天泽、陈荣、正华、王磊、忠民、一兵……在各个城市的专业领域、政府机关和大企业中成为"大咖"级人物，独领风骚（如险峰同学主持和参与了那么多的大城市的规划，在区域和总体规划领域经验丰富）。我也为能在土木楼结识这样的同学感到骄傲。

老　　师

土木楼（建工学院）里的老师们好似我们的父辈，个个是大名鼎鼎、经验丰富的大师，全国的城市中大都有他们自己得意的设计作品（记得刚毕业后在南通工作时看了邓老师设计的南通纺织博物馆，很受启发）。老师们讲起课来更是游刃有余的样子，总感觉他们要把所有的墨水都倒给我们。那时的我们还小，那么多知识和实践经验在学校期间一下子不能全部消化，还好，我们学的是又动脑又动手、半科学半艺术的学科，学的东西毕业以后潜移默化地想得到、看得见也用得上。比如规划设计原理、建筑史、城建史、建筑构造这些常识性的知识不断地积累、研究让我们受用一辈子，成为我们出门看世界、评头论足的天然话题，好不惬意。

有什么师傅就有什么徒弟。土木楼的先生们有一种务实的劲头，学生们、师兄们出来后也大多踏踏实实做与自己的本行相关的行当，成绩斐然（毕业后看到了孙一民老师、张伶伶老师设计的亚运会、奥运会体育馆，造型独特、视觉震撼）。

我们学建筑要有一定的美术修养，所以，土木楼里的美术先生个个都挺厉害。美术课的周老师，教我们画画时每每强调"不要掉进局部里"，至今还记得他的语调。周洪才先生，超写实水彩画太厉害，画中一把用了多年的小号斑斑点点、锃光瓦亮的，一块刚切开的沙瓤西瓜能让你感到糖分、水分和沙沙的口感，黄山的瀑布砸在巨大的、青苔斑斑的石头上飞溅的水花和水雾瞬间在他的画上凝固，老先生的功底了得。

多　　彩

土木楼里面的人们大都多才多艺，还有很多"偏门"的人才。吹拉弹唱的能人参加学院组织的卡拉OK比赛，而体育教研室的老师们有个特殊的爱好——跳交谊舞。业余之时，他们会在铺着木地板的室内篮球场里跳舞，惹得很多学生观看。那时候的学生们比较"土"，顶多在中学时跳跳集体舞，没见过这交谊舞，一招一式都那么绅士、那么潇洒。后来，全校掀起跳交谊舞的热潮，大有谁不会跳舞就不算土木楼的人似的。学院有八九个系，周末几乎每个系都有舞会，建筑系以班级为单位都在举办舞会，甚至在宽宽的楼道里也开起了舞场。后来学院开办了全国第一个交谊舞选修课，领头的年轻帅小伙老师居然是我们建筑系著名的邓教授的儿子。

当然，我们的业余生活中不止这些精彩。"回"字形的土木楼中间有个小足球场，冬天泼上水就成了溜冰场，穿上从北京带来的父亲的冰鞋，就可以玩了。学校周边有网球场，常常和同学一起去打球。毕业后，打球、滑冰、跳舞

我与吕正华、关毅合影

全班郊游

成了我业余生活最喜欢的活动。

印　记

　　班上大多数同学都是来自东北三省的，所以，通用语言就是"东北话"。但不管天南海北来的全部会被同化，毕业了就是一口"东北腔"，三十多年了也改不回来，像印刻在了大脑的语言区域。不管之后在哪里工作，同学见了面自然全是"东北腔"，那叫一个亲！好像不用这腔调，不足以表达同学间的亲密和想念之情。

　　对于我来说，记忆犹新的就是土木楼的大礼堂！每年的元旦建筑系都会组织晚会，因为我的普通话好一些，所以入学第一年就被选中担任报幕员。后来加入学院学生会，还担任过演唱比赛主持人。因为性格还是比较内向，所以当时还是挺紧张的。也正是那时的历练，现在的性格已经变得开朗很多了，毕业后工作中的大场面汇报现场，自己不会因为紧张而语无伦次，现场的应变能力也自然而然地有了基础，这正是锻炼的好处。

　　上次回哈尔滨，大家去了学院的食堂，体会了一次学校的伙食，但已经找不到当年的"熘肉段"和"松肉"了。那时候中午一下课就往食堂跑，排队买饭，目的是能吃上最贵、最好吃的这两个菜。"熘肉段"是用肥瘦相间的猪肉裹上淀粉炸了之后再熘的，五毛钱一份，在北京叫作"软炸里脊"或"焦熘肉段"，回北京后吃过，味道不一样；"松肉"是用精瘦肉加淀粉炸过，再裹上米粉蒸，再浇上花椒肉汤汁，类似于北京的"米粉肉"，不过不加酱油，七毛钱一份。提到这两个菜，每次聚会学生老师无人不知、无人不提，每每道来，赞不绝口，像被深深地印在了舌头尖儿上，这应该算土木楼里的名菜了——"舌尖上的土木楼"。

　　上过大学的每个人可能都有一个对校园的记忆。我的大学那时就只有一个教学楼，就是这个大直街上的很有特色的土木楼，把我们最天真烂漫的青春全装了进去。

　　现在哈建工又归到哈工大了，提升了整体实力，与清华、北大并驾齐驱，而我们这一代怀念的还是那个大直街上的土木楼。

　　啰啰唆唆的一些回忆，只为纪念一下30年前那段往事，供老师、同学们浮想联翩。

　　祝我们的学校越办越成功！祝我们的老师永远年轻！祝我们的同学和校友们健康快乐！

2019年9月23日

土木楼立面，2017年摄

我与土木楼

李 伦

土木楼后院的运动场，2017年摄

2017年，87级聚会照片：土木楼后院合影

2017年，87级聚会照片：土木楼入口门厅大台阶合影

1987年7月9日下午，北京炎热的夏天，紧张熬人的三天高考的最后一科终于结束了。8月份，终于如愿等来了哈尔滨建筑工程学院的入学通知书，心情很愉快。这也是父母的愿望，这里是妈妈的母校，父母生活过的地方。记得填报高考志愿前，父母还跟我描绘了哈尔滨的西洋古典建筑、松花江畔、外国人的故事和大列巴的味道……我脑海里呈现出浪漫的异域风情，憧憬着自己的大学生活会是什么样子呢？每天放学骑车路过苏州街的第二外国语学院的美丽校园，我在想，我的大学应该比这个更有意思吧？

9月份的一天，坐着17次特快来到了哈尔滨，才发现我的大学原来是个"马路大学"：没有校园，只有位于南岗区大直街东侧的教学楼和西侧的宿舍楼。看来，以前的时代，信息还是通过有限的纸面和人工口口传递的，漏掉了很多信息，而这些可能是更重要的。也正是因为如此，我的大学生活跟土木楼（教学主楼）关系就更加紧密了。

土木楼建成于20世纪50年代，设计师为哈尔滨工业大学土木建筑系教授彼得·斯维利多夫（1889—1971）。建筑是古典风格，外形挺拔雄伟，细节典雅优美，作为建筑院校的主楼，那是相当有面子的事。而内部空间高阔凉爽、墙体厚实，宽大的窗台和走廊，常成为同学们小坐交流的半私密空间。

教学楼整体布局成半封闭的院落空间，临街的前半部分呈山字形，建筑系的教室大都在南侧楼里的不同楼层，从主楼的西南角门出来的硬质广场，用作篮球场。穿过此广场，来到后广场，这里在冬天的时候被浇成滑冰场。看到85级的几个同学，在上面潇洒地打冰球，很是帅气和硬朗。冰场北侧是新建的食堂。

四年的大学生活，在土木楼里给我留下深刻印象的，有这样几个空间和故事：

阶梯大教室

大教室印象最深的是阶梯教室，坡度很大、木制座椅、地板。哪位迟到女生的高跟鞋声会格外的响，会打断老师的板书和打盹同学的梦乡。厚实宽大的老建筑，里面的阴凉气息一直存在，所以大多数同学尤其是女生会有一个棉坐垫。这种每人带个棉垫去上课或自习的情景，在我后来待过的学校里是从没有过的，也算哈尔滨的一个特色。在后来生活过的深圳大学里，蚊子和炎热是最难受的事，20世纪90年代初空调都还没有普及，夏天只有风扇解暑，趴着画图，硫酸纸会被胳膊上的汗水弄得皱起来，想想在酷暑或严寒的地方生活的人，都有自己的烦恼和庆幸之处吧。

大教室让我至今印象深刻的一件事，就是容易困，听课效率不高。那时的我有些近视，还臭美不愿意戴眼镜，老师的板书时常看不清。现在想来，学习好的同学，大多数都是提前去前排抢座听课的，可以精力集中地跟紧老师，而后排的同学，都主动或被动地放弃跟紧老师的思维学习了。

420大教室

420大教室，是大两号的阶梯大教室，相当于现在学校里的学术报告厅。记得我大三做学生会学习部长，新官上任三把火，我们轰轰烈烈地把建筑系的学术活动搞起来，掀起了一波高潮，那段时间几乎每一两周会有一次学术报告或者录像活动。每次活动的海报，都是由好友陆同学认真地设计、水墨渲染，大张旗鼓地在一楼门厅贴出来。

那时候学校的师资相当雄厚，我们就把学校里的老师们都请出来给同学们做学术报告。虽是无偿的课外演讲，

建筑87二班的同学们回味在当年的班级教室里点名，2017年摄

2017年，87级聚会照片：土木楼南侧哈工大博物馆合影

2017年，87级聚会师生参加晚宴合影

老师们却都很给力。记得规划教研室的郭恩章先生那时刚从美国做访问学者归来，他是中国最早研究城市设计的学者和实践者，为同学们演讲过好几次。他的演讲每场都爆满。20世纪80年代末我们没有多少渠道了解国外的资讯，郭先生的幻灯片资料多而新，设计理念正是当时前沿的，先生是老北京人，言语风趣幽默，时常引来同学们的满堂笑声，宛如一场学术上的饕餮盛宴，愉快而满足。

班级教室

我们的班级教室，一直都很舒适，南向的大窗户，高敞的空间。比高中最大的变化就是可以自己找喜欢的同学做同桌。80年代大学班级教室是个社会交往的有趣的窗口，有时候恋人同学们的悄悄话和意味深长的眼神都会散射出来碰到你，还有闹别扭的、发脾气的、故意说双关语的，丰富有趣。因为那个时代人的生活空间非常有限，我们马路对面的宿舍楼每屋要住8个大小伙子，尤其是哈尔滨，一年大多数时间外面天寒地冻的，除了走廊和教学楼里的犄角旮旯，就剩下班级教室了，我估计很多恋人同学们都练出哑语和默语交流的本领了。

地下体育馆

地下体育馆位于地下一层，是主楼里难得的大空间，两层高带柱廊，木地板，比起二楼的大礼堂装饰简约但依然温馨宽敞，是欧洲Ball交谊厅类的空间，多用作篮球场和舞厅。有趣的事是跳舞，大三的时候，学校为了丰富学生的文体生活，由邓教授的儿子小邓老师开办了一个课外活动：国标交谊舞班。我报名参加，第一天，男女生分列两排，按身高排列，相对应的一组做舞伴。初次站好后，帅气的小邓老师走过来，端详一番，把我对面的女生调换了一下，从此，对面的女孩就成了我的女朋友。这是缘分啊，也要感谢小邓老师，我们的缘分是他帮着牵的。

新食堂

新食堂虽然是加建的，但也是土木楼生活重要的组成部分，不仅因为具有吃饭的功能，其实还是重要的社交空间。位于主楼院落的北侧偏东，内部空间较大，温暖的色调，有几个拱廊，算是重要的装饰和空间界定了。学生就餐区比旧食堂宽敞多了，和同学们坐着吃饭时，还有"秀色可餐"，这印证了约翰·波特曼"人看人"的理念。这是建工学院唯一的大食堂，也就成为一个多功能、有意思的公共交往空间。在这样的空间里，平时忙于学习、两点一线的、正值青春年华的少男少女、青年老师们都会挺胸收腹、默默展示自己、关注他人，点缀下单调沉闷的学习生活。我记得有位外系女生，是86，87级男生们重点关注的对象，略带古典风格的白净脸庞，时常穿简洁的军大衣，神态温和怡然地穿行在食堂里……在女性占比不到30%的理工院校，这算是道风景线，在很多人心中留下青春的畅想和话题。

不太忙碌的周末，会在食堂里组织舞会，我们三班的马帅哥是场上的明星，舞姿不一定是最好的，却是最自信和女舞伴最多的。一班的邓氏恋人同学，舞姿翩翩，引人羡慕……理工科的舞场，虽然没有文科院校的丰富多彩，但也算是给单身男女们创造机会了。

2017年聚会照片：土木楼前与老师们合影

2017年，87级聚会纪念盘：再过30年我们来相聚

宿 舍 楼

为什么要说说我们的宿舍楼呢，因为它是我们那时学校里"唯二"的楼房。如果说挺拔秀丽的教学楼是阳春白雪，50年代实用经济理念建成的宿舍楼就是下里巴人了，建筑基本满足了现代主义建筑的理念：住人的机器，没有多余的装饰和浪费的"灰"空间。狭促的房间与走廊，与马路对面的土木楼形成并不和谐的对比，算是时代的产物吧。8个年轻人挤住一个房间，热水只能定时定点供应。冬天的时候非热水供应时间，在公共水房里洗衣服的人都是钢铁战士或是失恋的青年人。冰冷的地下水麻木了你的神经，洗后手上可能磨掉层皮，是对肉体和意志的考验。

2017年，是我们87级同学入校30周年。回到阔别多年的哈尔滨，街上的景象变化巨大，拆旧建新，盖起了很多高楼，使人不敢相认。想起30年前报考大学时，父母跟我描绘的哈尔滨，那个东方小巴黎的异域风貌、浪漫情怀，已是随风渐逝，唯独土木楼，还依然能找到30年前的样子和感受。旧的东西有的逝去了，有的破败了，唯独土木楼，依然充满活力和古典的魅力。技术上说，这或许是古典建筑的特性：多加一点显多、拆少一点怕少，持续地保持着古典的魅力和力量。

夕阳斜下，古典立面依然如画；

主楼廊前，多少青丝已成白发。

沿着当年的足迹徜徉在土木楼内外，青春年少的故事和那些笑颜浮在眼前，年届知天命的同学们今天已经在全球各地开花结果。赶上了20年中国建筑的黄金时代的我们，庆幸之余，感怀抚育我们的老师和土木楼。大家相约，再过三十年我们再相聚，再来看承载着我们青春和希冀的土木楼。

2020年6月
北京

1987年录取通知书封面

情忆土木楼

张雪飞

20世纪80年代哈尔滨市的无轨电车

主楼门厅

学生作业

学生奖状

"哈尔滨市南岗区西大直街144号哈尔滨建筑工程学院建筑系0356信箱"是我大学时的通信地址,也是当时土木楼的地址。

第一次见到土木楼是在大学录取通知书的封面上。大红框图中一栋大楼顶天立地,边角上面挤着蓝天绿树,下面残存一条道路,画面正中被一道道黑色纤细的输电线穿越分割。这道道横亘画面的电线,让我充满了对未来大学校园的幻想。听说优秀的高中校友考上令人艳羡的大学,上下课间要骑自行车在校园中穿行,莫非我的大学要乘坐无轨电车辗转在各个教学楼之间?也许吧,毕竟是重点大学。

大学报道的第一天,当我兴奋地站在大楼前,急切地打量过大楼周边之后,我才知道我的大学没有围墙、没有校门、没有校园,只有一栋雄伟而庄严的教学楼,几米远处的道路上无轨电车和行人熙熙攘攘川流不息……

"1987年9月8日星期一(晴),一个月的军训结束了,迎来了大学生活的第一堂课。匆忙的早餐之后,穿过整座大楼,我们寻着教室的门牌一路找到后楼的291教室。第一节课是画法几何,一位头上闪耀着智慧光芒的老先生(谢培青教授)给我们讲课。他讲得非常认真,每个图示都在黑板上严谨、认真地画出来,还强调说课程作业必须用H、2H绘图铅笔画图。我们建筑系一共113人,全部在这个阶梯教室听课,第一次在这么大的课堂听课,真有些不适应。教室的课桌和座椅都是用厚厚的木板拼接起来的,长长的连为一体不分座位,一排坐多少人全凭胖瘦。阶梯状的木地板踏起来"咚咚"有声,迟到的学生进来可以清楚地听到。纪律还不错。"这是我在土木楼上的第一课。

每天走出宿舍楼,便汇入街上人流如织的人群,远远就可以望见土木楼屋顶高大的山花和外墙上巨大的科林斯壁柱。横穿车水马龙的大街,每次走进由四根多立克柱式石柱围合的柱廊,就走进了校门;推开深褐色带有木格子装饰图案的厚重木门,伴随"吱吱嘎嘎"旧门页的哑响,走进土木楼也就走进了校园。

记忆总是带有太多主观的选择性、模糊性及排他性。随着时间的冲涤,选择性留下的模糊片段可能会带有片面夸大或错误引导,但那一定是心灵深处被深深触动过的。记忆中土木楼门厅一侧是门卫,另一侧的墙上张贴着校园的各种信息——周末舞会、电影预告、寻物启事、学术讲座以及各种公示等等。因为建筑朝向、窗墙比例、柱廊遮挡等原因,门厅里始终晦暗不明,门外不远处人车嘈杂喧闹的街道也变得模糊不清、渐觉渐远。

土木楼最令人难忘的场所是联络各处的厅堂和宽敞的廊道。之所以称宽敞的廊道,是因为各处走廊始终保持3米左右的宽度,廊道的门厅、出入口、转折或连接处等交通节点,都会放大为更开阔的厅。那随时间、季节、天气的变化,阴翳晦暗、飘忽不定的光影投射在其中,随影逐形、斑驳错落、扑朔迷离令人着迷。而活动在其中的行者也随不同心情,抑或匆匆穿行其间时相顾一瞥,抑或结伴而行交头接耳,抑或探望窗外的风景驻足沉浸于片刻的欢愉或忧伤之中……凡此种种精彩纷呈活色生香。

如果说土木楼入口门厅是整个廊道的起点,那么哈工大旧址连廊就是廊道的高潮部分。此区域保留着原设计的风格,墙壁内饰有一人高深色木质线脚嵌边的墙裙,几处临空的楼梯平台处装饰着新艺术运动风格的卷曲蓬草花饰铸铁栏杆,线脚勾边的白色天棚上垂吊着一盏盏20瓦左右的白炽灯。踩在已凸凹不平、"咯吱"作响的实木地板上,会有种发自内心的暖意。走在这样的老房子里,会不由自主地心神安定,静静地体会时间对空间的雕琢,枯黯而润厚。

廊道行进到北楼中部,是由时任建筑系主任常怀生先生设计的学生餐厅。几乎落地的大玻璃窗,朝向南向内院的活动场地,宽敞明亮的大厅,洁白的墙面方阵般整齐排列的日光灯,既是学生就餐的餐厅,也是廊道的终点。每每

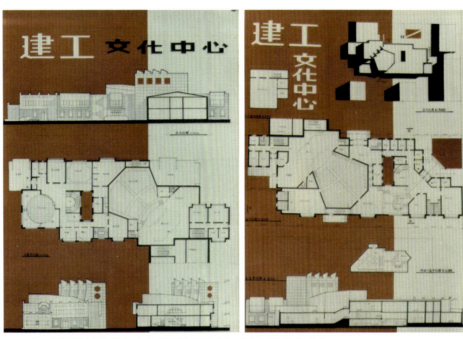

大二课程设计选址在土木楼的院区里（何咏梅同学的作业）

展示学生作业的廊道

哈尔滨建筑工程学院建筑87三班毕业留念

想起中午为吃到肉片等稀少"硬菜",你争我抢蜂拥而上、火爆冲刺的排队场景,餐厅里弥漫的不是饭菜的香气,而是澎湃的激情和火药味。

我们求学期间终日穿行其中,廊道也被赋予更多的功能。作为展示空间,课程设计的优秀作业会陈列在专业教室附近走廊的橱窗里,供同学们随时学习评鉴。部分区域的廊道还被赋予了英语学习的功能。学生在语音室租借或购买耳机,通过上空的架空电线,就可以收听英语阅读和听力练习。廊道内外的风景和多用途的功能,不过是记忆中平淡无奇的日常,而刻骨铭心的一定是青春懵懂中一次次怦然心动的不期而遇和欲言又止。

2017年的一个夏日午后,87级建筑系校友重返学校。昔日的师生们在土木楼前合影留念。不远处大直街上依然车水马龙,从前的无轨电车早已换成汽车。师生们的身影映射在一辆辆从楼前驶过的公交车明亮的车窗上,迷乱交错的人影中,前排就座的老先生们炯炯睿智的目光清晰可见,心中的感动和敬意油然而生。正是老先生们的言传身教,让我们在人生的道路上和执业生涯中,始终不忘初心、真诚面对,让自己的设计有温情、有态度。也正是土木楼里老先生们和薪火相传的一代代哈建工人,赋予了土木楼不朽的灵魂!

2019年6月6日

榕城

1956年,土木楼前合影

土木楼
——梦中神秘的圣殿

刘培善

1958年，土木系行政小组合影

说起土木楼，不只是本科4年、硕研3年的回忆，还有从幼儿园开始的连绵不绝的记忆和情结，甚至包括多年以后在梦中反复出现的场景。

我在1973年前后进建工幼儿园，1987年读建筑学本科，1991年读建筑学硕研，师从邓林翰先生。我的妈妈是学校职工。作为家属子弟，我从幼儿园开始直到硕研毕业离哈赴京工作，土木楼始终是我生活中不可或缺的一部分。

土木楼的幼儿园

幼儿园在首层最南端的一排教室，分大中小班和托儿所。现在想来，在后来南面的宿舍建成之前，那里是全楼采光最充足的地方了。教室高大、明亮，但记忆中的走廊永远是高大而黑暗的，特别是没有窗户的转角。估计是省电的缘故，那时的走廊照明安装的都是瓦数很低的昏黄的白炽灯。即使大学时代曾走遍土木楼的每个角落，但在多年后反复出现的关于土木楼的梦境中，仍然总是感觉有永远没有踏足的神秘角落，仿佛隐藏着永远无法发现的秘密。

对于幼儿园的回忆，除了每天早晨老鹰捉小鸡一样想逃回家却屡屡被大人们围追堵截而永远逃跑不成以外，最深的记忆是一次大胆的逃园未遂。一天午睡，去卫生间的时候，遇到一个学生——那个时代的大学生和当时的解放军叔叔一样，年龄比现在的学生和士兵都要偏大一些。我竟突发奇想，大胆地恳请他带我回家，而且在他不知所措的时候，已经跟着他走到楼门口，只听身后一声咆哮，看管阿姨发现猛追过来，我受到了记忆里最最严厉的训斥，应该也挨了巴掌。

走廊东端是窄而长的理发室，理发师好像是一对非常老的夫妻，高大精致的理发椅上需要为小朋友搭一块木板。不知道是理发师技术高超，还是触发了儿童的抚触欲，那时候每次理发都会得到最大的满足。

土木楼的猪圈

提到猪圈，估计没有经历过的人们绝对想象不到，像哈建工这样的高等学府里，居然会有猪圈。据说是20世纪60年代初，为了伙食资源可以自给自足而设置的。食堂泔水喂猪，杀猪供应食堂，也算是最直接的循环供应链了。猪圈位于分隔南北两个操场中间的食堂南边，也就是西大门正对的地方。半开敞，有简易顶棚，南面是一道矮墙。那里应该是那个时代学校里最脏的地方了，每次路过，即使掩鼻，也挡不住猪粪和泔水发酵产生的刺鼻臭气。这种臭气和旁边食堂里永远弥漫不散的肉炒青椒的味道形成巨大反差——引出另外的困惑，食堂的菜品几十种，为什么只有肉炒青椒的味道永远占据C位。每次路过猪圈，受到好奇心的驱使，我总会特别走近去看看那些猪，应该是等同于参观动物园的感觉。大概80年代初经济好转，猪圈就被废弃了。

土木楼操场上"爆炸"的手榴弹

关于土木楼操场的深刻记忆，除了读研时看到外教带领大家打棒球，就应该算幼年看到工农兵大学生军训时投掷教练弹了。工农兵大学生不需考试，直接选拔入学。军训对于工农兵大学生来说，可谓天经地义，因为其中很大一部分学员来自部队。教练弹分两种：一种是普通木柄铁头，类似于手榴弹的形状和材质；另一种是可以爆炸的仿真教

土木楼楼梯掠影

练弹，粗头细柄，形状也类似于手榴弹，但完全是用粗厚的马粪纸卷成的，里面有火药，扔出去会爆开，响声很像威力巨大的爆竹。每次训练结束，都可以在操场上看到爆炸后的散碎纸卷。现在看来，实在难以想象，在高等学府的操场上，连续爆响一个个"手榴弹"，闪光爆炸后，纸片碎末在硝烟中慢慢散落。

土木楼的菜窖

东北人一直有秋天贮存过冬白菜的习惯，叫"存秋菜"，也包括土豆、大葱等。东北每家每户差不多都有一个一米见方、四五米深的菜窖。哈建工的菜窖是超大型的，位置在东南角院里地下，是否和主体相连已忘记了。顺着坡道下去，面积很大，至少有几百平方米。周边好像是清水红砖墙，中间是清水红砖柱。里面整齐地堆放着上百垛的白菜、土豆、大葱，每个菜垛几米见方，一人多高，蔚为壮观。多年来，依靠菜窖里的秋菜，在冬季供给师生员工的每日饮食。随着经济发展，菜窖应该早已经废弃了。

体育馆里的联欢会

每年元旦，学校和研究生的联欢会都在地下体育馆举行。大概是1990年元旦联欢会，看到同学郭曦和邵雨虹表演的配音片段《哈姆雷特》，引发了心底的激情。1991年元旦学校联欢会上，我鼓足勇气表演了配音片段《第一滴血》，研究生联欢会上，又和同学李卫一起表演了配音片段《魂断蓝桥》。可惜，当时没条件录制音频或视频，连照片好像都没有拍——也许在走廊展览橱窗里看到过照片但没机会收藏。而对于声音的爱好一直保持至今，我有幸在2015年作为主要角色参与录制了金庸先生独家授权的广播剧《雪山飞狐》，饰宝树和尚和年轻时的阎基医生。

梦境中的土木楼

来京工作多年，其间大概有10年时间，经常会反复梦到土木楼。除了黑暗的走廊转角，还会梦到宽敞、明亮、整洁的图书馆阅览室，迂回曲折的食堂，开运动会的操场，人山人海的礼堂，宽大折返的楼梯，传达室窗口小黑板上的电影预告。一半是实景，一半是幻象。

土木楼，不论黑暗、明亮，已成为我心中永远的、神秘的圣殿。

黎毅艺军训单人照

母校回忆

黎毅艺

黎毅艺的同学
左：张宝利，中：申旭，右：王非

1990年高考前填志愿，曾经在黑龙江工作过的父亲说了一句：男儿志在四方，如果考虑出省就到最北的哈尔滨吧，踏踏实实学个理工科再回来报效家乡。于是，我的第一志愿就填了母校，也顺利地录取进入了建筑系！

踏上绿皮火车，历经四天三夜，武汉北京两次换车，终于在八月下旬来到冰城哈尔滨，被安排在现在的哈工大二校区进行为期一个月的军训。

来自五湖四海的同学很快就熟悉了，广东口音的，普通话实在太过于普通，但一看其他人，也尽是带着家乡口音的同学。河南的小旦，疑似比我还惨，一口河南新郑乡音。大米之乡五常县的申旭，我以为他是黑龙江人普通话肯定溜溜的，专门向他学习日常的"日"字，结果发现他说得比我还蹩脚，后来才知道他是朝鲜族，自小在朝鲜族学校读书，他常偷偷抿嘴一哂："人家普通话相当于外语。"于是我逐渐地不再羞于开口，不再怕乡音被笑。军训没多久，敢于张嘴就来的我的普通话已经不算是太普通，交流已经零障碍，不再是结结巴巴挥舞着手语的刚刚入群的"小广东"。

军训进行到后半段，天气慢慢转凉，同学们开始铺上褥子，我感觉特新奇，问班长晓龙："这啥玩意啊？广东没见过啊！"晓龙大笑道："哎呀妈呀，这小广东连褥子都不知道！"两天后，军训团里报道了一件事："来自中国南端的雷州半岛的五连二班的黎毅艺学员，由于不了解东北入秋要垫褥子而没准备，二班长赵晓龙回家告诉家人，正在解放军外语学院读书的赵晓龙的姐姐，马上利用休假时间，给来自广东的学员亲手缝了一套褥子，送到宿舍给黎毅艺学员铺好……"这事一下子让我感受到东北人的真情，感受到这片黑土地的热诚，感受到这个学校的温暖，至今想起，还是感动不已！

愉快而紧张的军训很快结束，校车把我们拉回西大直街的教学楼。这是一栋挂有"哈尔滨市二级历史保护建筑"标签的楼宇，外形庄严气派，有着浓重的欧洲古典复兴样式风格。进到楼里，双层玻璃窗的窗台，可以睡一个人的宽度。我们的专业教室，就安排在对着西大直街的这一面的三楼，教室门口的走廊宽到完全可以通卡车。在这里我们开始了五年的专业学习。我们平时上外语课、画法几何课就在大楼的南边，通过过街楼连着一栋非常好看、很有年份的三层楼，后来慢慢了解到，这栋三层楼建于1906年，1909年俄国总领事迁址于此，1920年在这里成立哈尔滨中俄工业学校，1922年4月改为哈尔滨工业大学校，1928年去掉"校"字，正式成为哈尔滨工业大学，再后来，2010年5月，这有着浓郁的历史印记的三层楼，成了哈工大博物馆，静静地向大家展示它的前世今生……

年轻人适应能力太强了。很快，我就在这栋楼里、食堂、地下通道横穿西大直街的宿舍，三点一线，相对有规律地过上了大学紧张而又快乐的学习生活。

转眼到了十月份，一个平常得不能再平常的中午。我在食堂啃着逐渐开始适应的花卷，突然抬头一看，窗外——哇哇哇！雪！真的是雪，来自祖国大陆南端的我，人生第一次看到雪。那种兴奋就别提了！怎么这雪就毫无征兆地出现了！我一下子忘记了所有，立马冲到外面。真的是雪啊，一小片一小片，我情不自禁地叫着喊着蹦着，张开双臂，手掌向上去捧这片雪花，忍不住放进嘴里，用味蕾感知它的美妙。这时候我完全忘记了我在哪里，只知道欢呼雀跃，听到旁边一个清晰的声音："这南方小子，肯定第一次见到雪。"是啊，多年以后听过一个段子：在北方人看来，下雪天最好玩的不是雪人，而是第一次看到雪的南方人。

雪开始慢慢大起来，像棉絮一般的雪，像芦苇花一般的雪，像蒲公英种子一般的雪，像动物绒毛一般的雪，在风中漫舞，轻轻柔柔地飘动，悠悠地落下来。渐渐地，小雪花变大了，变厚了，地上开始密密麻麻的，慢慢白起来了，好

军训后第一次秋游

亚布力滑雪场

似我们这段时间学习的水彩渲染一样，一层层地浓郁起来。

学业开始有条不紊地进行，生活也逐步熟悉起来，马迭尔宾馆的冰棍，秋林商场的酒糖，奋斗副食的砂锅……我慢慢地融入，口音也潜移默化地东北化，动辄"哎呀妈呀""干哈""哪旮瘩啊"的，紧张的学习期间，偶尔也有不少趣事。

大学四年级的时候，就发生了一件很有趣的事情，祖籍是我们家乡湛江市廉江县安铺镇的香港演员吕良伟，拍摄《中俄列车大劫案》到我们学校取景。

《中俄列车大劫案》是根据1993年发生的真人真事改编后搬上银幕的，为了追求最好的实景效果，吕良伟原定在莫斯科拍摄，结果设计组在俄罗斯遭遇被抢事件，故移师具有"东方莫斯科"美称的哈尔滨拍摄，而我们建筑系的土木楼，无论外形还是室内，都具有非常浓郁的东欧风格，于是吕良伟过来了。

那天中午，我们几个同学正好在土木楼里溜达，看到一大群人在楼梯上，原来就是摄影组在拍电影，我们兴奋不已。"原来电影拍摄是这样进行的。"吕良伟虽然没有电影电视里看上去那么高大，但也是风度翩翩，举手投足就有大明星范儿，气场非常足。拍摄完趁他还没离开，我们几个匆匆上去和他打招呼，他也亲切地和我们招手，可惜当年没有手机拍照，这次记忆没能固定在相片里。

大学的生活，就在这种紧张和有趣中度过，直至毕业，走入社会后各种跌宕起伏的拼搏，又是另外一种景象。而如今泡一杯清茶，静静地翻看着大学老相片，回忆起大学生活，画面依然那么清晰，情感依然那么醇厚，回忆依然那么唯美，一点一滴，一丝一缕，沁润心田。一种如游子对母亲的情愫，涌上心头。母校，不仅仅是培养我长大成材的摇篮，更是我人生最好年华的最美好回忆。这种回忆，已经深深地刻在我的生命里，伴随着我，一直坚定前行。

2020年夏

湛江

2016年，91级建筑系同学毕业20周年回校聚会活动照片（一）

我和土木楼
——我曾是土木楼的"叛徒"

李 锦

2016年，91级建筑系同学毕业20周年回校聚会活动照片（二）

2016年，91级建筑系同学毕业20周年回校聚会活动照片（三）

2016年，91级建筑系同学毕业20周年回校聚会活动照片（四）

温暖而"冷酷"

28年前,我挤在11路公交车上,手脚冻成了冰棍,就像朱自清散文写的那么热切地"盼望着、盼望着"到站。

车门一开我赶紧跳下去,朝那栋拥有宏大门廊的清灰色建筑跑去。推开厚重的大门,就被一股热风迎面包裹了,让我感动得直想哭。

冰城凛冽的冬天也奈何不了我那火热的母校啊,"叫我如何不爱她?"这个外墙足有一米厚、暖气总是烧得旺旺的老建筑,在凛冽的寒风中开辟了一个温暖的洞天。

然而,在求学的五年里也不总是被这种温暖包围,恰恰相反,我常常被一种建筑系学生才能感知到的"酷"冻得瑟瑟发抖。

这种"酷",来自于从高年级大神们嘴里听到高深名词的时候;

来自于帅但是面无表情的指导老师坐在你的座位上,盯着你的草图好半天不吭一声的时候;

来自于集中周交图的最后一分钟再检查一遍设计图,突然心生惶恐我到底搞了个什么东西的时候……

这种畏惧感让我不可能毫无负担地徜徉在知识的海洋里,像我那些杰出的师兄、师姐和同学一样疯狂地痴迷于"建筑"。也许这导致了我在毕业十年之后弃建筑而转向心理,就这样成了土木楼的"叛徒"。

毕业20年聚会,当重新踏入这栋大楼,我发现在厚重的历史感之外,多了一些我不太熟悉的轻快。通向食堂长长的走道,踩上去会"吱吱嘎嘎"响的木地板已经不见了,换上了光洁的大理石;趴在班级曾经的教室门口,里面的布局已经完全不同。

当年我不正想逃离这厚重带来的压抑吗?可现在,我竟然失落了,努力去寻找失落的记忆。我突然意识到,我从来没有真正逃离过它,它早已深深印刻在我的身体里,只是我一直不知道罢了。

两个老爷子

一直忘不了那个下午,冬日的阳光透过高高的窗户洒在室内的木地板上,画法几何沈本老爷子的光头闪耀着智慧的光芒。

本来我是很沮丧的,我从没想过担心考试不及格这种事也会发生在我身上。但是一开始学画法几何就要了我的命,我绞尽脑汁也画不出那些复杂图形的背后是什么。

期末考试临近,我只好硬着头皮去请教沈老爷子,他当时已经快七十岁了吧,不过看起来还很矍铄,我很不喜欢在这样儒雅的老爷子面前暴露我的无知,坐在他旁边说起我的困难时,声音几不可闻。

老爷子让我把作业本拿来看看,问我哪里不懂,然后就用他特有的南方口音一道一道题耐心地给我讲。

不知道是因为阳光还是他的语调,我的忐忑消失了,甚至第一次觉得,也没那么难啊。最后,他合上本子说:"你这个作业还是挺好的啊!你不知道有些同学的那个作业本啊,全都涂抹得黑乎乎的,你这个好多了,不要担心,没问题的!"

汗颜,作业本干净是因为不会啊,不过他的话还是把我逗笑了。

2016年，91级建筑系同学毕业20周年回校聚会活动照片（五）

2016年，91级建筑系同学毕业20周年回校聚会活动照片（六）

现在想他的话是安慰但也不无道理，一个把作业本保持得干干净净而且主动去请教老师的同学，至少态度是不差的，她最需要的也许不是解题思路，而是鼓励吧。那次考试我得了72分，和分数一起被牢牢记住的，是那个下午特有的温暖，来自于太阳和我的老师。

中国现代建筑文化和发达国家相比还有差距，这让我们未免缺乏足够的自信。但是有一位老爷子，却让我们重新树立起信心，他就是教中建史的侯幼彬老师。

侯老师鹤发童颜、满面红光，他的口音很重，但是讲话铿锵有力，那是建立在对中国几千年文化和建筑史的深刻理解以及从心底向外溢出的热情之上的，每次上他的课，都像听一部精彩的大书。一向慵懒艺术家范儿的建筑系学生们上他的课都会早早去抢座，下了课还意犹未尽。

上下五千年，人生多少事，都在那短短的一堂堂课里。他激起了我们对中国建筑的自豪感和学习的激情，而且他一直在传递这么一个信念：在座听课的都是精英，是中国建筑未来的希望，可以依靠你们让中国建筑重放异彩！有没有周恩来"为中华之崛起而读书"的感觉？

建筑若想入门，文化、见识和眼界都必不可少。头等的老师，不是教你知识，而是为你点灯。清华大学校长梅贻琦曾说过一句名言："大学者，非有大楼之谓也，有大师之谓也。"我不知道究竟什么样的老师可以称得上大师，我也不知道什么最能代表土木楼的精神，但在我眼里，这些令人敬重和喜爱的教师就是这栋楼的灵魂所在。

虽然目前我主要从事的不是建筑工作，可当我在公众号和课程中传播积极心理学理念时，也有人尊称我一声"老师"，感谢我让他们在痛苦和迷茫中获得一丝温暖和治愈的力量，这也算是土木楼的传承吧？

如果将来有学弟学妹来到土木楼，像当年的我一样有所担心和畏惧，我也想像沈老爷子那样说一句：别怕；像侯老爷子那样说一句，希望就在你们身上。如果你愿意敞开心胸充分感受这土木楼的温度，探索它背后深厚的传承，你也可以找到所有想要的答案，无畏前行。

土木楼细部

那一天，那座楼

马 箐

土木楼窗外（一）

距离截稿日期一个月,我被通知要交一篇。为什么是我?魏老三(魏玮)说我是MQueen,所以得来一篇。我说行。以前他总管我叫M圈儿,为了这个Queen,不能输。

其实我的记性特别差,加上大学时代那个在教化淘的500兆的砖头硬盘又在数次搬家之后最终坏在意大利的宿舍里,我只能绞尽脑汁地回忆关于土木楼的一切,可能是用力太猛,竟然有一点儿分不清真实和幻想。

虽然自诩从小每个假期都在旅游,去哈尔滨读书却是我第一次踏上东北的土地。这曾是一场有预谋的出逃,离开一众医学院亲戚的呵护,离开各地的熟人网是我当年高考填报志愿的主要目标。用今天的流行语就是"世界这么大,我想去看看"。

初到哈尔滨,很有身处异域的错觉。首先,天空的颜色与我的故都截然不同。我的中学在西安城墙边上,在城墙还没有变成网红景点的时候,有时我们会骑着单车沿着青砖砌成的缓坡到城墙上去,单车快散架的吱嘎声惊起褐色鸟群,飞向灰蓝色的天空。对,我就是读着格非的书,听着飞乐队去了哈尔滨。在那里,我遇到了九八年大洪水之后清澈而湛蓝的天。后来我还写了篇小文章赞美这样纯粹的颜色,豆腐块儿刚在《小筑》上发表,就被来自海拉尔的陈颖吐槽。到现在还没能跟着她一起去看看属于海拉尔真正的蓝天,在我的脑海里,那里应该比亚平宁的蓝天更蓝。

然后是语言。晓冬(宗晓冬)那时候总是略带炫耀地说,咱哈市的普通话才是最标准的普通话,在哈尔滨,伞要读shǎn,捧要读běng,三和八则要念阳平音……虽然很多年后我读到普通话的标准音来自河北廊坊,但我仍然不忘不断鼓吹着这个传说。说到东北话就不能不提我的启蒙老师大雁(胡雁),她的语调极富感染力,听了一学期,第一次寒假回家我的一口大碴子味儿就几乎可以客串小品了。

再有是食物。专教分座位的时候,我第一时间认识了同样选择坐后排的洋(张月瑶)。她是地道的哈尔滨人。那天应该是这样的:我们在说哈尔滨有什么好吃的,她说到了烧烤。身为一个从小逛回民街夜市长大的西安娃,我很不服气,最后她说有一道我肯定没吃过——蚕蛹,问我敢不敢吃,第二天她就在家里备了蚕蛹招待我。一顿蚕蛹,一个一辈子的好朋友。

似水流年,回忆蔓延,写了半天我竟然还没说到土木楼。没有说到西大直街立面厚厚的墙;没有说到大雪纷飞下的联发、海城、公司街;没有说到敬爱的老师们;没有说到仲霖帅气逼人的报名照;没有说到武南飘飘的长发和罗莉甜甜的笑;没有说到翔宇的球技;没有说到范鹤的彩铅和吉他;没有说到穿着单皮鞋在大雪地里撒野的林业庆;没有说到一个个名字和那洋溢着青春的生动面庞;没有说咱们第一次小组作业成功完成道格拉斯住宅模型的得意;没有感谢那位字迹娟秀的手写版侯老(侯幼彬)古建史笔记的作者;没有说王艺、钟真和我们心爱的小筑文学社;没有说玄渊(顾玄渊)苦口婆心鼓励我和大头(洪涛)草创《四九墙》的那个没回家的暑假;没有说亲爱的747寝室;没有说那些年的啤酒、烧烤和一起蹭饭的兄弟;没有说狗熊(吴琪东)毕业告别演出之后,我们穿过狂欢人群从窗口丢出来的啤酒瓶子和去通道酒吧庆功的夜晚;没说坐在专教窗台上看见的夕阳;没有说毕业那夜露台上的星光;甚至没有说那天夜里我们四个人都没能走到头的松花江大铁桥……

这几天,我心里急切地搜寻着记忆中若即若离的土木楼,夜里入梦竟见到了张老(张伶伶),他站在一座高耸入云的摩天楼里,没有对我笑也没有说话,看看我又转身离开了。我想大概始终心有不甘没能成为自己认定会成为的执业建筑师。但我从未后悔选择建筑学作为自己的本科专业,这五年所学为我奠定了一个立体的思考维度,能够在日后整合并领导多背景、多专业的技术团队为不同层面的用户解决不同出发点的问题。可以说建筑学的学习让我学会

土木楼窗外（二）

了如何终身学习,如何全心生活。

我想即使凑不出一段完整的记忆,那些经历已经内化在生命里并融入我们的意识。也许有一天我不再记得你们的名字,甚至不记得我们说过的话,但请相信我总会感到那份默契。

如果青春是一个渐行渐远又不断返回的地点,那我们的青春就是那座土木楼。

(以下拙作歌词一首,建议魏老三和范鹤作曲,大家监督吧。)

那一天
最后一次走出土木楼
没有伤感
我以为我会远走高飞

土木楼、车库楼
联发、海城、公司街
西大直街和南岗
故事比每一条街道更长

离家的行囊里
北国的雪是军勾、棉裤和棒针毛衣
放飞的青春里
东北的冬是烧烤、啤酒和173的聚会

冰场、篮球场、足球场
长发飘飘的你遇到眉宇英武的你
从专教到寝室
一起走过凹凸的木板地

图筒、针管笔、马克笔
急急匆匆的你等待睡眼惺忪的你
从寝室到专教
一起路过院子里的七棵大树

302、407、421
高数、物理、建筑史
脚趾在厚靴子里悄悄跳舞
你轻轻哼唱

熬图的夜晚
画板上照进凌晨2点半的月光
心慌慌

思念的傍晚
在专教宽宽的窗台上仰望星空
眼茫茫

你们都不在的暑假
一个人等待
每天下午准时到来的大雨
直到现在
雨后泥土的芳香总有一丝孤独的忧伤

那一天
第一次走进土木楼
满心欢喜
我知道我从未离开

2019年6月4日
上海

一张衣柜里冲洗出来的经典照片:水泥的足球场地,背景是土木楼仅有的几棵树,还有那个小穹顶

我与土木楼
——记录 2000—2008 年在土木楼的八年时光

刘瑞刚

土木楼大门

土木楼是一个绝无仅有的存在！

它并非第一眼就让人热爱得无以复加，但是慢慢地，你会觉得自己好像被种在其中无法自拔，以至于当我们离开之后，魂牵梦绕仍然觉得自己还是一个楼主。

当翻翻之前的照片开始回忆的时候，总想找到我与土木楼的那个原点，却发现很难拥有完整连贯的时间线。但是当我以为记忆已经支离破碎的时候，它又好像一座金线交织、触手可及的辉煌宫殿，那样的完整。后来终于觉悟，其实所有回忆都已经被叠加到这座楼里，站在每一个角落都有一个回响。当所有回忆集中到一座楼，他就已经不再是一座楼了。

每一个走进土木楼的人都是幸运的，百年的楼承载着百年的记忆，映刻在每一处斑驳的光影之中；每一个在土木楼生活过的人都是神奇的，并把他的神奇复刻到这座神奇的楼里；每一个离开土木楼的人都是幸福的，有一处记忆的宝藏，可以让那个属于青春的年代随时骄傲地回来。

公司街的黑漆大门

黑漆大门是土木楼朝向公司街的一个侧门，对面就是铁道打印店，店主老奶奶的一句口头禅就是："给你便宜点吧，都是学(xiáo)生(sheng)。"

我第一次进土木楼就是从这个大门，甚至都没看见土木楼的正立面。所以这个日后无数次出入、无比亲切的黑漆大门，在看它第一眼的那刻确实有点让我失落。

具体经过是这样的：报到的那天，从火车站出来上了学校接站的大巴车，去一校区和土木楼的是一个车，所以大巴车先是拉着去了一校区，从大直街的正门进入，新生们无不赞叹，真气派呀！心中暗喜，比想象中的还要好。然后，其他人都下车了，就剩下了我自己，原来就我一个人是去土木楼报到的。再然后，大巴车绕啊绕啊，从小道绕到公司街，开进了这个黑漆大门。我心里默念，只是经过吧，一会儿还要开走的，"吱嘎"车门开了，司机师傅大吼一声："土木楼报到的那位，下车吧！"后来，当热情的学长迎了上来，在院子里办手续的空当，我悄悄回头瞥了一眼黑漆大门，哦，这就是我要生活五年的地方了。

这就是我与土木楼见面的第一天，略有些"囧"。第二天，看见了古朴的土木楼正面；第三天，发现了侧楼精美的人像浮雕；第四天，吃了后街现炒现卖的锅包肉；第五天，习惯了专教吱嘎吱嘎的地板，和大门开启的声音一样一样，一直到第十五年，毕业十周年聚会再次回去的时候，黑漆大门的门卫大爷依然认得我们，笑着说："你们都胖了。"

侧楼的洋葱穹顶

站在438专教走廊的尽端，可以从古朴的窗棂间望见窗外侧楼那个小巧的圆形穹顶，像一个洋葱头。这是一个经典的视角，也是很多同学老师无数次驻足并热爱过的地方。

不过从2004年12月22日晚的大火之后，从这里再看出去，视线和穹顶之间，焦黑的屋顶上多出了两个烧塌下来的黑色大洞，消防水枪喷射的水柱被封冻成一排排的巨大冰溜子。末日般的场景像极了那年上映的电影《后天》。

土木楼后楼（一）

这个穹顶，这么多年我总共只上去过两回。

头一回是由于2004年夏天，某电影剧组在这里拍摄，私自改造了其中的布置，并且严重影响同学们的正常上课，所以全院师生集体抵制拍摄并撵走了剧组。这个事件之后，我曾悄悄上去看过一回（平时都是封闭的），小小的旋转楼梯晃晃悠悠的，有些破旧。那时也正值城市规划专业的学科评估，我和几位同学帮着制作学院的宣传片，借此机会，把多年来师生对穹顶的精彩摄影和热爱也加了进去。

第二回是侧楼大火之后，改造成了校博物馆，毕业十年后返校时参观了一次，高大上了很多，不过楼梯不晃了，吱吱嘎嘎的地板也没有了。回想着火的那天，正是研究生考试前一个月，多亏复习倦了的时候，走到专教窗边抬头看看洋葱穹顶，才发现了火光，此时浓烟已沿着二楼连廊向上滚滚而来，同学们相互拉扯着冲出浓烟。很快大火扑灭了，人和穹顶所幸都安然无恙。

足球高手都穿小白鞋

土木楼的足球赛在各个方面颠覆并改变了我。

一个是土木楼的足球是在水泥地上踢，球场中间还埋着一根一米高的铁管（后来拔掉了），场地条件极其艰苦但是氛围极其浓郁。

另一个是球场一端尽头是锅炉房，房高四米左右，屋顶有一圈女儿墙，常常射门过高就会上房，所以只要有办法爬上去，很大概率会捡到1个以上的足球。

还有一个神奇的发现是在这里踢球不能穿常规球鞋（鞋底有好多疙瘩钉的那种），要穿也最好差不多磨平了才舒服，不然硬硬的水泥地硌得生疼不说又容易崴脚。所以众多足球高手都穿一种双星牌白色排球鞋替代，白色网布贴合脚面，黄色胶底耐磨，控球舒适，急停利索，跑起来两团白影"嗖嗖嗖"。

以至于我们形成了一个不成文的习惯认知：小白鞋＝足球高手。

两个"大世界"与一个"小世界"

出土木楼沿西大直街向左、向右各1公里，就会抵达两个"大世界"。

一个是教化电子大世界，在一校区正门对面，组装电脑，卖各类软件、游戏光盘、电影dvd，而且可以顺便到一校区食堂吃饭。

一个是百货小商品大世界，各种纸笔、工具、小礼品应有尽有，也可以顺道转一下著名的秋林公司。

这两个大世界不仅东西齐全有趣，而且距离恰当，成为午间、周末的好去处，也是同学丰富物质生活、精神生活的两个宝藏。男同学花上一个小时，翻遍一个摊位的盗版游戏碟，虽然最后只买一两张，但游戏界的几大公司、各种新版大有了然于胸的豪气，回到寝室即可大侃一通；女同学钟爱dvd，扫一堆文艺片，然后把海报贴满专教。

另外还有一个"小世界"——土木楼之外的车库楼。

车库楼位于土木楼与一校区之间的复华四道街上（现在改为哈工大出版社），我们年级两个规划班的男生宿舍就

土木楼后楼（二）

在车库楼。从土木楼到车库楼的路线(公司街—联发街—耀景街—复华四道街)上,商铺林立、地摊发达,俨然一个繁华的小世界,下课的路上吃喝玩乐一条龙。道口包子、砂锅油饼、宋福大锅鱼、宏鸣火锅、忘了名字的网吧、七毛五一瓶大白梨的小卖店……甚至车库楼顶层还有一家人气极旺的夜宵小店(只做蛋炒饭和方便面)。

2003年"非典"封校时期,我们两班男生各有一张集体出入通行证,晚上下课一路组团回寝室,顺道跑进空空无人的网吧打会儿CS,不用等位,还可以挑最快的电脑,小小优越感油然而生。

神奇的楼里永远有神奇的人

这座楼里还有无穷无尽的奇人逸事:

体育课选了乒乓球但却酷爱打篮球的重量级胖中锋兄弟,还屡战屡胜,并美其名曰"乒乓打篮球";

淘宝买了性价比最高的照片冲洗药水,躲在衣柜里做暗房,还要我在外面用床单遮光的邻铺兄弟;

钟爱长焦镜头说是拍星星拍月亮,却天天跑到中央大街"扫街"的兄弟;

下大雨没带伞,却说不能快跑有点傻,但也不能慢走有点装,所以小步快走才是正解的兄弟;

写生实习不好好画画,跳进只有半米深的小溪游泳,抓几条小鱼在石头上烤着吃,根本扑腾不开也吃不饱,但却乐此不疲的兄弟们;

还有一起熬夜赶图、熬夜竞赛、熬夜看球、背熬夜喝酒喝多了的我回寝室的兄弟们……

我无法一一把他们写入文中,但摊开手心,倒满的酒杯总有流淌的歌声,纵有千言万语,无尽话题,最后都会幻化成:"来吧!干杯!"

百年回眸,他仍在风雨中伫立,
微青的石墙,默默地记录下沧桑,
泛黄的灯光,闪烁着执着的自强。

百年记忆,你还在时光中坚守,
点燃同学心中的火种,指引少年追梦的方向,
收获春华秋实,孕育桃李芬芳。

百年归来,我已走遍五湖四海,
但萦绕不去的是心头的烙印,
还有紫丁花开的季节,
那一丝挥之不去的淡淡清香。

拍摄时间：2014年　地点：二校区　人物：康碧琦

我与土木楼

康碧琦

拍摄时间：2013年　地点：土木楼　人物：留学生与讲座教授

2012年秋天的一个上午，我接到哈工大研究生复试的通知，立即买了当晚的火车票前往哈尔滨，参加第二天的考试。沈阳到哈尔滨需要坐四个小时的高铁，那是我第一次到哈尔滨，未及领略冰城的风情，一下车便被寒风吹得凌乱。凌晨十二点住进学校的西苑宾馆，开始准备我的英文自我介绍。第二天一早，从西苑宾馆出发，要到西大直街上乘公交2站抵达土木楼。沿街都是俄式的建筑，来往行人都在这金秋九月裹紧了棉服，瑟瑟发抖的我踏入土木楼的大门，从此与这栋建筑结缘。

　　复试在土木楼4层进行，当时的我有些紧张，甚至没有仔细看看那间屋子，只记得考题是画了一个站前片区的城市设计，刚好是我前一年做的一个课程设计题目，所以做起来得心应手，顺利通过。事后我有时在想，定是命运冥冥中将我牵引至此，让我注定要来哈工大求学，过去与现在的铺垫与交叠，很难不把这场相遇称为缘分。

　　当天的面试是在三楼进行的，学生们接连进去接受"检阅"。我很怀念那场面试，同时也怀念当初那个不可一世的自己。做了英文的自我介绍后，老师便发现了我的英语短板，问我为什么还没有通过六级考试，我为自己辩解说："六级只是一场考试，我认为我的英语水平和过六级的没什么差距。"老师拿着一张我的舞蹈获奖证书问我："你认为跳舞对你学习这个专业有什么用处？"我丝毫没有犹豫："我觉得舞蹈学习提高了我的审美水平。"引得老师们大笑。那场面试过后，我后来的研究生导师冷红老师联系了我，愿意收我这个学生。于是，从2013年开始，我便踏上了北上的研究生学习道路。

　　青春年少，意气风发，尽在与土木楼相处两年半的美好时光中。

　　土木楼是一栋俄式建筑，回字楼，临西大直街这一半是教学楼，南侧的一半是宿舍楼。南北连廊上，一层是食堂和打印室，二层是学生作品展示的阳光房和交流空间，充满了"建筑学院"的标志特征。回字楼中间有运动场，一层和二层老师的工作室大多朝内侧开窗，到了晚上，经常可以见到老师或是博士们坐在写字桌前的身影。我有时坐在走廊的座椅上望着窗外，望着对窗的影子发呆，觉得时间都过得慢了些，只想享受这份静谧，沉浸在点点冥思中。

　　土木楼具有鲜明的北方地域风情，外墙敦厚，看起来能抵御住哈尔滨近半年的严寒，可实际上到了冬天，学生们上课仍需要带上热水杯和厚垫子，课上到一半，抄笔记的手就有些凉了，此时，课间在顶层售卖的热豆浆、热咖啡就是最畅销的宝贝，需要排队购买。

　　作为一栋宝藏大楼，土木楼里可以满足学习、生活的一切需要，有绘图室、报告厅、自习室、会堂、食堂、咖啡角等等。开学时，楼里学生抱着书本往来熙攘，假期中，也能偶遇留下学习的学生，那种求知的、勤勉的力量仿佛一直萦绕在这栋建筑中，让土木楼时刻都散发着独特魅力。

　　作为一间艺术殿堂，这楼里也充满着典雅的文艺的气息。古朴的楼梯台阶、深棕色的扶手搭配黑色铁栏杆，超高的举架搭配大窗、大柱，古朴中亦有着别样的华美，每次穿梭楼中，都觉得赏心悦目。

　　我在土木楼里完成了研究生学习生涯的很多事情，举行了入学典礼，进行了入党转正、为工程设计课做助教、完成了论文答辩……印象最深的是做助教和写论文两件事。做助教的时候，明明自己还是个学生，却要辅助老师完成课业安排，帮本科的师弟师妹答疑解惑，当时第一次感受到知识从听懂到学会仍旧有很多步骤需要完成。明明感觉听懂会做题的科目，当真被问起来也是只知其一不知其二。于是每每在课堂上，我都要认真地听讲，看课期间在走廊里自己翻书学习，当时倒没有想着学会多少，只是怕有学生来问的时候难以解答。再一个就是写论文期间，大半年的

拍摄时间：2014年　地点：一校区　人物：广播台特邀嘉宾姜龙

时间里，每个星期都要找老师来帮忙看论文，从提纲到综述，再到初稿，无数次在二层老师办公室门外守候。从不会写论文，到能够理清论文的结构，从通篇的白话语病，到可以写出规范的完整的论文语句，这其中，有自身的不懈努力，更多的是老师悉心的教导。尤记得常在文章里抒情的我，在一篇论述寒地农村庭院的文章中写道："北方庭院使用功能繁多，包括晾晒粮食、停放农机、美化种植、日常蔬菜种植，甚至于宴客吃饭，这样宽阔、开敞的空间才符合北方人幕天席地的豪情。"还曾因不懂农村养殖，将"猪圈、鸡棚"一类的设施起名为"豢养构筑物"。多次引得老师读着读着便不禁笑出来。为了学会写论文，我也经常在二层的期刊室一读就是半天，照着优秀的文章临摹句子、模仿结构，也算是以勤补拙，下了好一番功夫。论文最终成果可能并不优秀，不过我深知我在这个过程中学会了很多，积淀了很多。

说到论文就让我不断想起导师对我的教诲，做人做事都是一样，不能仅顾眼前，追求一些华而不实的泡沫，要注重学术的名声，踏踏实实做事。说来惭愧，我也曾动过些投机取巧、故作聪明的念头，但这些话就像警钟一样时刻教诲着我、让我警醒，使我做的每一件事都不让未来的自己后悔，清楚地对自己负责。

真的很感谢能有恩师在人生踟蹰时、惶惶时给我一些信念、一些力量，让我不至行偏踏错，在以后的人生道路中，都能够坚定地、勇敢地去面对。当然也要感谢土木楼，承载着我这些美好的记忆，让我如今依然有故地可重游，有往事可回首。

后 记

编撰《传承·土木楼——哈工大建筑百年忆述》这本书的想法诞生于百年校庆筹备过程中。我们对历史了解越多，就越渴望了解到更多的故事和更多的细节，而不只是博物馆里陈列的展品、档案馆里归档的史料。当我们了解到更多的故事和更多的细节时，我们就更加深刻地体味到百年传承的厚度和温度。期望这本书能够让校友们重温那些温暖、生动的故事，还有这些故事里让我们敬重的师者。

本书由三部分组成。第一篇《师者说》收录老先生们已发表的文章，或者通过整理老先生们口述的内容成文，在师者的记忆中触摸历史；第二篇《忆师者》则是由老先生的弟子们或较为熟悉的同窗、同事撰写完成，部分还摘自以往发表过的期刊文章和网络文章，在他们的记忆中感知传承；第三篇《土木楼》来自于建筑学院北京校友会"我和土木楼"的征文活动，校友们多样、细腻的视角为我们再现了土木楼里难忘的故事。

由于历史时间跨度大、资料搜集难等原因，本书并未能收录所有为哈工大建筑学科做出贡献的先生以及他们的事迹，编撰中也存在诸多不尽如人意之处。同时，文章来自于多人，观点也来自于被访者或撰写者，记忆可能存在偏差，不代表本书编委会立场。我们希望以此为起点，持续地进行补充和完善，更多、更真实地记录下在百年历史长河里的人们以及他们的故事。为此，我们恳切希望广大师生、校友和读者提出宝贵意见，也诚挚地向各位校友发出文字、图片等史料征集的邀请。

本书在编写过程中，得到了哈工大档案馆、哈工大博物馆以及哈工大建筑学院师生、校友们的大力支持。很多老先生和校友提供了大量的照片、文字等珍贵资料。涉及人数众多，不能一一列举。在此谨向为本书编写做出贡献的所有人员表示衷心的感谢！

致敬土木楼！

致敬土木楼的师者们！

致敬百年的哈工大建筑！

编 委 会

2020年12月